Kulturgüterschutz in Deutschland mit den Instrumenten des Privatrechts

AF733067

Europäische Hochschulschriften

European University Studies

Publications Universitaires Européennes

Reihe II **Rechtswissenschaft**

Series II Law

Série II Droit

Band/Volume **5963**

Anna A. Rozovskaya-Lampey

Kulturgüterschutz in Deutschland mit den Instrumenten des Privatrechts

Der Beitrag des nationalen Rechts unter Einschluss zukünftigen Einheitsrechts sowie verbleibende Schutzdefizite

PL ACADEMIC RESEARCH

Bibliografische Information der Deutschen Nationalbibliothek
Die Deutsche Nationalbibliothek verzeichnet diese Publikation in der Deutschen Nationalbibliografie; detaillierte bibliografische Daten sind im Internet über http://dnb.d-nb.de abrufbar.

Zugl.: Hannover, Univ., Diss., 2016

D 89
ISSN 0531-7312
ISBN 978-3-631-67708-7 (Print)
E-ISBN 978-3-653-07209-9 (E-PDF)
E-ISBN 978-3-631-73101-7 (EPUB)
E-ISBN 978-3-631-73102-4 (MOBI)
DOI 10.3726/978-3-653-07209-9

© Peter Lang GmbH
Internationaler Verlag der Wissenschaften
Frankfurt am Main 2017
Alle Rechte vorbehalten.
PL Academic Research ist ein Imprint der Peter Lang GmbH.
Peter Lang – Frankfurt am Main · Bern · Bruxelles · New York · Oxford · Warszawa · Wien

Das Werk einschließlich aller seiner Teile ist urheberrechtlich geschützt.
Jede Verwertung außerhalb der engen Grenzen des Urheberrechtsgesetzes ist ohne Zustimmung des Verlages unzulässig und strafbar.
Das gilt insbesondere für Vervielfältigungen, Übersetzungen, Mikroverfilmungen und die Einspeicherung und Verarbeitung in elektronischen Systemen.

Diese Publikation wurde begutachtet.

www.peterlang.com

Nicolai Roerich, Pax cultura, 1931

Meiner Familie

Vorwort

Die vorliegende Arbeit wurde von der Juristischen Fakultät der Gottfried Wilhelm Leibniz Universität Hannover im März 2016 als Dissertation angenommen. Die nachfolgende Änderung der Gesetzeslage durch das In-Kraft-Treten des neuen Kulturgutschutzgesetzes im August 2016 konnte daher nicht mehr berücksichtigt werden. Im Übrigen wurde die Rechtsprechung und Literatur noch bis Anfang 2017 berücksichtigt.

Meinem verehrten Doktorvater, Prof. i. R. Dr. jur. Dr. rer. pol. Peter Salje, gilt mein erster und besonderer Dank. Er hat mein Interesse für das Kunstrecht geweckt und mir mit fachlicher Betreuung sowie einem großzügig gewährten Freiraum bei der Bearbeitung des Themas eine sehr anregende und angenehme Promotionszeit ermöglicht. Auch bedanke ich mich bei ihm herzlich für die lehrreiche und schöne Zeit an seinem Lehrstuhl für Zivilrecht und Recht der Wirtschaft zunächst als studentische Hilfskraft sowie später als Lehrassistentin und Dozentin.

Ferner gilt mein Dank allen Freunden und Weggefährten für ihre kontinuierliche Gesprächsbereitschaft, sowie für die kritische Lektüre meines Manuskripts, insbesondere Winni Schunck für ihre Geduld bei der Korrektur.

Der größte Dank gilt meiner Familie. Meine Eltern, Anatoly Rozovskiy und Liubov Rozovskaya, haben mir viel Liebe entgegengebracht und mich stets gefördert. Nach einer Kindheit in Geborgenheit ermöglichten sie mir eine unbeschwerte Studienzeit. Auch bedanke ich mich bei meinem geliebten Mann, Marcel Lampey, der mir stets großes Vertrauen entgegenbrachte und ohne dessen vielfältige Unterstützung ich das Manuskript nicht hätte fertigstellen können. Ihnen widme ich diese Arbeit.

Berlin, im August 2017

Anna A. Rozovskaya-Lampey

Inhaltsübersicht

Inhaltsverzeichnis

Literaturverzeichnis

Anton, Michael Rechtshandbuch Kulturgüterschutz und Kunstrestitutionsrecht, Band I, Berlin (u. a.) 2010
Zit.: Anton, Kulturgüterschutz

Aristoteles Philosophische Schriften, Band 2: Organon V–VI, Topik – Sophistische Widerlegungen, Hamburg 1995
Zit: Aristoteles, Topik

Armbrüster, Christian Privatrechtliche Ansprüche auf Rückführung von Kulturgütern im Ausland, NJW 2001, S. 3581–3587

Bachmann, Georg Private Ordnung, Tübingen 2006

Bader, Johann/ Ronellenfitsch, Michael (Hrsg.) Verwaltungsverfahrensgesetz, Beck 'scher Onlinekommentar, Edition 34, München, Stand: 1.1.2017
Zit.: BeckOK VwVfG

Bar, Christian von/ Mankowski, Peter Internationales Privatrecht, Band I: Allgemeine Lehren, 2. Aufl., München 2003
Zit.: V. Bar/Mankowski, IPR

Bauer, Marianne Zur Publizitätsfunktion des Besitzes bei Übereignung von Fahrnis, in: Habscheid, Walter J./Gaul, Hans Friedhelm/Mikat, Paul (Hrsg.), Festschrift für Friedrich Wilhelm Bosch, S. 1–24, Bielefeld 1976
Zit.: Bauer, Zur Publizitätsfunktion des Besitzes bei Übereignung von Fahrnis, in: FS Bosch

Baur, Jürgen/Stürner, Rolf Sachenrecht, 18. Aufl., München 2009
Zit.: Bauer/Stürner, Sachenrecht

Beck, Charlotte Die Rückgabe gestohlener und rechtswidrig ausgeführter Kulturgüter nach dem Unidroit-Übereinkommen 1995 und das deutsche internationale Privatrecht, Zürich 2007
Zit.: Beck, Rückgabe gestohlener und rechtswidrig ausgeführter Kulturgüter

Berndt, Joachim Internationaler Kulturgüterschutz – Abwanderungsschutz, Regelungen im innerstaatlichen Recht, im Europa- und Völkerrecht, Köln (u. a.) 1998
Zit.: Berndt, Internationaler Kulturgüterschutz – Abwanderungsschutz

Bindenagel, James D. (Hrsg.) Washington Conference on Holocaust-Era Assets, Washington, D. C., 1999

Bischof, Ulf Die öffentliche Versteigerung: Waschsalon für Diebesgut?, KUR 2007, S. 62–65

Bleckmann, Albert Europarecht: das Recht der Europäischen Union und der Europäischen Gemeinschaft, 6. Aufl., Köln (u. a.) 1997
Zit.: Bleckmann, Europarecht

Blome, Peter Die Kunstmuseen und Unidroit, in: Schweizerische Akademie der Geistes- und Sozialwissenschaften (Hrsg.), Unidroit, Recht und Ethik im Handel mit Kulturgut, Tagung der Schweizerischen Akademie der Sozialwissenschaften und der Schweizerischen Ethnologischen Gesellschaft, Bern 1998, S. 83–84
Zit.: Blome, Die Kunstmuseen und Unidroit, in: SAGW (Hrsg.), Unidroit, Recht und Ethik im Handel mit Kulturgut

Blume, Arvid Nationalität von Kulturgut – eine internationale Betrachtung, Hamburg 2007
Zit.: Blume, Nationalität von Kulturgut

Boguslavsky, Mark M. Der Begriff des Kulturguts und seine rechtliche Relevanz, in: Dolzer, Rudolf/Jayme, Erik/Mußgnug, Reinhard (Hrsg.), Rechtsfragen des internationalen Kulturgüterschutzes, Heidelberg 1994, S. 3–12
Zit.: Boguslavsky, Der Begriff des Kulturgutes in: Dolzer/Jayme /Mußgnug (Hrsg.), Rechtsfragen des internationalen Kulturgüterschutzes

Boos, Sabine Kulturgut als Gegenstand des grenzüberschreitenden Leihverkehrs, Berlin 2006

Bundesamt für Kultur (Hrsg.) Internationaler Kulturgütertransfer – UNESCO-Konvention 1970 und UNIDROIT-Konvention 1995, Bern 1998
Zit.: Schw. Bundesamt für Kultur (Hrsg.), Internationaler Kulturgütertransfer

Bundesministerium der Justiz (Hrsg.) Unidroit-Konvention, Nichtamtliche Übersetzung aus dem Französischen, Az. 1287/95
Zit.: BMJ (Hrsg.), Unidroit-Konvention, Nichtamtliche Übersetzung aus dem Französischen

Bundesministerium für Wirtschaft (Hrsg.) Bundesministerium (Hrsg.), Monitoringbericht 2016 – Ausgewählte wirtschaftliche Eckdaten der Kultur- und Kreativwirtschaft – Langfassung, Berlin, Stand: Februar 2017
Zit.: BMWi (Hrsg.), Monitoring Kulturwirtschaft 2017

Caldoro, Stefano Nationaler Kulturgüterschutz und Freizügigkeit der Unionsbürger, Berlin 2009
Zit.: Caldoro, Nationaler Kulturgüterschutz

Canaris, Claus-Wilhelm Die Vertrauenshaftung im deutschen Privatrecht, München 1971

Coester-Waltjen, Dagmar Internationales Beweisrecht: das auf den Beweis anwendbare Recht in Rechtsstreitigkeiten mit Auslandsbezug, Ebelsbach 1983
Zit.: Coester-Waltjen, Internationales Beweisrecht

Dettel, Urban von Kunstausstellung und das Urheberpersönlichkeitsrecht des bildenden Künstlers, Frankfurt a. M. 2010.
Zit.: v. Dettel, Kunstausstellung

Dünkel, Hans Peter Öffentliche Versteigerung und gutgläubiger Erwerb, Karlsruhe 1970
Zit.: Dünkel, Öffentliche Versteigerung und gutgläubiger Erwerb

Dürrschmidt, Jörg Roland Robertson: Kultur im Spannungsfeld der Glokalisierung, in: Moebius, Stephan/Quadflieg, Dirk (Hrsg.), Kultur. Theorien der Gegenwart, 2. Auflage, Wiesbaden 2011, S. 734–745
Zit.: Dürrschmidt, Roland Robertson: Kultur im Spannungsfeld der Glokalisierung, in: Moebius/Quadflieg (Hrsg.), Kultur. Theorien der Gegenwart

Ebenroth, Carsten Thomas/Boujong, Karlheinz/Joost, Detlev/Strohn, Lutz Handelsgesetzbuch, Kommentar, Band 2, 3. Aufl., München 2015
Zit.: Ebenroth/Boujong/Joos/Strohn, HGB

Ebling, Klaus/Schulze, Marcel (Hrsg.) Kunstrecht, München 2007
Zit.: Ebling/Schulze/Bearbeiter, Kunstrecht

Ehrenzweig, Albert Local and Moral Data in the Conflicts of Laws: Terra Incognita, Buffalo Law Review 16 (1966), S. 55–69

Erman, Walter Bürgerliches Gesetzbuch, Kommentar, 14. Auflage, München 2014
Zit.: Erman/Bearbeiter

Ernst, Wolfgang/Zimmermann, Reinhard (Hrsg.) Zivilrechtswissenschaft und Schuldrechtsreform, Tübingen 2001
Zit.: Ernst/Zimmermann/Bearbeiter, Zivilrechtswissenschaft und Schuldrechtsreform

Fechner, Frank Rechtlicher Schutz archäologischen Kulturguts: Regelungen im innerstaatlichen Recht, im Europa- und Völkerrecht sowie Möglichkeiten zu ihrer Verbesserung, Berlin 1991
Zit.: Fechner, Rechtlicher Schutz archäologischen Kulturguts

—. Schutz archäologischer Fundzusammenhänge durch das Recht, in: Flashar, Martin (Hrsg.), Bewahren als Problem: Schutz archäologischer Kulturgüter, Freiburg i. Br. 2000, S. 113–119
Zit.: Fechner, Schutz archäologischer Zusammenhänge, in: Flashar (Hrsg.), Schutz archäologischer Kulturgüter

—. Prinzipien des Kulturgüterschutzes, in: Fechner, Frank/Oppermann, Thomas/Prott, Lyndel V. (Hrsg.), Prinzipien des Kulturgüterschutzes, Ansätze im deutschen, europäischen und internationalen Recht, Berlin 1996, S. 11–46
Zit.: Fechner, Prinzipien des Kulturgüterschutzes, in: ders./Oppermann/Prott (Hrsg.), Prinzipien des Kulturgüterschutzes

Fiedler, Wilfried Kunstraub und internationaler Kulturgüterschutz, Magazin Forschung 2, S. 2–5

Finkenauer, Thomas Kulturgüterschutz im BGB, KUR 2007, S. 96–105

—. Gutgläubiger Erbe des bösgläubigen Erblassers – Das Bernsteinzimmer-Mosaik, NJW 1998, S. 960–962

—. Die Verjährung bei Kulturgütern – zur geplanten „lex Gurlitt“, JZ 2014, S. 479–488.

Forsthoff, Ernst Verwaltungsrecht Allgemeiner Teil, 10. Aufl., München 1973
Zit.: Forsthoff, Verwaltungsrecht AT

Frank, Rainer/Veh, Herbert Gutgläubiger Erwerb beweglicher Sachen im Wege öffentlicher Versteigerung, JA 1983, S. 249–255

Franke, Thilo Die Nationalität von Kunstwerken, Berlin 2012

Franz, Michael Markus Zivilrechtliche Probleme des Kulturgüteraustausches, Frankfurt a. M. (u. a.) 1996

Frotscher, Werner Probleme des öffentlichen SachenR, VerwArch 62 (1971), S. 153–168

Fuchs, Angelika Kulturgüterschutz im Kulturgutsicherungsgesetz, IPRax 2000, S. 281–286

Genieva, Ekaterina/Michaletz, Claus/Werner, Olaf (Hrsg.) Gesten des guten Willens und Gesetzgebung: Dokumentation der internationalen Konferenz zur Problematik kriegsbedingt verlagerter Kulturgüter, Berlin/Moskau 2001
Zit.: Genieva/Michaletz/Werner (Hrsg.), Gesten des guten Willens und Gesetzgebung

Gernhuber Bürgerliches Recht, 3. Aufl., München 1991

Giehl, Friedrich Der gutgläubige Mobiliarerwerb – Dogmatik und Rechtswirklichkeit, AcP 161 (1962), S. 356–379

González, Thomas/Weis, Robert (Hrsg.) Kunst-Investment. Die Kunst, mit Kunst Geld zu verdienen, Wiesbaden 2000
Zit.: González/Weis, Kunst-Investment

Gruber, Urs Peter Methoden des internationalen Einheitsrechts, Tübingen 2004

Häberle, Peter National-verfassungsstaatlicher und universeller Kulturgüterschutz – ein Textstufenvergleich, in: Fechner, Frank/Oppermann, Thomas/Prott, Lyndel V. (Hrsg.), Prinzipien des Kulturgüterschutzes, Ansätze im deutschen, europäischen und internationalen Recht, Berlin 1996, S. 91–121
Zit.: Häberle, National-verfassungsstaatlicher und universeller Kulturgüterschutz, in: Fechner/Oppermann/Prott (Hrsg.), Prinzipen des Kulturgüterschutzes

Hager, Johannes Verkehrsschutz durch redlichen Erwerb, München 1990

Halsdorfer, Alice Der Beitritt Deutschlands zum UNESCO-Kulturgutübereinkommen und die kollisionsrechtlichen Auswirkungen des neuen KultGüRückG, IPRax 2008, S. 395–400

–. Sollte Deutschland dem Unidroit-Kulturgutübereinkommen 1995 beitreten?, IPRax 2009, S. 307–311

Hammer, Felix Zur Geschichte des rechtlichen Kulturgüter- und Denkmalschutzes, in: Fechner, Frank/Oppermann, Thomas/Prott, Lyndel V. (Hrsg.), Prinzipien des Kulturgüterschutzes, Ansätze im deutschen, europäischen und internationalen Recht, Berlin 1996, S. 47–65
Zit.: Hammer, Zur Geschichte des rechtlichen Kulturgüter- und Denkmalschutzes, in: Fechner/Oppermann/Prott (Hrsg.), Prinzipien des Kulturgüterschutzes

Hanisch, Hans Der Fall des Liotard und die nationale Zuordnung eines Kunstwerkes, in: Frank, Rainer (Hrsg.), Recht und Kunst, Symposium aus Anlaß des 80. Geburtstages von Wolfram Müller-Freienfels, Heidelberg 1996, S. 19–36
Zit.: Hanisch, Der Fall des Liotard und die nationale Zuordnung eines Kunstwerkes, in: Frank (Hrsg.), Recht und Kunst

–. Internationalprivatrechtliche Fragen im Kunsthandel in: Dieckmann, Albrecht (Hrsg.), Festschrift für Wolfram Müller-Freienfels, 1986, S. 193–224
Zit.: Hanisch, Internationalprivatrechtliche Fragen im Kunsthandel, in: FS Müller-Freienfels

Hay, Peter US-Amerikanisches Recht, 6. Auflage, München 2015

Heilmeyer, Wolf-Dieter Schutz archäologischer Kulturgüter aus der Sicht der Archäologie, ZVglRWiss 95 (1996), S. 117–126

Held, Jutta/Schneider, Norbert Grundzüge der Kunstwissenschaft, Gegenstandsbereiche – Institutionen – Problemfelder, Köln (u. a.) 2007
Zit.: Held/Schneider, Grundzüge der Kunstwissenschaft

Henze, Wolfgang Unidroit: hehre Ziele, verfehlte Mittel, in: Schweizerische Akademie der Geistes- und Sozialwissenschaften (Hrsg.), Unidroit, Recht und Ethik im Handel mit Kulturgut, Tagung der Schweizerischen Akademie der Sozialwissenschaften und der Schweizerischen Ethnologischen Gesellschaft, Bern 1998, S. 37–43
Zit.: Henze, Unidroit: hehre Ziele, verfehlte Mittel, in: SAGW (Hrsg.), Unidroit, Recht und Ethik im Handel mit Kulturgut

Hesse, Hans Albrecht Einführung in die Rechtssoziologie, 2004
Zit.: Hesse, Rechtssoziologie

Heuer, Carl-Heinz Die Kunstraubzüge der Nationalsozialisten und ihre Rückabwicklung, NJW 1999, S. 2558–2562

Hilf, Meinhard Die Auslegung mehrsprachiger Verträge, Berlin (u. a.) 1973

Hipp, Anette Schutz von Kulturgütern in Deutschland, Berlin (u. a.) 2000

Hoffmann, Bernd von/Thorn, Karsten Internationales Privatrecht, 9. Aufl., München 2009

Homberger, Lorenz Unidroit als kulturpolitische Leitplanke im Handel mit Kunst, in: Unidroit, Recht und Ethik im Handel mit Kulturgut, Tagung der Schweizerischen Akademie der Sozialwissenschaften und der Schweizerischen Ethnologischen Gesellschaft, Bern 1998, S. 23–28
Zit.: Homberger, Unidroit als kulturpolitische Leitplanke im Handel mit Kunst, in: SAGW (Hrsg.), Unidroit

Honsell, Heinrich/Vogt, Nedim Peter/Geiser, Thomas (Hrsg.) Basler Kommentar, Zivilgesetzbuch II, 5. Auflage, Basel 2015
Zit.: BSK ZGB II/Bearbeiter

Huber, Ulrich Gefahren des vertraglichen Abtretungsverbots für den Schuldner der abgetretenen Forderung, NJW 1968, S. 1905–1912

Hübner, Heinz Der Rechtsverlust im Mobiliarsachenrecht, Erlangen 1955

Ipsen, Knut Völkerrecht, 6. Aufl., München 2014
Zit.: Ipsen, Völkerrecht

Jacobi, Ernst Das Wertpapier als Legitimationsmittel, München 1906

Jaeger, Andrea Internationaler Kulturgüterschutz, Köln (u. a.) 1993

Jayme, Erik Kulturgüterschutz in ausgewählten europäischen Ländern, ZVglRWiss 95 (1996), S. 158–169

—. Die Nationalität des Kunstwerkes als Rechtsfrage, in: Reichelt, Gerte (Hrsg.), Internationaler Kulturgüterschutz, Wiener Symposion 18./19. Oktober 1990, Wien 1992, S. 7–29
Zit.: Jayme, Die Nationalität des Kunstwerkes als Rechtslage, in: Reichelt (Hrsg.), Internationaler Kulturgüterschutz

—. Neue Anknüpfungsmaxime für den Kulturgüterschutz im Internationalen Privatrecht, in: Dolzer, Rudolf/Jayme, Erik/Mußgnug, Reinhard (Hrsg.), Rechtsfragen des internationalen Kulturgüterschutzes, Heidelberg 1994, S. 35–52
Zit.: Jayme, Neue Anknüpfungsmaxime für den Kulturgüterschutz im Internationalen Privatrecht, in: Dolzer/Jayme/Mußgnung (Hrsg.), Rechtsfragen des internationalen Kulturgüterschutzes

—. Kunstwerk und Nation. Zuordnungsprobleme im internationalen Kulturgüterschutz, in: Jayme (Hrsg.), Nationales Kunstwerk und Internationales Privatrecht, S. 54–74
Zit.: Jayme, Kunstwerk und Nation, in: ders. (Hrsg.), Nationales Kunstwerk und Internationales Privatrecht

—. Internationaler Kulturgüterschutz – Lex originis oder lex rei sitae – Tagung in Heidelberg, IPRax 1990, S. 347–348

—. Rechtsbegriffe und Kunstgeschichte, in: Reichelt, Gerte (Hrsg.), Neues Recht zum Schutz von Kulturgut, Internationaler Kulturgüterschutz, EG-Richtlinien, UNIDROIT-Konvention und Folgerecht, Wien 1997, S. 11–27
Zit.: Jayme, Rechtsbegriffe und Kunstgeschichte, in: Reichelt (Hrsg.), Neues Recht zum Schutz von Kulturgut

—. Antonio Canova und das nationale Kunstwerk – Zur Ideengeschichte des europäischen Kulturgüterschutzes, in Jayme, Erik (Hrsg.), Nationales Kunstwerk und Internationales Privatrecht, Heidelberg 1999, S. 1–15
Zit.: Jayme, Antonio Canova und das nationale Kunstwerk, in: ders. (Hrsg.), Nationales Kunstwerk und Internationales Privatrecht

—. Ausländische Rechtsregeln und Tatbestand inländischer Sachnormen – Betrachtungen zu Ehrenzweigs Datum-Theorie, in: Jayme, Erik/Kegel, Gerhard (Hrsg.), Gedächtnisschrift für Albert A. Ehrenzweig, Karlsruhe/Heidelberg 1976, S. 35–49
Zit.: Jayme, Ausländische Rechtsregeln und Tatbestand inländischer Sachnormen, in: GS Ehrenzweig

–./*Kohler, Christian* Das Internationale Privat- und Verfahrensrecht der EG 1993 – Spannungen zwischen Staatsverträgen und Richtlinien, IPRax 1993, S. 357–371

–./*Mansel, Heinz P. (Hrsg.)* Nation und Staat im Internationalen Privatrecht, Heidelberg 1989
Zit.: Jayme/Mansel (Hrsg.), Nation und Staat im IPR

Junge, Matthias Kultursoziologie, Konstanz 2009

Junker, Abbo Die einheitliche europäische Auslegung nach dem EG-Schuldvertragsübereinkommen, RabelsZ 55 (1991), S. 674–696

–. Die IPR-Reform von 1999: Auswirkungen auf die Unternehmenspraxis, RIW 2000, S. 241–254

Kähler, Lorenz Vom bleibenden Wert des Eigentums nach der Verjährung des Herausgabeanspruchs, NJW 2015, S. 1041–1047

Kant, Immanuel Zum ewigen Frieden – Ein philosophischer Entwurf, Kiel 2009

Kaser, Max Das römische Privatrecht, 2. Aufl., Abschnitt 1 und 2, München 1971/1975
Zit.: Kaser, Das römische Privatrecht I/II

Kaufmann, Arthur/Hassemer, Winfried/Neumann, Ulfrid (Hrsg.) Einführung in die Rechtsphilosophie und Rechtstheorie der Gegenwart, 8. Aufl., Heidelberg (u. a.) 2011

Kemle, Nicolai B. Kunstmessen: Zulassungsbeschränkungen und Kartellrecht, Berlin 2006
Zit: Kemle, Kunstmessen

Kienle, Florian/Weller, Marc-Philippe Die Vindikation gestohlener Kulturgüter im IPR, IPRax 2004, S. 290–294

Kindl, Johann Rechtsscheintatbestände und ihre rückwirkende Beseitigung, Berlin (u. a.) 1999
Zit.: Kindl, Rechtscheintatbestände

Kirchmaier, Robert Der BGH und die Plakatsammlung Sachs – Fragen zum Urteil vom 16. März 2012 – V ZR 279/10, KUR 2012, S. 212–214

Knott, Hermann J. Der Anspruch auf Herausgabe gestohlenen und illegal exportierten Kulturguts, Baden-Baden 1990

Knütel, Rolf Bösgläubiger Erblasser – gutgläubiger Erbe, in: Medicus, Dieter/Mertens, Hans-Joachim/Nörr, Knut Wolfgang/Zöllner, Wolfgang (Hrsg.), Festschrift für Hermann Lange, 1992, S. 903–937
Zit.: Knütel, Bösgläubiger Erblasser – gutgläubiger Erbe, in: FS Lange

Kohls, Frank Kulturgüterschutz: Wirkungen von Verstößen gegen Ausfuhrverbote und Möglichkeiten der Rückführung illegal verbrachter Kulturgüter; eine vergleichende Untersuchung mit den Rechten Dänemarks, Norwegens und Schwedens, Frankfurt a. M. (u. a.) 2001

Krämer, Gerd Bernsteinzimmer – Mosaik: Ersitzung durch den gutgläubigen Erben des bösgläubigen Besitzers?, NJW 1997, S. 2580–2581

Kreuzer, Karl Ausländisches Wirtschaftsrecht vor deutschen Gerichten, Heidelberg 1986

Krinzinger, Friedrich Schutz von archäologischem Kulturgut, in: Reichelt, Gerte (Hrsg.), Neues Recht zum Schutz von Kulturgut, Internationaler Kulturgüterschutz, EG-Richtlinien, Unidroit-Konvention und Folgerecht, Wien 1997, S. 45–54
Zit.: Krinzinger, Schutz von archäologischem Kulturgut, in: Reichelt (Hrsg.), Neues Recht zum Schutz von Kulturgut

Kroeber, Alfred L./Kluckhohn, Clyde Culture: A Critical Review of Concepts and Definitions, Cambridge 1952
Zit.: Kroeber/Kluckhohn, Culture

Kronke, Herbert Ziele – Methoden, Kosten – Nutzen – Perspektiven der Privatrechtsharmonisierung nach 75 Jahren Unidroit, JZ 2001, S. 1149–1157

Kropholler, Jan Internationales Einheitsrecht, Tübingen 1975

—. Internationales Privatrecht, 6. Aufl., Tübingen 2006

Kuhnt, Gottfried Der Erwerb abhanden gekommener Sachen in der Versteigerung, MDR 1953, S. 641–644

Kunze, Carsten Kunst als Kapitalanlage: neue Perspektiven für Privatanleger, München 2002
Zit.: Kunze, Carsten, Kunst als Kapitalanlage

Kunze, Hans Henning Restitution „Entartete Kunst“: Sachenrecht und Internationales Privatrecht, 2000
Zit.: Kunze, Hans, Restitution „Entartete Kunst“

Kurpiers, Olaf Rafael Die lex originis-Regel im internationalen Sachenrecht: grenzüberschreitende privatrechtliche Ansprüche auf Herausgabe von abhanden gekommenen und unrechtmäßig ausgeführten Kulturgütern, Frankfurt a. M. (u. a.) 2005
Zit.: Kurpiers, Die lex originis-Regel im internationalen Sachenrecht

Larenz, Karl Methodenlehre der Rechtswissenschaft, 6. Aufl., Berlin (u. a.) 1991

Lenski, Sophie-Charlotte Kulturgüterschutz durch Widmung öffentlichen Museumsguts?, KUR 2007, S. 142–144

—. Öffentliches Kulturrecht, Tübingen 2013

Linhart, Karin Internationales Einheitsrecht und einheitliche Auslegung, Tübingen 2005

Looschelders, Jörg Internationales Privatrecht, Berlin (u. a.) 2003

Lorenz, Egon Das objektive Arbeitsstatut nach dem Gesetz zur Neuregelung des Internationalen Privatrechts, RdA 1989, S. 220–228

—. Die Rechtswahlfreiheit im internationalen Schuldvertragsrecht, RIW 1987, S. 569–584

Luhmann, Niklas Das Recht der Gesellschaft, Frankfurt a. M. 1993

Mansel, Heinz-Peter DeWeerth v. Baldinger – Kollisionsrechtliches zum Erwerb gestohlener Kunstwerke, IPRax 1988, S. 268–271

Martin, Dieter J./Krautzberger, Michael Handbuch Denkmalschutz und Denkmalpflege, 3. Auflage, München 2010

Martin/Krautzberger/Bearbeiter, Denkmalschutz und Denkmalpflege

Mangold, Stephan Verbraucherschutz und Kunstkauf im deutschen und europäischen Recht, Frankfurt a. M. (u. a.) 2009
Zit.: Mangold, Verbraucherschutz und Kunstkauf

Merryman, John Henry Two Ways of Thinking about Cultural Property, Am. J. Int. L 80 (1986), S. 831–853

—. Thinking about the Elgin Marbles, Michigan Law Review 1985, S. 1881–1923

Meyer, Franz Zur Unidroit-Konvention – Eine Stellungnahme, Das Kunst-Bulletin: offizielles Organ des Schweizerischen Kunstvereins, 5. Mai 1996, S. 6–7
Zit.: Meyer, Das Kunst-Bulletin

Müller-Katzenburg, Astrid Gutgläubiger Erwerb, Ersitzung, Verjährung...?, in: Koordinierungsstelle für Kulturgutverluste (Hrsg.), Museen in Zwielicht, 2. Aufl., Magdeburg 2006, S. 221–256

—. Besitz- und Eigentumssituation bei gestohlenen und sonst abhanden gekommenen Kunstwerken, NJW 1999, S. 2551–2558

—. Internationale Standards im Kulturgüterverkehr und ihre Bedeutung für das Sach- und Kollisionsrecht, Berlin 1995
Zit.: Müller-Katzenburg, Internationale Standards im Kulturgüterverkehr

Müller, Horst Gedanken zum Schutz des guten Glaubens in rechtsvergleichender Sicht, ZfRV 1963, S. 2–17

Müller, Markus Kulturgüterschutz: Mittel nationaler Repräsentation oder Wahrung des Gemeinsamen Erbes der Menschheit?, in: Fechner, Frank/Oppermann, Thomas/Prott, Lyndel V. (Hrsg.), Prinzipien des Kulturgüterschutzes, Ansätze im deutschen, europäischen und internationalen Recht, Berlin 1996, S. 257–276
Zit.: Müller, Kulturgüterschutz: Mittel nationaler Repräsentation oder Wahrung des Gemeinsamen Erbes der Menschheit?, in: Fechner/Oppermann/Prott (Hrsg.), Prinzipien des Kulturgüterschutzes

—. Geschichte – Kunst – Nation: die sprachliche Konstituierung einer „deutschen" Kunstgeschichte aus diskursanalytischer Sicht, Berlin 2007
Zit.: Müller, Geschichte – Kunst – Nation

Münchener Kommentar Münchener Kommentar zum Bürgerlichen Gesetzbuch, München
Band 1, §§ 1–240, 7. Auflage (2015)
Band 6, §§ 854–1296, 7. Auflage (2017)
Band 10, EGBGB, Art. 1–24, 6. Auflage (2015)

Band 11, EGBGB, Art. 25–49, 6. Auflage (2015)
Zit.: MüKo/Bearbeiter

Band 1/1, §§ 1–240, 5. Auflage (2006)
Band 2, §§ 241–432, 3. Auflage (1999)
Band 6, §§ 854–1296, 4. Auflage (2004)
Band 10, EGBGB, Art. 1–38, 3. Auflage (1998)
Zit.: MüKo/Bearbeiter, Auflage

Mußgnug, Reinhard „Wem gehört Nofretete“, Berlin/New York 1977

–. Kunstwerke und anderes Kulturgut, in: Hohmann, Harald/John, Klaus (Hrsg.), Ausfuhrrecht, München 2002, S. 1818–1848
Zit.: Kunstwerke und anderes Kulturgut, in: Hohmann/John (Hrsg.), Ausfuhrrecht

–. Museums- und Archivgut als „res extra commercium“?, in: Dolzer, Rudolf/Jayme, Erik/Mußgnug, Reinhard (Hrsg.), Rechtsfragen des internationalen Kulturgüterschutzes, Heidelberg 1994, S. 199–210
Zit.: Museums- und Archivgut als „res extra commercium“?, in: Dolzer/Jayme/Mußgnug (Hrsg.), Rechtsfragen des internationalen Kulturgüterschutzes

–. Das Kunstwerk im internationalen Recht, in: Deutsche Richterakademie (Hrsg.), Kunst und Recht, Justiz und Recht, Band 2, Heidelberg 1985, S. 15–42
Zit.: Mußgnug, Das Kunstwerk im internationalen Recht, in: Deutsche Richterakademie (Hrsg.), Kunst und Recht

Nicolaus, Knut DuMonts Handbuch der Gemäldekunde – Gemälde erkennen und bestimmen, Köln 2003
Zit.: Nicolaus, Handbuch der Gemäldekunde

Odendahl, Kerstin Kulturgüterschutz. Entwicklung, Struktur und Dogmatik eines ebenübergreifenden Normensystems, Tübingen 2005
Zit.: Odendahl, Kulturgüterschutz

Osterhammel, Jürgen/Peterson, Niels P. Geschichte der Globalisierung – Dimensionen, Prozesse, Epochen, 4. Auflage, München 2007

Palandt Bürgerliches Gesetzbuch, Kommentar, 76. Aufl., München 2017
Zit.: Palandt/Bearbeiter

Papier, Hans-Jürgen Recht der öffentlichen Sachen, 3. Aufl., Berlin 1998

Peege, Marco Gutgläubiger Eigentumserwerb gem. § 935 Abs. 2 BGB: Ein Bedürfnis der Rechtssicherheit, KUR 2007, S. 111–113

Peters, Frank/Zimmermann, Reinhard Verjährungsfristen. Der Einfluss von Fristen auf Schuldverhältnisse: Möglichkeiten der Vereinheitlichung von Verjährungsfristen: BMJ (Hrsg.), Gutachten und Vorschläge zur Überarbeitung des Schuldrechts, Band I (1981), S. 77–374
Zit.: Peters/Zimmerman, Verjährungsfristen, in: BMJ (Hrsg.), Gutachten und Vorschläge zur Überarbeitung des Schuldrechts

Peya, Andreas Die Ausfuhr von Kulturgütern im nationalen und Gemeinschaftsrecht, Frankfurt a. M. (u. a.) 2002

Pfeiffer, Thomas Der Stand des Internationalen Sachenrechts nach seiner Kodifikation, IPRax 2000, S. 270–281

Picker, Eduard Mittelbarer Besitz, Nebenbesitz und Eigentumsvermutung in ihrer Bedeutung für den Gutglaubenserwerb, AcP 188 (1988), S. 511–571

Plehwe, Thomas von Verjährung des dinglichen Herausgabeanspruchs und Ersitzung in Fällen abhanden gekommener Kulturgüter – Zur Notwendigkeit einer Reform, KUR 2001, S. 49–61

Prott, Lyndel Vivian Commentary on the Unidroit Convention on stolen and illegally exported cultural objects 1995, Leicester 1997
Zit.: Prott, Commentary on the Unidroit Convention

Radbruch, Gustav Gesetzliches Unrecht und übergesetzliches Recht, SJZ 1946, S. 105–108

Raschèr, Andrea F.G. Kulturgütertransfer und Globalisierung, UNESCO-Konvention 1970, Unidroit-Konvention 1995, EG-Verordnung 3911/92, EG-Richtlinie 93/7, Schweizerisches Recht, Zürich 2000
Zit.: Raschèr, Kulturgütertransfer und Globalisierung

–. Grundlagen, Entstehung und Inhalt der Unidroit-Konvention, in: Unidroit, Recht und Ethik im Handel mit Kulturgut, Tagung der Schweizerischen Akademie der Sozialwissenschaften und der Schweizerischen Ethnologischen Gesellschaft, Bern 1998, S. 13–28
Zit.: Raschèr, Grundlagen, Entstehung und Inhalt der Unidroit-Konvention, in: SAGW (Hrsg.), Unidroit, Recht und Ethik im Handel mit Kulturgut

–. Thomas Crown reloaded? Njet, Rambo rules!, KUR 2012, S. 55–57

Raue, Peter Die beschlagnahmten Gurlitt-Bilder – Eine Bestandsaufnahme, ZRP 2014, S. 2–5

Rebe, Bernd Zur Ausgleichsfunktion von § 935 BGB zwischen Vertrauensschutz und Eigentümerinteressen beim gutgläubigen Mobiliarerwerb, AcP 173 (1973), S. 187–202

Reichelt, Gerte Internationaler Kulturgüterschutz: rechtliche und kulturpolitische Aspekte, Saarbrücken 1988
Zit.: Reichelt, Internationaler Kulturgüterschutz

–. Kulturgüterschutz und internationales Verfahrensrecht, IPRax 1989, S. 254–255

–. Die Unidroit-Konvention 1995 über gestohlene oder unerlaubt ausgeführte Kulturgüter – Grundzüge und Zielsetzung, in: Reichelt, Gerte (Hrsg.), Neues Recht zum Schutz von Kulturgut. Internationaler Kulturgüterschutz. EG-Richtlinie, Unidroit-Konvention und Folgerecht, Wien 1997, S. 55–67
Zit.: Reichelt, Die Unidroit-Konvention, in: dies. (Hrsg.), Neues Recht zum Schutz von Kulturgut

–. Die Vereinheitlichung des privatrechtlichen Kulturgüterschutzes nach dem Unidroit-Vertragsentwurf 1990, in: Dolzer, Rudolf/Jayme, Erik/Mußgnug, Reinhard (Hrsg.), Rechtsfragen des internationalen Kulturgüterschutzes, Heidelberg 1994, S. 67–82
Zit.: Reichelt, Die Vereinheitlichung des privatrechtlichen Kulturgüterschutzes nach dem Unidroit-Vertragsentwurf 1990, in: Dolzer/Jayme/Mußgnug (Hrsg.), Rechtsfragen des internationalen Kulturgüterschutzes

Reis, Leonhard Eine Niederlage für den internationalen Kulturgüterschutz, KUR 2011, S. 112–114

Remien, Oliver Vindikationsverjährung und Eigentumsschutz, AcP 201 (2001), S. 730–756

Renck, Ludwig Grundlage des Rechts der res sacra, DÖV 1990, S. 333–336

Rerich, Nikolaj Dozor, in: Listy dnevnika, Moskau 2002, S. 446–447

Rietschel, Solveig Internationale Vorgaben zum Kulturgüterschutz und ihre Umsetzung in Deutschland, 2009
Zit.: Rietschel, Internationale Vorgaben zum Kulturgüterschutz

Robertson, Roland Homogenität und Heterogenität in Raum und Zeit, in: Beck, Ulrich (Hrsg.), Perspektiven der Weltgesellschaft, Frankfurt a. M. 1998, S. 192–220
Zit.: Homogenität und Heterogenität in Raum und Zeit, in: Beck (Hrsg.), Perspektiven der Weltgesellschaft

Roth, Wulf-Henning Angleichung des IPR durch sekundäres Gemeinschaftsrecht, IPRax 1994, S. 165–174

Rudolph, Sabine Restitution von Kunstwerken aus jüdischem Besitz, Berlin 2007

Rüthers, Bernd/Fischer, Christian/Birk, Axel Rechtstheorie, 9. Auflage, München 2016
Zit.: Rüthers/Fischer/Birk, Rechtstheorie

Savigny, Friedrich Carl von System des heutigen römischen Rechts, Band 8, München 1849
Zit.: Savigny, System des heutigen römischen Rechts

Schmidt, Reimer Die Obliegenheiten, Hamburg 1953

Schnabel, Gunnar/

Tatzkow, Monika Nazi Looted Art, Handbuch Kunstrestitution weltweit, Berlin 2007
Zit.: Schnabel/Tatzkow, Handbuch Kunstrestitution

Schneider, Marina 1995 Unidroit Convention on Stolen or Illegally Exported Cultural Objects: Explanatory Report prepared by the Unidroit Secretariat, Unif. L. Rev. 2001, S. 476–564
Zit. Unidroit, Explanatory report, Unif. L. Rev. 2001

–. Was hat die Unidroit-Konvention von 1995 zu bieten, KUR 2010, S. 159–163

Schönenberger, Beat Restitution von Kulturgut, Bern 2009

Schorlemer, Sabine von Internationaler Kulturgüterschutz – Ansätze der Prävention im Frieden sowie in bewaffneten Konflikten
Zit.: Schorlemer, Internationaler Kulturgüterschutz

Schulze, Reiner (Schriftl.) Bürgerliches Gesetzbuch, Kommentar, 9. Auflage, Baden-Baden 2017
Zit.: HK-BGB/Bearbeiter

Schuschke-Nehen, Laura Kulturgüterschutz in Deutschland und der Europäischen Union, Köln 2008

Schwadorf-Ruckdeschel, Brigitte Rechtsfragen des grenzüberschreitenden rechtsgeschäftlichen Erwerbs von Kulturgütern, Frankfurt a. M. (u. a.) 1995

Schweitzer, Michael/Dederer, Hans-Georg Staatsrecht III: Staatsrecht, Völkerrecht, Europarecht, 11. Aufl., Heidelberg 2016
Zit.: Schweitzer/Dederer, Staatsrecht III

Schweizer, Heinrich Die Position der Bundesrepublik Deutschland während der diplomatischen Konferenz zur Annahme des Entwurfs der Unidroit-Konvention über die internationale Rückgabe gestohlener oder illegal ausgeführter Kulturgüter von 1995 unter besonderer Berücksichtigung deutschen Verfassungsrechts, KUR 2003, S. 25–41

Siehr, Kurt Der gutgläubige Erwerb beweglicher Sachen – Neue Entwicklungen zu einem alten Problem, ZVglRWiss 80 (1981), S. 273–292

—. Nationaler und internationaler Kulturgüterschutz – Eingriffsnormen und der internationale Kunsthandel, in: Pfister, Bernhard/Will, Michael R. (Hrsg.), Festschrift für Werner Lorenz zum 70. Geburtstag, Tübingen 1991, S. 525–542
Zit.: Siehr, Nationaler und internationaler Kulturgüterschutz, in: FS Lorenz

—. Zivilrechtliche Fragen des Kulturgüterschutzes, in: Reichelt, Gerte (Hrsg.), Internationaler Kulturgüterschutz, Wiener Symposium 18./19.10.1990, Wien 1992, S. 41–68
Zit.: Siehr, Zivilrechtliche Fragen des Kulturgüterschutzes, in: Reichelt (Hrsg.), Internationaler Kulturgüterschutz

—. Vereinheitlichung des Mobiliarsachenrechts in Europa, insbesondere im Hinblick auf Kulturgüter, RabelsZ 59 (1995), S. 454–468

—. Kulturgüterschutz innerhalb der Europäischen Union, ZVglRWiss 95 (1996), S. 170–187

—. Die Schweiz und der Kulturgüterschutz in Europa, in: Fechner, Frank/Oppermann, Thomas/Prott, Lyndel V. (Hrsg.), Prinzipien des Kulturgüterschutzes, Ansätze im deutschen, europäischen und internationalen Recht, Berlin 1996, S. 145–158
Zit.: Siehr, Prinzipien des Kulturgüterschutzes, Fechner/Oppermann/Prott. (Hrsg.), Prinzipien des Kulturgüterschutzes

—. Verjährung der Vindikationsklage?, ZRP 2001, S. 346–347

–. Internationales Privatrecht: Deutsches und europäisches Kollisionsrecht für Studium und Praxis, Heidelberg 2001
Zit: Siehr, Internationales Privatrecht

–. Gutgläubiger Erwerb von Kunstwerken nach deutschem Recht, KUR 2012, S. 87–97

–. Internationaler Handel mit archäologischen Kulturgütern, in: Flashar, Martin (Hrsg.), Bewahren als Problem: Schutz archäologischer Kulturgüter, Freiburg i. Br. 2000, S. 107–112
Zit.: Siehr, Internationaler Handel mit archäologischen Kulturgütern, in: Flashar (Hrsg.), Schutz archäologischer Kulturgüter

Soergel Bürgerliches Gesetzbuch, Kommentar, 13. Aufl., Stuttgart 2000 ff.
Zit.: Soergel/Bearbeiter

Spaun, Susanne Der Herausgabeanspruch bei Diebstahl oder illegalem Export von Kulturgütern, Frankfurt a. M. 2003

Sprecher, Jörg Beschränkungen des Handels mit Kulturgut und die Eigentumsgarantie, Berlin 2004

Staudinger Bürgerliches Gesetzbuch, Kommentar, Berlin
§§ 164–240 (2014)
§§ 362–396 (2011)
§§ 812–822 (2007)
§§ 925–984, Anhang zu §§ 929 ff. (2011)
Zit.: Staudinger/Bearbeiter

§§ 164–240 a. F. (2004)
§§ 535–563 a. F. (1954)
Zit.: Staudinger/Bearbeiter (Jahrgang)

Stoll, Hans Sachenrechtliche Fragen des Kulturgüterschutzes in Fällen mit Auslandsberührung, in: Dolzer, Rudolf/Jayme, Erik/Mußgnug, Reinhard (Hrsg.), Rechtsfragen des internationalen Kulturgüterschutzes, Heidelberg 1994, S. 53–66
Zit.: Stoll, Sachenrechtliche Fragen des Kulturgüterschutzes in Fällen mit Auslandsberührung, in: Dolzer/Jayme/Mußgnug (Hrsg.), Rechtsfragen des internationalen Kulturgüterschutzes

Stoll, Hans Zur gesetzlichen Regelung des internationalen Sachenrechts in Art. 43–46 EGBGB, IPRax 2000, S. 259–270

Strauch, Gregor Rechtsverhältnisse an Kulturgütern im internationalen Sachenrecht, Berlin 2007

Strobl, Henrike Pflichten für Kunstsachverständige und ihre Durchsetzung, KUR 2014, S. 40–47

Thorn, Bettina Internationaler Kulturgüterschutz nach der Unidroit-Konvention, Berlin (u. a.) 2005

Thorn, Karsten Der Mobiliarerwerb vom Nichtberechtigten, Baden-Baden 1996

Tiedtke, Klaus Gutgläubiger Erwerb im bürgerlichen Recht, im Handels- und Wertpapierrecht sowie in der Zwangsvollstreckung, Berlin 1985
Zit.: Tiedtke, Gutgläubiger Erwerb

Turner, Stefan Das Restitutionsrecht des Staates nach illegaler Ausfuhr von Kulturgütern, Berlin 2002

UNESCO (Hrsg.) UNESCO and Unidroit – Cooperation in the fight against illicit traffic in cultural property, Conference celebrating the 10th anniversary of the 1995 Unidroit Convention on stolen or illegally exported cultural objects, Information Note, Paris 2005
Zit.: UNESCO (Hrsg.), Information note

Unidroit (Hrsg.) Diplomatic Conference for the adoption of the draft Unidroit Convention on the International Return of Stolen or Illegally Exported Cultural Objects, Acts and Proceeding, Rom 1996
Zit.: Unidroit (Hrsg.), Acts and Proceedings

—. *(Hrsg.)* Special Committee to review the practical operation of the 1995 Unidroit Convention on Stolen or Illegally Exported Cultural Objects, 1st meeting, Paris 2012
Zit.: Unidroit (Hrsg.), Information document

—. *(Hrsg.)* Unidroit-Konvention, Nichtamtliche Übersetzung, Beilage zur Eröffnung der schweizerischen Vernehmlassung vom 29. Februar 1996, ZVglRWiss 95 (1996), S. 214–225

Verdross, Alfred/Simma, Bruno Universelles Völkerrecht, 3. Aufl. (1984), unveränderter Nachdruck, Berlin 2010

Vrellis, Spyridon Unidroit-Konvention über gestohlenen oder unerlaubt ausgeführte Kulturgüter – Bedeutung der lex originis, in: Reichelt, Gerte (Hrsg.), Neues Recht zum Schutz von Kulturgut, Internationaler Kulturgüterschutz, EG-Richtlinien, Unidroit-Konvention und Folgerecht, Wien 1997, S. 69–93
Zit.: Vrellis, Unidroit-Konvention über gestohlenen oder unerlaubt ausgeführte Kulturgüter – Bedeutung der lex originis, in: Reichelt (Hrsg.), Neues Recht zum Schutz von Kulturgut

Wagner, Rolf Der Regierungsentwurf eines Gesetzes zum Internationalen Privatrecht für außervertragliche Schuldverhältnisse und für Sachen, IPRax 1998, S. 429–438

Walter, Berhard Rückführung vom Kulturgut im internationalen Recht, Bremen 1983

Weber, Marc Unveräußerliches Kulturgut im nationalen und internationalen Rechtsverkehr, Berlin 2002
Zit.: Weber, Marc, Unveräußerliches Kulturgut

—. Gutgläubiger Erwerb von Kunstwerken im Schweizer Recht, KUR 2012, S. 98–109

Weber, Max Wirtschaft und Gesellschaft, Grundriss der Sozialökonomik, III. Abteilung, Tübingen 1922
Zit.: Weber, Max, Wirtschaft und Gesellschaft

Wehinger, Frank Illegale Märkte: Stand der sozialwissenschaftlichen Forschung, Köln 2011
Zit.: Wehinger, Illegale Märke

Weidner, Amalie Kulturgüter als res extra commercium im internationalen Sachenrecht, Berlin (u. a.) 2001
Zit.: Weidner, Kulturgüter als res extra commercium

Weisflog, Werner Der Schutz des Erwerbers beweglicher Sachen vom Nichteigentümer im IPR, Zürich 1930

Weller, Matthias Vollstreckungsimmunität für Kunstleihgaben ausländischer Staaten, IPRax 2011, S. 574–576

Wengler, Wilhelm Die Anknüpfung des zwingenden Schuldrechts im internationalen Privatrecht, ZVglRWiss 54 (1941), S. 168–212

Westermann, Harm Peter/Gursky, Karl-Heinz/Eickmann, Dieter Sachenrecht, 8. Aufl., Heidelberg 2011
Zit.: Westermann, Sachenrecht

Wasmuth, Johannes Aufarbeitung der unter NS-Herrschaft verübten Entziehung von Kunstwerken, NJW 2014, S. 747–753

Wiederkehr Schuler, Elsbeth Kulturgüterschutz – freier Kunstmarkt, zwei internationale Konventionen: Unidroit und UNESCO 70, Zürich 2000
Zit.: Wiederkehr Schuler, Kulturgüterschutz – freier Kunstmarkt

Wieling, Hans Josef Sachenrecht, 5. Aufl., Berlin 2007

Wiese, Volker Der Einfluss des EG-Rechts auf das Internationale Sachenrecht der Kulturgüter, Tübingen 2005

Wieser, Charlotte Gutgläubiger Fahrniserwerb und Besitzrechtsklage– unter besonderer Berücksichtigung der Rückforderung „entarteter“ Kunstgegenstände, Basel 2004

Wolff, Martin/Raiser, Ludwig Sachenrecht, 10. Aufl., Tübingen 1957

Wolfrum, Rüdiger (Hrsg.) Handbuch Vereinte Nationen, 2. Aufl., München 1991
Zit.: Wolfrum/Bearbeiter, Vereinte Nationen

Zweigert, Konrad Rechtsvergleichend-Kritisches zum gutgläubigen Mobiliarerwerb, RabelsZ 23 (1958), S. 1–20

–./Kötz, Hein Einführung in die Rechtsvergleichung: auf dem Gebiete des Privatrechts, 3. Aufl., Tübingen 1996
Zit.: Zweigert/Kötz, Einführung in die Rechtvergleichung

Abkürzungsverzeichnis

a. A.	am Anfang
a. a. O.	am angegebenen Ort
ABl.	Amtsblatt
Abs.	Absatz
AcP	Archiv für die civilistische Praxis
a. E.	am Ende
AEUV	Vertrag über die Arbeitsweise der Europäischen Union
a. F.	alte Fassung
alt. F.	alternative Fassung
a. M.	andere Meinung
Am. J. Int. L	American Journal of International Law
Anh.	Anhang
Anm.	Anmerkung
Anm. d. Verf.	Anmerkung der Verfasserin
Art.	Artikel
BGBl.	Bundesgesetzblatt
BGH	Bundesgerichtshof
BGHZ	Entscheidungen des Bundesgerichtshofs
BP	Before Present
BR-Drs.	Bundesratsdrucksache
bspw.	beispielsweise
BT-Drs.	Bundestagsdrucksache
BVerfG	Bundesverfassungsgericht
BVerfGE	Entscheidungen des Bundesverfassungsgerichts
BVerwG	Bundesverwaltungsgericht
BVerwGE	Entscheidungen des Bundesverwaltungsgerichts
bzw.	beziehungsweise
ca.	circa
Cir.C.	Circuit
d. h.	das heißt
DPA	Deutsche Presse-Agentur
ders.	derselbe
dies.	dieselbe(n)
Doc.	Document
E.D.N.Y.	U.S. District Court for the Eastern District of New York
EG	Europäische Gemeinschaft
EGBGB	Einführungsgesetz zum Bürgerlichen Gesetzbuch
Einl.	Einleitung
EU	Europäische Union
EuGH	Europäischer Gerichtshof

EWG	Europäische Wirtschaftsgemeinschaft
EWGV	Vertrag zur Gründung der Europäischen Wirtschaftsgemeinschaft
f.	folgende
FAZ	Frankfurter Allgemeine Zeitung
ff.	fortfolgende
Fn.	Fußnote
GBl.	Gesetzblatt
GewO	Gewerbeordnung
GG	Grundgesetz
grds.	grundsätzlich
HGB	Handelsgesetzbuch
h. M.	herrschende Meinung
Hrsg.	Herausgeber
HS.	Halbsatz
i. e. S.	im engeren Sinne
i. H. v.	in Höhe von
i. w. S.	im weiteren Sinne
IPR	Internationales Privatrecht
IPRax	Praxis des Internationalen Privat- und Verfahrensrechts
i. S.	im Sinne
i. S. d.	im Sinne des/der
i. V. m.	in Verbindung mit
IZR	Internationales Zivilverfahrensrecht
JA	Juristische Arbeitsblätter
JuS	Juristische Schulung
JZ	Juristenzeitung
KG	Kammergericht
KUR	Zeitschrift Kunstrecht und Urheberrecht
LG	Landgericht
lit.	littera
Ltd.	Limited
m. w. N.	mit weiteren Nachweisen
NJW	Neue Juristische Wochenschrift
NJW-RR	Neue Juristische Wochenschrift – Rechtssprechungsreport
Nr.	Nummer
NVwZ	Neue Zeitschrift für Verwaltungsrecht
o. Ä.	oder Ähnliches
OLG	Oberlandesgericht
OVG	Oberverwaltungsgericht
RabelsZ	Rabels Zeitschrift für ausländisches und internationales Privatrecht
RG	Reichsgericht
RGZ	Entscheidungen des Reichsgerichts in Zivilsachen

RL	Richtlinie
Rn.	Randnummer
Rpfleger	Der Deutsche Rechtspfleger
Rspr.	Rechtsprechung
S.	Seite
s.	siehe
S.D.N.Y.	U.S. District Court for the Southern District of New York
Supp.	Supplement
Schriftf.	Schriftführer
sog.	sogenannte
u. a.	unter anderem
Unif. L. Rev.	Uniform Law Review
VO	Verordnung
Vorb.	Vorbemerkung
VG	Verwaltungsgericht
vgl.	vergleiche
vs.	versus
z. B.	zum Beispiel
ZfRV	Zeitschrift für Rechtsvergleichung
ZGB	Zivilgesetzbuch (Schweiz)
Ziff.	Ziffer
zit.	zitiert
ZPO	Zivilprozessordnung
ZRP	Zeitschrift für Rechtspolitik
ZVglRWiss	Zeitschrift für vergleichende Rechtswissenschaften

Einleitung

Pax per cultura[1]

I. Problemstellung

Ein Fall beschäftigt nun schon seit vielen Jahren die Schweizer Justiz:[2]

> Im Jahr 1989 erwarb der angesehene Schweizer Kunstsammler Werner Merzbacher das kubistische Bild *Diener mit Samowar (Footmann with Samovar*) von Kasimir Malewitsch. Das Geschäft wurde per Handschlag und mit Übergabe eines Barschecks in Höhe von einer Million Dollar in einem Schweizer Depot abgewickelt. Der Eigentümer des Bildes war unbekannt, als Vermittlerin trat eine Genfer Galerie auf. Merzbacher holte einige Erkundigungen über das Bild ein, die allerdings erfolglos waren. Gerade zum Ende der Sowjetzeiten war es auch nicht untypisch, dass die Eigentümer ihre Kunstwerke aus der Sowjetunion herausschmuggeln ließen und durch Mittelsmänner verkauft haben. Allerdings wies die Kunstsachverständige, die das Bild auf Echtheit überprüft hat, den Käufer auf Gerüchte über ein sich angeblich auf dem Markt befindliches, gestohlenes Gemälde von Kasimir Malevitsch hin. Fünfzehn Jahre später meldete sich der russische Unternehmer Felix Tschudnowsky und gab an, dass das Bild aus der Sammlung seines Vaters, des Atomphysikers Abraham Tschudnowsky, im Jahr 1978 zusammen mit einigen anderen Bildern gestohlen worden sei, und forderte daher das Bild heraus. Merzbacher war dazu unter der Voraussetzung bereit, dass ihm der Kaufpreis und die Restaurierungskosten erstattet würden. Das Bild dürfte inzwischen das Vielfache des ursprünglich gezahlten Kaufpreises kosten.[3]

Dieser Fall ereignete sich zwar in der Schweiz, die darin aufgeworfenen Fragen des Kulturgütertransfers stellen sich aber genauso in Deutschland: Wie hoch sollen die Anforderungen an die Sorgfalt des Erwerbers sein? Wie kann dem sog. *Verschieben* von Kunstwerken über die Staatsgrenze entgegengetreten werden? Wie kann der Handel mit Kulturgütern, die mit einem Makel behaftet sind, eingedämmt werden, um deren Substanz durch unsachgemäße Lagerung und unsachgemäßen Transport nicht zu gefährden?

---

1 Das Credo von Nicolai Roerich (russ: Rerich), einem russischen Juristen, Maler und Philosophen, Rerich, Dozor, in: Listy dnevnika, S. 446, 447. Roerich war Initiator des Roerich-Pakts, des ersten internationalen Vertrages im Kriegsvölkerrecht, der ausschließlich dem Kulturgüterschutz diente. Sein Bild *Madonna laboris* ist mit dem Kaufpreis i. H. v. 7,9 Mio. Pfund inklusive Aufgeld eines der teuersten Gemälde, das je in einer Auktion mit russischer Kunst versteigert wurde.

2 Zuletzt wurde die Sache im April 2013 von dem Schweizerischen Bundesgericht an das Obergericht Zürich unter Aufhebung von dessem Urteil zurückverwiesen, Schw. Bundesgericht, Urteil 5A 372/2012 vom 18. April 2013.

3 Koldehoff, Stefan, Was guter Glaube ist, FAZ vom 06. Juli 2013, Nr. 154, S. 37.

Der illegale Handel stellt eine große Gefährdung für Kulturgüter dar. Dieses Problem verstärkt sich mit der steigenden weltweiten wirtschaftlichen Verflechtung, die einerseits zu einem regelrechten Kunstboom führt und andererseits die Schlupflöcher für die Legalisierung der *makelbehafteten* Kulturgüter schafft. Nach Angaben der Medien setzt der internationale legale Kunstmarkt ca. 63,1 Milliarden Euro per annum um;[4] allein in Deutschland wird der Umsatz des Kunsthandels für das Jahr 2015 auf über 2,1 Milliarden Euro geschätzt[5]. Für den illegalen Markt, zu dem der Handel mit gestohlenen, illegal ausgeführten oder gefälschten Kulturgütern gehört, gibt es naturgemäß keine zuverlässigen Daten; nach verbreiteten Schätzungen beträgt der Umsatz jedoch zwischen 6 und 8 Milliarden US-Dollar pro Jahr.[6] Damit bildet der illegale Kunstmarkt nach dem Drogen- und (illegalen) Waffenhandel den drittgrößten illegalen Markt der Welt.[7]

Die Ursachen für diesen Kunstboom sind so vielfältig wie die Marktakteure unterschiedlich sind. Die Globalisierung hat neben der übrigen Beschleunigung des Handels auch neue Käufergruppen auf internationaler Ebene aus Russland, China und den Nahost-Ländern für den Kunstmarkt erschlossen. Aber auch Kunst als Geldanlage hat zunehmend an Bedeutung gewonnen. Das sog. Art-Investment erfreut sich einer großen Popularität, wo (k)ein Kunstinteressierter, z. B. durch eine Kunst-Anleihe, vom boomenden Kunstmarkt profitieren kann. Rekordumsätze werden zudem durch die Preisspitzen erreicht, die auf den Einstieg von Hedge-Fonds sowie sonstigen Finanzinvestoren in den Kunstmarkt zurückzuführen sind (so wurde 2007 ein mit Diamanten besetzter Schädel von Damien Hirst für 50 Millionen Pfund von einer anonymen Investorengruppe gekauft, pikanterweise war hier einer der Investoren der Künstler selbst)[8]. Die Investmentorientierung wird auch dadurch deutlich, dass sogar ein Kunst-Index jährlich ermittelt wird, der die Rendite anhand der einhundert erfolgreichsten Künstler ausweist.[9]

Legaler und illegaler Kunstmarkt koexistieren und profitieren voneinander.[10] Oft können die einzelnen Märkte nicht unterschieden werden, da gerade bei Kulturgütern ein mit einem Makel behafteter Gegenstand sehr schnell legalisiert werden kann. Einem Kunstwerk ist sein Makel, speziell was seine Provenienz betrifft, nur selten anzusehen, so dass es oft unbemerkt in den legalen Markt geschleust wird.

---

4 Rossmann, Andreas, Wenn die Kunst auf Reisen geht, FAZ.net vom 27. April 2012, abrufbar unter: http://www.faz.net/aktuell/feuilleton/kunstmarkt/transport-und-versicherung-wenn-die-kunst-auf-reisen-geht-11724623.html, Stand: März 2017.

5 BMWi (Hrsg.), Monitoring Kulturwirtschaft 2016, S. 105.

6 Wehinger, Illegale Märkte, S. 50.

7 So die Schätzungen von UNESCO, zit. nach Anton, Kulturgüterschutz, S. 2.

8 DPA, FAZ.net vom 30. August 2007, abrufbar unter: www.faz.net/aktuell/feuilleton/kunst/kunst-hirsts-totenschaedel-ist-verkauft-1464225.html, Stand: März 2017.

9 Tutela-Global-Art100-Index, vgl. dazu grundsätzlich González/Weis (Hrsg.), Kunst-Investment; Kunze, Carsten, Kunst als Kapitalanlage.

10 Wehinger spricht in diesem Zusammenhang vom sog. symbiotischen Verhältnis der Märkte, Wehinger, Illegale Märkte, S. 14.

Von professionellen „Kunstschiebern" oder durch Zufall werden ursprünglich illegale Kulturgüter mit Grenzüberschreitung aufgrund der Gesetzesdivergenz zwischen den einzelnen Staaten legalisiert. Es gibt weiterhin innerstaatliche Regelungen, die eine Legalisierung der Kulturgüter wie bei sonstigen Sachen ermöglichen, wenn z. B. nach § 197 Abs. 1 Ziff. 1 BGB[11] der Herausgabeanspruch des Eigentümers verjährt oder das Eigentum am gestohlenen Kulturgut im Wege der öffentlichen Versteigerung begründet wird (§§ 932, 935 Abs. 2 Alt. 2 BGB).

Allgemein setzt sich die Erkenntnis durch, dass Kunst- und Kulturgüter Objekte besonderer Art sind und somit auch einen entsprechenden Schutz verdienen.[12] Um die Kulturgüter zu schützen, müssten der legale und der illegale Markt strenger getrennt werden. Mit rechtlichen Mitteln ist eine solche Einwirkung auf den Wirtschaftsverkehr grundsätzlich auf allen drei Gebieten, dem des Privatrechts, des Strafrechts und des öffentlichen Rechts, möglich. Vorliegend soll sich die Untersuchung auf das Privatrecht begrenzen. Im Privatrecht wird die Verknüpfung von Recht und Wirtschaft v. a. an den Rechtsinstituten Eigentum und Vertrag festgemacht.[13] Das Eigentum garantiert den Bestand der Güter – und damit auch der Kulturgüter, welche die Basis für den wirtschaftlichen Verkehr bilden, so dass die damit in Zusammenhang stehenden Probleme in der vorliegenden Untersuchung in den Vordergrund rücken. Die Sicherung des Wirtschaftsverkehrs durch das Privatrecht soll dabei allerdings nicht als Selbstzweck betrieben werden, sondern dem übergeordneten Ziel des Kulturgüterschutzes unterworfen sein.

Obwohl weitestgehend Einigkeit darüber besteht, dass das Eigentum eine wichtige Rolle im Kulturgüterschutz spielt,[14] wurde dessen Schutz bisher eher stiefmütterlich behandelt: Gerade in den jüngsten Monographien wurden entweder die einzelnen Aspekte des privatrechtlichen Eigentumsschutzes untersucht[15] oder der

---

11 Bürgerliches Gesetzbuch in der Fassung der Bekanntmachung vom 2. Januar 2002, BGBl. I S. 42, 2909; 2003 I S. 738, zuletzt geändert durch Artikel 1 des Gesetzes vom 22. Juli 2014, BGBl. I S. 1218.

12 Die These erscheint auf den ersten Blick selbstverständlich, jedoch reicht ein Blick in das BGB, um sich vom Gegenteil zu überzeugen: Dort wird nicht zwischen Kunst- und Kulturgütern einerseits und sonstigen Sachen andererseits unterschieden.

13 Hesse, Rechtssoziologie, S. 166 ff.; vgl. auch Weber, Max, Wirtschaft und Gesellschaft, S. 412; Luhmann, Das Recht der Gesellschaft, S. 452 ff.

14 Fechner, Prinzipien des Kulturgüterschutzes, S. 12, 29 f., in: ders./Oppermann/Prott (Hrsg.), Prinzipien des Kulturgüterschutzes; Odendahl, Kulturgüterschutz, S. 427 ff.

15 Bspw. Beck, Die Rückgabe gestohlener und rechtswidrig ausgeführter Kulturgüter nach dem UNIDROIT-Übereinkommen 1995 und das deutsche internationale Privatrecht (2007); Berndt, Internationaler Kulturgüterschutz – Abwanderungsschutz (1998); Kunze, Hans, Restitution „Entartete Kunst": Sachenrecht und Internationales Privatrecht (2000); Kurpiers, Die lex originis-Regel im internationalen Sachenrecht: grenzüberschreitende privatrechtliche Ansprüche auf Herausgabe von abhandengekommenen und unrechtmäßig ausgeführten Kulturgütern (2005); Spaun, Der Herausgabeanspruch bei Diebstahl oder illegalem Export von Kulturgütern (2003); Sprecher, Beschränkungen des Handels mit Kulturgut und die Eigentumsgarantie

Eigentumsschutz wurde aus der staats- und verwaltungsrechtlichen Perspektive betrachtet.[16] Es gilt vielmehr, die umfassende Eigentümerstellung zu untersuchen, denn durch ihre Stärkung verlöre das Geschäft mit gestohlenen oder sonstigen nicht willentlich in Verkehr gebrachten Kulturgütern an Attraktivität, wodurch der illegale Kulturgüterverkehr eingedämmt würde.

Erkenntnisinteresse dieser Arbeit ist daher die privatrechtliche Ausgestaltung des Eigentumsschutzes als Mittel zur Eindämmung des illegalen Marktes und somit zur Verbesserung des Kulturgüterschutzes. Dieser Frage ist auf zwei Wegen nachzugehen: Es soll zunächst auf die innerdeutschen Sachverhalte eingegangen werden. Wegen des grenzüberschreitenden Problems wird anschließend die Lösung auch im internationalen Kontext gesucht.

Die vorliegende Arbeit konzentriert sich auf den Schutz der Kulturgüter als bewegliche Sachen. Ausgeklammert bleiben immobile und immaterielle Kulturgüter (wie Denkmäler und Bräuche), da sie durch illegalen Transfer kaum gefährdet sind. Des Weiteren sollen Kulturgüter nur im allgemeinen zivilrechtlichen Kontext untersucht werden. Andere und speziellere Rechtsgebiete, insbesondere die des öffentlichen Rechts und des Völkerrechts, werden nur einbezogen, soweit sie der Verständlichkeit der Analyse dienen.

II. Gang der Untersuchung

Die Untersuchung ist in fünf Kapitel untergliedert.

In Kapitel Eins werden die Grundlagen des Kulturgüterschutzes dargestellt, wobei der Begriff des Kulturgutes erarbeitet wird sowie dessen Schutzziele gezeigt und gewichtet werden. Anschließend werden die rechtlichen Mittel eingegrenzt, die der Umsetzung der herausgearbeiteten Ziele dienen. Dabei wird gesondert auf den Eigentumsschutz als Mittel des Kulturgüterschutzes eingegangen.

Darauf aufbauend befasst sich die Arbeit in Kapitel Zwei mit dem deutschen privatrechtlichen Eigentumsschutz bei innerdeutschen Sachverhalten. Dabei werden die Rechtsprobleme des derivativen Eigentumserwerbs erörtert. Anhand von Fallgruppen soll dabei der status quo nicht lediglich dargestellt, sondern unter Zugrundelegung der Besonderheiten des Untersuchungsgegenstandes systematisiert und daher ein Instrument entwickelt werden, anhand dessen sich die sachenrechtliche Zuordnung eines Kulturgutes sowohl dogmatisch als auch praktisch herleiten lässt.

(2004); Weber, Marc, Unveräußerliches Kulturgut im nationalen und internationalen Rechtsverkehr (2002); Weidner, Kulturgüter als res extra commercium im internationalen Sachenrecht (2001); Wiese, Der Einfluss des EG-Rechts auf das Internationale Sachenrecht der Kulturgüter (2005); Wieser, Gutgläubiger Fahrniserwerb und Besitzrechtsklage – unter besonderer Berücksichtigung der Rückforderung „entarteter" Kunstgegenstände (2004).

16 Bspw. Sprecher, Beschränkungen des Handels mit Kulturgut und die Eigentumsgarantie; Kohls, Kulturgüterschutz: Wirkungen von Verstößen gegen Ausfuhrverbote und Möglichkeiten der Rückführung illegal verbrachter Kulturgüter.

Auf den originären Eigentumserwerb wird gesondert eingegangen. Anschließend wird erläutert, ob bei innerdeutschen Sachverhalten ein Verbesserungsbedarf des Kulturgüterschutzes besteht.

Der Eigentümerschutz bei grenzüberschreitenden Sachverhalten wird in Kapitel Drei dargestellt. Hier wird zwischen dem Kollisions- und dem Einheitsrecht unterschieden und primär herausgearbeitet, inwieweit die in Deutschland geltenden Regelungen dem geforderten Kulturgüterschutz hinreichend Rechnung tragen.

In Kapitel Vier werden die Möglichkeiten des Kulturgüterschutzes durch die internationale Rechtsharmonisierung untersucht. Besondere Bedeutung kommt dabei der Analyse eines völkerrechtlichen Vertrages zu, der privatrechtliche Ansprüche beim grenzüberschreitenden Sachverhalt regelt – der Unidroit-Konvention.[17] Aufbauend darauf wird das Lösungspotenzial der internationalen Rechtsharmonisierung in Deutschland bewertet und es werden mögliche verbliebene Schutzdefizite aufgezeigt. Nicht zur Erörterung steht der öffentlich-rechtliche Regelungsbereich der Konvention.

Die Arbeit schließt mit einer zusammenfassenden Bewertung in Kapitel Fünf.

17 Unidroit-Convention on Stolen or Illegally Exported Cultural Objects (Unidroit-Übereinkommen über gestohlene oder rechtswidrig ausgeführte Kulturgüter) vom 24. Juni 1995, ILM 34 (1995), 1330 ff.

Kapitel 1. Grundlagen des Kulturgüterschutzes

Um eine Eindämmung des illegalen Handels mit Kulturgütern im Interesse des Kulturgüterschutzes zu erreichen, müssten zunächst das Schutzobjekt und die Schutzziele erarbeitet werden. Das Kapitel ist so aufgebaut, dass der Darstellung der geschichtlichen Entwicklung des Kulturgüterschutzes die Herausarbeitung des universellen Kulturgüterbegriffs folgt. Sodann werden Prinzipien und Ziele des Kulturgüterschutzes erarbeitet, um anschließend die entsprechenden Mittel im Bereich des Privatrechts und insbesondere des Eigentumsschutzes zu erörtern.

I. Geschichtlicher Exkurs

Es ist eine Entwicklung neuester Zeit, dass der Kulturgüterschutz sich als ein eigenständiges Rechtsgebiet herausgebildet hat.[18] Es gab allerdings schon vorher Regelungen in verschiedenen Ausprägungen, die dem Schutz der Kulturgüter dienten.

Ursprünglich war der Kulturgüterschutz sowohl national als auch international öffentlich-rechtlich geprägt. Auf nationaler Ebene gab es zunächst den klassischen Bereich des Denkmalschutzes. Die ersten Regelungen weltweit gehen bereits auf die Antike zurück, wo der Kultstättenschutz wegen des sakralen Gehalts der Gegenstände praktiziert wurde. In der Neuzeit kam es in Deutschland nach vereinzelten Regelungen erst im Jahr 1902 im Großherzogtum Hessen zum ersten umfassenden Denkmalschutzgesetz, gefolgt von den lokalen Gesetzen in Oldenburg (1911) und Lübeck (1915). Dem Kirchenstaat dagegen brachten die Interessen der Päpste am Kirchenreichtum bereits im Jahr 1820 die Schaffung eines Denkmalschutzgesetzes. In Griechenland ist eine frühe Regelung aus dem Jahr 1834 dem reichen Erbe aus der Antike und dem Ende der türkischen Herrschaft geschuldet.[19]

Auf internationaler Ebene regelten die ersten kulturgüterschützenden Verträge das Kriegsvölkerrecht, wodurch der Schutz bestimmter Kulturgüter im Fall eines Kriegs gewährleistet werden sollte. Die Haager Landkriegsordnung vom 29. Juli 1899 enthielt erstmals solche Vorschriften. Mit dem Europäischen Kulturabkommen, das die Mitglieder des Europarats im Jahr 1954 unterzeichneten, kam die erste

---

18 So wurde im Jahr 2009 zum ersten Mal im deutschsprachigen Raum die Lehrberechtigung im Kunstrecht für eine Arbeit über Kulturgüterschutz verliehen, PD Dr. jur. Beat Schönenberger, Privatdozent für Privatrecht, Kunstrecht und Rechtsvergleichung, Universität Basel.

19 Vgl. zur Entwicklung des Denkmalschutzes: Hammer, Zur Geschichte des rechtlichen Kulturgüter- und Denkmalschutzes, in: Fechner/Oppermann/Prott (Hrsg.), Prinzipien des Kulturgüterschutzes, S. 47 ff.

friedensvölkerrechtliche Regelung zustande, zahlreiche weitere folgten.[20] Der erste Völkervertrag, der die zivilrechtliche Ebene mitumfasst, ist die Unidroit-Konvention von 1995.[21]

II. Begriffsbestimmung von Kulturgut

Entscheidend für die Untersuchung des Kulturgüterschutzes ist zunächst, den Begriff des Kulturgutes zu bestimmen. Auch wenn von juristischen Begriffen eine allgemeine Verwendbarkeit nicht verlangt werden kann,[22] ist es sinnvoll, sich dem Gegenstand des Kulturgutes an sich anzunähern, damit festgestellt werden kann, welche Kulturgüter überhaupt schützenswert sind. Dafür wird im ersten Schritt eine Bestandsaufnahme der vorhandenen Definitionen vorgenommen. Anschließend wird der Versuch unternommen, einen allgemeingültigen Begriff zu erarbeiten.

1. Bestandsaufnahme

Um einen Begriff zu präziseren, bedienen sich Juristen seit jeher einer Definition.[23] Es gibt eine ganze Fülle an Definitionen des Begriffs *Kulturgut*, die in solche des nationalen und des internationalen Rechts unterschieden werden können.

a. Nationales Recht

Eine einheitliche Definition des Kulturgutes existiert im deutschen Recht nicht. Der Begriff wird vielfach verwendet, jedoch nur vereinzelt entsprechend dem Regelungsgehalt der jeweiligen Norm definiert. In Art. 73 Abs. 1 Nr. 5a GG[24] wird der Begriff des Kulturgutes erwähnt (wobei der Schutz des deutschen Kulturgutes der ausschließlichen Gesetzgebungskompetenz des Bundes zugeordnet wird), jedoch nicht näher definiert. Das zu diesem Zweck erlassene Gesetz – das Kul-

20 Vgl. das Europäische Kulturabkommen vom 19. Dezember 1954, BGBl. II 1955 S. 1128. Am bedeutendsten sind die UNESCO-Konventionen, hinzu kommen die Abkommen mit kleinerem Geltungsbereich bis hin zu bilateralen Verträgen.

21 Vgl. ausführlich zu Geschichte des Kulturgüterschutzes Odendahl, Kulturgüterschutz, S. 6 ff.; Martin/Krautzberger/Hammer, Denkmalschutz und Denkmalpflege, Teil A, Rn. 30 ff.

22 Vgl. Jayme, Kunstwerk und Nation, in: ders. (Hrsg.), Nationales Kunstwerk und Internationales Privatrecht, S. 54, 57.

23 Rüthers/Fischer/Birk, Rechtstheorie, S. 154 ff.; Kaufmann/Hassemer/Neumann, Einführung in die Rechtsphilosophie und Rechtstheorie, S. 116 ff.

24 Grundgesetz für die Bundesrepublik Deutschland in der im Bundesgesetzblatt Teil III, Gliederungsnummer 100–1, veröffentlichten bereinigten Fassung, zuletzt geändert durch Artikel 1 des Gesetzes vom 11. Juli 2012, BGBl. I S. 1478.

turgüterschutzgesetz (KultgSchG)[25] – bestimmt als Kulturgut jedes Werk, das in dem Verzeichnis wertvoller Kulturgüter eingetragen ist. Bei der Eintragung soll dabei die Empfehlung der Kultusministerkonferenz berücksichtigt werden, die einen Kriterienkatalog zur Bestimmung eines Kulturgutes enthält. Ausschlaggebend ist jedoch nur, ob die Eintragung tatsächlich erfolgt ist.[26] Das Kulturgüterrückgabegesetz (KultgRückG)[27] wiederum bestimmt als Kulturgut jeden Gegenstand, der nach KultgSchG geschützt ist, also im entsprechenden Verzeichnis eingetragen ist oder wird (Art. 1 KultgRückG). Im StGB bspw. wird der Begriff des Kulturgutes in § 243 Abs. 1 S. 1 Ziff. 5 umschrieben als „eine Sache von Bedeutung für Wissenschaft, Kunst und Geschichte oder für die technische Entwicklung", ohne diesen jedoch ausdrücklich zu benennen.

Eine weitere Differenzierungsebene kommt aufgrund der föderalen Struktur der Bundesrepublik Deutschland und der vorrangigen Gesetzeskompetenz der Länder (*Kulturhoheit der Länder* aus Art. 30 GG) hinzu. So wird bspw. der Kulturgutbegriff in § 8 Abs. 4 SächsArchG als Landeskulturgut erwähnt, ohne den Begriff zu definieren.

Zudem nimmt nahezu jede Rechtsordnung eine eigene Begriffsbestimmung auf der jeweiligen nationalen Ebene vor[28]; ein Umstand, der zwar für viele juristische Begriffe gilt, jedoch gerade bei einer internationalen Materie wie der des Kulturgüterschutzes zusätzliche Hürden aufstellt. In Italien fallen unter den Begriff *Kulturgut* gemäß Art. 2 Abs. 2 i. V. m. Art. 10 und Art. 11 Codice Urbani sowohl bewegliche als auch unbewegliche Gegenstände,[29] § 1 Abs. 11 des österreichischen Denkmalschutzgesetzes dagegen erklärt die Begriffe *Denkmal* und *Kulturgut* für gleichbedeutend.[30]

---

25 Gesetz zum Schutz deutschen Kulturguts gegen Abwanderung in der Fassung der Bekanntmachung vom 8. Juli 1999, BGBl. I S. 1754, zuletzt geändert am 18. Mai 2007, BGBl. I S. 757.

26 Empfehlung der Kultusministerkonferenz für Eintragungen in das Verzeichnis national wertvollen Kulturguts und das Verzeichnis national wertvoller Archive nach dem Gesetz zum Schutz deutschen Kulturguts gegen Abwanderung, Beschluss der Kultusministerkonferenz vom 29. April 2010, abrufbar unter: www.kmk.org, Stand: März 2017.

27 Gesetz zur Ausführung des UNESCO-Übereinkommens vom 14. November 1970 über Maßnahmen zum Verbot und zur Verhütung der rechtswidrigen Einfuhr, Ausfuhr und Übereignung von Kulturgut und zur Umsetzung der Richtlinie 93/7/EWG des Rates vom 15. März 1993 über die Rückgabe von unrechtmäßig aus dem Hoheitsgebiet eines Mitgliedstaats verbrachten Kulturgütern (KultgRückG) vom 18. Mai 2007, BGBl. I S. 757, 2547, zuletzt geändert am 6. Juni 2013, BGBl. I S. 1482.

28 Vgl. Reichelt, Internationaler Kulturgüterschutz, S. 12.

29 Codice dei beni culturali e del paesaggio vom 22. Januar 2004, Decreto legislativo 22 gennaio 2004, n. 42.

30 Bundesgesetz betreffend den Schutz von Denkmalen wegen ihrer geschichtlichen, künstlerischen oder sonstigen kulturellen Bedeutung vom 05. Dezember 1923 (Österreich), BGBl. Nr. 533/1923, zuletzt geändert am 04. Januar 2008, BGBl. I Nr. 2/2008.

b. *Internationales Recht*

Auch auf der europa- und völkerrechtlichen Ebene werden eigenständige Begriffsbestimmungen vorgenommen.

aa. *Europarecht*

Auf der europäischen Ebene wird der Begriff *Kulturgut* schon in Art. 36 EWGV aus dem Jahr 1957, jetzt Art. 36 AEUV, benannt. Ohne den Begriff zu definieren, werden dort die Ein- und Ausfuhrbeschränkungen u. a. zum Schutze „des nationalen Kulturguts von künstlerischem, geschichtlichem oder archäologischem Wert" erlaubt.[31] In der Verordnung (EG) Nr. 116/2009 wird ebenfalls keine Definition des Begriffs vorgenommen; sie verfügt jedoch im Anhang über einen umfangreichen Kriterienkatalog, anhand dessen gemäß Art. 1 der Verordnung ein Kulturgut bestimmt wird.[32] Als Kategorien werden bspw. ein bestimmtes Alter, eine bestimmte Herkunft oder ein bestimmter Wert des Gegenstandes benannt.

Die Richtlinie 93/7/EWG,[33] umgesetzt in das deutsche Recht durch das KultgRückG, verlangt zum einen, dass das Kulturgut in den Anwendungsbereich des AEUV fällt – also ein der Beschränkung unterliegendes nationales Kulturgut ist. Zum anderen muss das Kulturgut entweder unter eine der Kategorien der Richtlinie fallen oder zur öffentlichen Sammlung gehören bzw. im Bestandverzeichnis kirchlicher Einrichtungen aufgeführt sein (Art. 1 der Richtlinie). Die Kategorien stimmen dabei im Wesentlichen mit denen der Verordnung überein. Die Richtlinie wurde inzwischen von der Richtlinie 2014/60/EU des Europäischen Parlaments und des Rates vom 15. Mai 2014 über die Rückgabe von unrechtmäßig aus dem Hoheitsgebiet eines Mitgliedstaats verbrachten Kulturgütern und zur Änderung der Verordnung (EU) Nr. 1024/2012 (Neufassung), ABl. L 159/1 abgelöst, jedoch noch nicht in das deutsche Recht umgesetzt.

bb. *Völkerrecht*

Die Haager Konvention von 1954[34] – ein Abkommen aus dem Kriegsrecht – gilt als die erste völkerrechtliche Norm, die den Begriff *Kulturgut* verwendet hat.[35] Danach

---

31 Vertrag über die Arbeitsweise der Europäischen Union vom 01. Dezember 2009, ABl. EG Nr. C 115 vom 09. Mai 2008, S. 47.

32 Verordnung (EG) Nr. 116/2009 des Rates vom 18. Dezember 2008 über die Ausfuhr von Kulturgütern, ABl. Nr. 039 vom 10. Februar 2009, S. 1–7. Diese Verordnung sichert eine einheitliche Kontrolle an den Außengrenzen der Europäischen Gemeinschaft.

33 Richtlinie 93/7/EWG des Rates vom 15. März 1993 über die Rückgabe von unrechtmäßig aus dem Hoheitsgebiet eines Mitgliedstaats verbrachten Kulturgütern, ABl. L 74 vom 27. März 1993, S. 74–79.

34 Haager Konvention zum Schutz von Kulturgut bei bewaffneten Konflikten vom 14. Mai 1954, in der Fassung vom 11. April 1967, BGBl. II S. 1233, geändert durch das Gesetz vom 10. August 1971, BGBl. II S. 1025.

35 Boguslavsky, Der Begriff des Kulturguts in: Dolzer/Jayme/Mußgnug (Hrsg.), Rechtsfragen des internationalen Kulturgüterschutzes, S. 3, 5.

ist ein Kulturgut ein bewegliches oder unbewegliches Gut, das für das kulturelle Erbe der Völker von großer Bedeutung ist, sowie Gebäude und Denkmalzentren, die solche Kulturgüter beherbergen (vgl. Art. 1 Haager Konvention 1954). Als Beispiele für Kulturgüter werden Baudenkmäler, Kunstwerke oder bedeutende Sammlungen angeführt. Die Definition der ersten Regelung, die das Privatrecht miteinbezieht – der Unidroit-Konvention – begrenzt dagegen die Kulturgüter entsprechend ihrem eigenen Schutzzweck auf bewegliche Kulturgüter. Danach ist ein Kulturgut jedes aus religiösen oder weltlichen Gründen bedeutungsvolle Gut („objects [...] of importance"), das einer der im Anhang zu diesem Übereinkommen aufgeführten Kategorien angehört (Art. 2 Unidroit-Konvention). Die UNESCO-Konvention von 1970 (im Folgenden: UNESCO-Konvention),[36] die in Deutschland erst im Jahr 2007 durch das KultgRückG umgesetzt wurde, nimmt eine ähnliche Definition vor, jedoch mit dem entscheidenden Unterschied, dass gemäß Art. 1 UNESCO-Konvention hier die Bedeutung für den jeweiligen Staat gefordert wird („specifically designated by each State as being of importance"). Paradoxerweise wird in der deutschen Übersetzung in beiden Fällen von dem „Kulturgut" gesprochen, obwohl in der Unidroit-Konvention der Begriff *cultural object* und in der UNESCO-Konvention der Begriff *cultural property* verwendet wird. In der Praxis dürfte jedoch ein Unterschied kaum vorliegen, da die Unidroit-Konvention in Ergänzung zu der UNESCO-Konvention konzipiert wurde und folglich mit gleichen Begriffen arbeiten soll.[37]

c. Literatur

In der Literatur hat sich kein allgemeingültiger Kulturgutbegriff herausgebildet. Teilweise wird darauf hingewiesen, dass eine Definition wegen der Undefinierbarkeit des Begriffs *Kultur* oder wegen des Vorliegens unterschiedlicher Regelungsbereiche nicht möglich sei.[38] Das Kulturgut wird auch durch das Aufstellen eines Kriterienkatalogs oder durch die Negativabgrenzung konkretisiert. Es werden Kriterien benannt, die relevant (z. B. große Bedeutung) und solche, die irrelevant (z. B. Beweglichkeit) sind.[39] Es werden auch eigenständige Definitionen gebildet. So werden Kulturgüter als körperliche Gegenstände definiert,

> beweglich oder unbeweglich, Einzelstücke oder Sammlungen/Ensembles, vom Menschen geschaffen, verändert, geprägt oder seine kulturelle Entwicklung widerspiegelnd,

36 Convention on the Means of Prohibiting and Preventing the Illicit Import, Export and Transfer of Cultural Property vom 14. Januar 1970, offizieller Text abrufbar unter: http://portal.unesco.org/en/ev.php-URL_ID=13039&URL_DO=DO_TOPIC&URL_SECTION=201.html.

37 Vgl. dazu UNESCO (Hrsg.), Information note, S. 3 f.

38 Jaeger, Internationaler Kulturgüterschutz, S. 11; Fechner, Prinzipen des Kulturgüterschutzes, in: Fechner/Oppermann/Prott (Hrsg.), Prinzipen des Kulturgüterschutzes, S. 11, 17.

39 Schorlemer, Internationaler Kulturgüterschutz, S. 82 ff.

> denen ein historischer, künstlerischer, wissenschaftlicher, architektonischer, archäologischer oder sonstiger kultureller Wert unterschiedlicher Dimension zukommt.[40]

Teilweise werden Kulturgüter definiert als

> körperliche Gegenstände oder Sachgesamtheiten, die von Menschen her- (oder auch zusammen-)gestellt oder verändert oder sonst in irgendeiner Form geprägt worden sind und deshalb von künstlerischer, historischer, archäologischer, ritueller oder wissenschaftlicher Bedeutung sind.[41]

Zum Teil werden auch immaterielle Güter einbezogen.[42]

d. Zwischenergebnis

Es liegt in der Natur der Sache, dass gesetzliche Definitionen keine allgemeingültige Begriffsbestimmung beinhalten, sondern den Begriff *Kulturgut* jeweils i. S. einer bestimmten Norm definieren. In der Literatur wird vereinzelt versucht, einen allgemeingültigen Begriff herauszuarbeiten.

Den meisten Definitionen ist es gemein, dass jedenfalls ein körperlicher Gegenstand von kulturellem Wert ein Kulturgut ist. Das könnte auf den ersten Blick der klassischen aristotelischen Definitionsregel genügen *(genus proximum et differentiale specifica)*.[43] Die entscheidende Frage bleibt, wie der *artbildende Unterschied (differentia specifica)* – also der besondere Wert des Kulturgutes – zu bestimmen ist.[44] Darauf wird nachstehend näher eingegangen.

2. Begriff des Kulturgutes – Konkretisierung der Wertigkeit

Die Anforderungen an die Wertigkeit eines Kulturgutes sind je nach der Schutzrichtung der Norm unterschiedlich. Für die hiesige Fragestellung ist entscheidend, wann ein Kulturgut *an sich* schützenswert ist, d. h., wie der einem Kulturgut innewohnende Wert losgelöst von der jeweiligen Norm zu bestimmen ist. Letztendlich wird dafür ein Werturteil erforderlich sein, das auf der Grundlage von

---

40 Odendahl, Kulturgüterschutz, S. 386 ff., insb. S. 387.

41 Müller-Katzenburg, Internationale Standards im Kulturgüterverkehr, S. 139 f.

42 Martin/Krautzberger/Hammer, Denkmalschutz und Denkmalpflege, Teil A, Rn. 32.

43 Aristoteles, Topic I/8, 103 b, 15 f.

44 Vgl. zur ähnlichen Problematik in Bezug auf Definition des Kunstwerks Kroeber/Kluckhohn, Culture, welches trotz zahlreicher Versuche einer juristischen abstrakt-generellen Definition kaum zugänglich bleibt. Das anschauliche Beispiel bilden zwei alte Pommes, die Gegenstand der gerichtlichen Auseinandersetzung waren und auf nicht unter 2.000 Euro geschätzt wurden: Ein Künstler hat die geforderte Summe als Schadensersatz von einer Galerie bekommen, in der zwei 22 Jahre alten Pommes frites verloren gegangen sind, die als Vorlage für ein goldenes Kreuz *Pommes d'Or* dienten (OLG München, Urteil vom 9. Februar 2012, BeckRS 2012, 03868).

kunstwissenschaftlichen Erkenntnissen zu fassen ist.[45] Bis hin zu diesem letzten Werturteil ist es jedoch mit juristischen Mitteln möglich, den Begriff hinreichend zu konkretisieren. Dies ist auch notwendig, denn der Sinn und Zweck des Kulturgüterschutzes kann erst nach dem Verständnis des Schutzobjektes erfasst werden.[46]

a. Bestimmung der Wertigkeit: Relativer Maßstab

Fest steht, dass die Anerkennung der kulturellen Wertigkeit eines Kulturgutes den gemeinsamen Nenner aller Definitionen des Kulturgutes bildet. Wie sie zu bestimmen ist, wird jedoch in der juristischen Literatur nicht ausreichend beantwortet. Am nächsten kommt Odendahl der Bestimmung der Wertigkeit, die von *unterschiedlichen Dimensionen* des kulturellen Werts (qualitativ oder territorial) spricht.[47] Schorlemer stellt darauf ab, ob das Objekt *unersetzlich* sei.[48] Fechner orientiert sich an drei Kriterien: *Alter, ästhetischem Gehalt* und *Erkenntniswert* des Kulturgutes, wobei die Kriterien nicht kumulativ vorliegen müssen.[49]

Die Bedeutung der Kultur entsteht immer in einem geographischen, ethnischen oder sonstigen gesellschaftlichen Kontext. Bereits Ende des 19. Jahrhunderts unterschied Carl Schnaase wie folgt: Die (alt-)griechische Kunst habe ein *geographisches Element*, weil die jeweiligen Kunststile in unterschiedlichen Regionen entwickelt wurden (der dorische Stil in Sparta, der jonische in Athen und der korinthische in Korinth). Die mittelalterliche Kunst dagegen habe ein *chronologisches Element*, weil das Christentum als Basis für gesamteuropäische Kunst prägender als die örtlichen Traditionen war.[50]

Das Wertesystem wird weiterhin zu gleicher Zeit in unterschiedlichen Sprach- und Rechtssystemen verschieden beurteilt. Es stellen sich zwar ähnliche Probleme bei jeder grenzüberschreitenden Materie, jedoch wird der *Kultur*begriff und somit auch der *Kulturgut*begriff durch den jeweiligen Kulturkreis bestimmt, welcher wiederum durch die Kultur selber bestimmt wird. Es gibt somit keinen Maßstab für die Wertigkeit der jeweiligen Kultur außerhalb ihres inneren kulturellen Zusammenhangs.[51] Vielmehr ist der Kultur ein Wertesystem inhärent, an dem durch

---

45 Vgl. Jayme, Rechtsbegriffe und Kunstgeschichte, in: Reichelt (Hrsg.), Neues Recht zum Schutz von Kulturgut, S. 11, 12.

46 Anders Reichelt, Die Unidroit-Konvention, in: Reichelt (Hrsg.), Neues Recht zum Schutz von Kulturgut, S. 55 ff., S. 61, die der Ansicht ist, dass „für den [Begriff des Kulturguts, *Anm. d. Verf.*] eine internationale Definition nicht nur nicht möglich ist, sondern auch gar nicht wünschenswert."

47 Odendahl, Kulturgüterschutz, S. 388.

48 Schorlemer, Internationaler Kulturgüterschutz, S. 83.

49 Fechner, Prinzipien des Kulturgüterschutzes, in: Fechner/Oppermann/Prott (Hrsg.), Prinzipien des Kulturgüterschutzes, S. 11, 23 f.

50 Zitiert nach: Held/Schneider, Grundzüge der Kunstwissenschaft, S. 138 f.

51 So die interpretative Kultursoziologie, vgl. Junge, Kultursoziologie, S. 11.

sie hervorgebrachte Artefakte gemessen werden. Es gibt – zumindest nach dem postmodernen Verständnis der Kulturentwicklung – viele verschiedenartige Kulturen gleichzeitig.[52] Diese Pluralisierung der Kulturen bedingt auch eine Pluralisierung der Kulturgüter, deren Wertigkeit zunächst nur im eigenen Kulturkreis erkennbar ist.

b. Erlangung der universalen Bedeutung

Weltweite Migrationsbewegungen und neue Kommunikationstechnologien ließen die Welt näher zusammenrücken. Diese gesellschaftliche Entwicklung, die auch als Globalisierung bezeichnet wird,[53] geht mit einer wachsenden Vertrautheit mit anderen Kulturen einher. Die soziale Bindung eines Kulturgutes an sein ursprüngliches Umfeld wird aufgelockert, sogar aufgelöst, da es überall verstanden werden kann. Die Artefakte unterschiedlicher Kulturen bekommen somit eine über ihren Kulturkreis hinausgehende, universale Bedeutung.[54] Diese Entwicklung schlägt sich auch in Rechtsvorschriften nieder. Bereits in der Präambel der Haager Konvention 1954 wurde erkannt, dass

> jede Schädigung von Kulturgut, gleichgültig welchem Volke es gehört, eine Schädigung des kulturellen Erbes der ganzen Menschheit bedeutet, weil jedes Volk seinen Beitrag zur Kultur der Welt leistet.

Auch zahlreiche andere Vorschriften dienen dem Schutz der Kulturgüter im Interesse aller Völker, unabhängig von ihrem ursprünglichen Wertigkeitskontext. So schützt bspw. die UNESCO-Welterbekonvention 1972 u. a. Denkmäler, Ensembles und Stätten überall auf der Welt als Kulturerbe.[55] Es gibt auch andere Regelwerke, die der Allgemeinheit dienen, wie z. B. das UNESCO-Übereinkommen zum Schutz des Unterwasser-Kulturerbes vom 02. November 2001, das UNESCO-Übereinkommen zum Schutz des immateriellen Kulturerbes vom 17. Oktober 2003 oder das Europarat-Übereinkommen zum Schutz des archäologischen Erbes (Übereinkommen von Malta) vom 16. Januar 1992.[56]

---

52 Junge, Kultursoziologie, S. 12 ff.

53 Vgl. grundsätzlich zur Globalisierung: Osterhammel/Peterson, Geschichte der Globalisierung.

54 Teilweise wird Kulturgütern sogar ein menschenrechtlicher Gehalt zuerkannt: Häberle, National-verfassungsstaatlicher und universeller Kulturgüterschutz, in: Fechner/Oppermann/Prott (Hrsg.), Prinzipen des Kulturgüterschutzes, S. 91, 108 f.; Fiedler, Kunstraub und internationaler Kulturgüterschutz, S. 2, 4.

55 UNESCO-Übereinkommen zum Schutz des Kultur- und Naturerbes der Welt vom 23. November 1972, BGBl. 1977 II S. 213.

56 Gesetz zu dem Europäischen Übereinkommen vom 16. Januar 1992 zum Schutz des archäologischen Erbes vom 9. Oktober 2002, BGBl. II S. 2709.

c. *Abgrenzung zum Begriff Kulturerbe*

Im Bereich des Kulturgüterschutzes wird neben dem Begriff *Kulturgut* auch der Begriff *Kulturerbe* verwendet. V. a. auf völkerrechtlicher Ebene ist dieser Terminus häufig anzutreffen.

So benennt bspw. Art. 2 Abs. 1 UNESCO-Konvention den Begriff des *kulturellen Erbes*, ohne ihn näher zu definieren. In der Literatur wird teilweise vertreten, der Begriff des Kulturerbes sei eher weiter zu verstehen, da er auch immaterielle Kulturgüter umfasse.[57] Zum Teil wird der Begriff für die Kennzeichnung von besonders wertvollen Kulturgütern benutzt.[58] Kurioserweise kann derselbe Begriff in verschiedenen Sprachfassungen desselben Vertrages unterschiedlich verwendet werden. So war noch in der alten deutschen Fassung des Londoner Übereinkommens von 1969[59] im Titel vom *archäologischen Kulturgut* die Rede, obwohl es in den verbindlichen englischen und französischen Fassungen *Kulturerbe* hieß („cultural heritage"/„partimoine culturel").[60] Das alles legt die Vermutung nahe, dass es keinen der Sache immanenten Unterschied gibt. Wird der Begriff *Kulturerbe* nicht in einer Norm definiert, so handelt es sich eher um eine politisch motivierte Verwendung, um der gesetzlichen Regelung Nachdruck zu verleihen.[61]

d. *Eigener Definitionsansatz*

Der Begriff *Kulturgut* ist einer juristisch abstrakt-generellen Definition kaum zugänglich. Auch hier kann nur eine Annäherung an die Bestimmung vorgenommen werden. Dabei gilt es, die vermeintliche Diskrepanz zwischen dem relativen Kontext der Wertigkeitsbestimmung und der universellen Bedeutung eines Kulturgutes aufzulösen.[62] Basierend auf den oben angeführten Überlegungen ergibt sich folgende Definition vom Kulturgut:

---

57 Fechner, Prinzipen des Kulturgüterschutzes, in: Fechner/Oppermann/Prott (Hrsg.), Prinzipen des Kulturgüterschutzes, S. 11, 19; Odendahl, Kulturgüterschutz, S. 392.

58 Art. 1 UNESCO-Übereinkommen zum Schutz des Kultur- und Naturerbes der Welt 1972.

59 Europäisches Übereinkommen zum Schutz archäologischen Kulturguts vom 06. Mai 1969, BGBl. 1974 II S. 1285.

60 Das wurde im Nachfolgevertrag jedoch korrigiert, vgl. Europäisches Übereinkommen zum Schutz des archäologischen Erbes vom 16. Januar 1992, BGBl. 2002 II S. 2709.

61 Auf die Abgrenzung der Kulturgüter zu Kunstwerken wird verzichtet, da sie allgemein anerkannt ist und bereits breit behandelt wurde: Kunstwerke setzen ein menschliches Wirken voraus und stellen eine Untergruppe der Kulturgüter dar, vgl. Mußgnug, Kunstwerke und anderes Kulturgut, in: Hohmann/John (Hrsg.), Ausfuhrrecht, S. 1818 ff.; Odendahl, Kulturgüterschutz, S. 397 f.; Jaeger, Internationaler Kulturgüterschutz, S. 9.

62 Dahingehend ist auch das Erklärungsmodell der *Glokalisierung* zu verstehen, das die vermeintliche Polarität zwischen Globalem und Lokalem in der kulturellen Dynamik der Globalisierung auflöst und beide Ebenen (lokal-regionale und global-

Ein Kulturgut ist ein körperlicher Gegenstand von künstlerischem, historischem oder wissenschaftlichem Wert, welcher im jeweiligen Kontext bestimmt wird und (dadurch) eine universale Bedeutung entfaltet.

Der Hinweis auf die Universalität ist nicht tautologisch, obwohl nach hier vertretener Ansicht jeder Gegenstand von kulturellem Wert universal ist. Ohne diesen Hinweis könnte die Bedeutung von Kulturgüter relativ erscheinen, so dass diese Ergänzung notwendig wird.

III. Prinzipien und Ziele des Kulturgüterschutzes

Die Eindämmung des illegalen Handels mit Kulturgütern hat im Interesse des Kulturgüterschutzes zu erfolgen. Welche Ziele dabei der Kulturgüterschutz verfolgt, soll nachstehend herausgearbeitet werden. Kulturgüter können aus unterschiedlicher Motivation heraus geschützt werden. Vorliegend soll nur auf die Ziele eingegangen werden, deren Verfolgung die Kulturgüter primär betrifft. Andere Beweggründe – wie wirtschaftliche und staatspolitische Interessen – können sich zwar auch als Begleiterscheinung auf Kulturgüter auswirken, sind aber für den genuinen Kulturgüterschutz nicht prägend und somit auch nicht Gegenstand der Untersuchung.

1. Universalprinzip des Kulturgüterschutzes

Beim Kulturgüterschutz geht es – ähnlich wie beim Naturschutz oder bei der Einhaltung der Menschenrechte – um ein weltweites Interesse, das nicht an der Staatsgrenze enden darf. Die Kulturgüter sind gerade wegen ihrer universalen Bedeutung besonders schützenswert.[63] Die Ziele des Kulturgüterschutzes sind daher stets durch das Universalprinzip bestimmt.[64]

Das Universalprinzip geht mit der Entwicklung einher, dass die Territorien der kunstgeschichtlichen räumlichen Zuordnung im Laufe der Zeit immer großräumiger geworden sind.[65] Mit der Internationalisierung der Lebensverhältnisse wurde

---

überregionale) miteinander verbindet, vgl. dazu Robertson, Homogenität und Heterogenität in Raum und Zeit, in: Beck (Hrsg.), Perspektiven der Weltgesellschaft, S. 192 ff.; Dürrschmidt, Roland Robertson: Kultur im Spannungsfeld der Glokalisierung, in: Moebius/Quadflieg (Hrsg.), Kultur. Theorien der Gegenwart, S. 734, 740 f.

63 S. dazu bereits oben unter II. 2. b. „Erlangung der universalen Bedeutung".

64 Zum Universalprinzip aus der öffentlich-rechtlichen Perspektive vgl. Häberle, National-verfassungsrechtlicher und universaler Kulturgüterschutz, in: Fechner/Oppermann/Prott (Hrsg.), Prinzipien des Kulturgüterschutzes, S. 91, 109 f.; Müller, Kulturgüterschutz: Mittel nationaler Repräsentation oder Wahrung des Gemeinsamen Erbes der Menschheit?, in: ebenda, S. 257 ff.

65 S. zu der kunstgeschichtlichen Zuordnung: Held/Schneider, Grundzüge der Kunstwissenschaft, S. 138, vgl. dazu sogleich auch 4.b.aa. „Territoriales Herkunftsprinzip".

das Bewusstsein für die grenzüberschreitende Relevanz eines Kulturgutes geschärft. In diesem Sinne ist auch eine internationale Entwicklung zu verstehen, die den Begriff *gemeinsames Erbe der Menschheit (Common Heritage of Mankind)* geprägt hat.[66] Dieser aus dem Völkerrecht stammende Gedanke rückt den Schutz der Kultur- (und Natur-) Güter für die nachfolgenden Generationen in Abgrenzung zu den nationalen oder sonstigen lokalen Interessen in ihrer Gesamtheit in den Vordergrund. Nach hiesigem Verständnis kann der zukunftsorientierte Kulturgüterschutz nur i. S. d. gesamten Weltbevölkerung nachhaltig sein.

2. Erhaltung der Kulturgüter

Das zentrale Interesse des Kulturgüterschutzes ist die Erhaltung der Kulturgüter aufgrund ihres besonderen Stellenwertes für die nachfolgenden Generationen. Dies kann auf zweierlei Weise gewährleistet werden: Durch die Erhaltung der historischen Substanz (*Substanzschutz*) sowie durch den Schutz der zusammenhängenden Sachen wie bspw. Sammlungen (*Kontextschutz*).

a. Substanzschutz

Der Substanzschutz ist wegen der Unwiederbringlichkeit der Kulturgüter die Grundvoraussetzung für den Kulturgüterschutz. Die Kulturgüter müssen vor drohenden Gefahren durch Erhalt und Pflege bewahrt werden, damit sie ihre Wirkung, auch für die nachfolgenden Generationen, entfalten können. Der Erhaltung der Originalsubstanz dienen sowohl präventive Maßnahmen wie der Schutz vor der Zerstörung, der Beschädigung und dem Diebstahl, als auch kurative Maßnahmen wie Restaurierung.[67]

Obwohl es ein zentrales Ziel des Kulturgüterschutzes ist, kann die Erhaltung der Kulturgüter in Form der Substanzerhaltung nicht uneingeschränkt verfolgt werden. Manchmal sind Eingriffe in die Substanz nötig, um anderen Interessen des Kulturgüterschutzes Vorrang zu gewähren. So kann oft erst durch die mit der wissenschaftlichen Erschließung eines Gegenstandes einhergehende Probeentnahme dessen (kunst-)historischer Wert erfasst werden. Auch kann eine „Abnutzung“ der Kunstwerke aufgrund der Umwelteinwirkungen, bspw. beim Ausstellen in Museen, trotz des technischen Fortschritts nicht vollständig ausgeschlossen werden, was jedoch nicht zum Wegsperren der Kunstwerke führen darf. In solchen Fällen ist stets eine sorgfältige Abwägung vorzunehmen.[68]

---

66 Vgl. dazu Wolfrum/Fitschen, Vereinte Nationen, S. 211 ff.

67 Vgl. allgemein zu Substanzschutz Odendahl, Kulturgüterschutz, S. 406 f.; Fechner, Prinzipen des Kulturgüterschutzes, in: Fechner/Oppermann/Prott (Hrsg.), Prinzipien des Kulturgüterschutzes S. 11, 26 f.

68 Vgl. zur Wechselwirkung unterschiedlicher Schutzziele sogleich in Kapitel 1.III.4.c. „Wechselwirkung mit anderen Schutzzielen“.

b. *Kontextschutz*

Die Erhaltung eines Kulturgutes kann aber auch gefährdet sein, ohne dass eine unmittelbare Sachbeschädigung vorliegt.

aa. *Archäologische Funde*

Bei archäologischen Stätten ist nicht nur der Erhalt einzelner Gegenstände, sondern auch die Sicherung des größtmöglichen Kontextes erstrebenswert. Diese Hinterlassenschaften dienen als Quelle für die Erforschung der kulturellen Entwicklung der Menschheit, die gerade im Kontext ihren Wert als geschichtliches Zeugnis erlangt (*Kontextforschung*).[69] Oft kann ohne die Kenntnisse über das Umfeld des Fundstücks seine Einordnung nicht vorgenommen werden. Eine Sonderstellung der archäologischen Objekte ist auch ein Resultat des Wandels mit deren Umgang: Wurde früher der Ästhetik der antiken Erzeugnisse die wichtigste Bedeutung beigemessen, so ist seit den siebziger Jahren vielmehr die Erforschung historischer Zusammenhänge entscheidend geworden, die mit dem Bewahren des ursprünglichen Kontextes einhergeht.[70] Auch in vielen nationalen Rechtsordnungen untersteht archäologisches Kulturgut deswegen besonderen Regeln.[71]

Das archäologische Erbe wird durch Raubgrabungen sowie durch äußere Einwirkungen (wie natürlicher oder durch Menschen verursachter Zerfall) gefährdet. In den letzten Jahrzehnten haben sich die Fälle der organisierten Raubgrabungen zunehmend gehäuft.[72] Es sind v. a. die wirtschaftlich schwächeren Länder, die zu den Exportländern gehören und nur beschränkt die Möglichkeit haben, sich gegen die illegalen Ausgrabungen zu wehren. Aber auch innerhalb der Europäischen Union sind solche Fälle bekannt. Der prominenteste Fall aus der jüngsten Zeit ist ein Helm aus illegalen Grabungen in Italien, der von dem Berliner Sammler Axel Guttmann erworben wurde und inzwischen für gerichtliche Auseinandersetzungen zwischen Italien und den Erben des Sammlers gesorgt hat.[73] An die breite Öffentlichkeit dringen hauptsächlich die Fälle aus den Krisengebieten, bei denen die Ausmaße der Plünderung erschreckend sind. Während des Irak-Krieges bspw. traten so viele Kulturgüter aus illegalen Ausgrabungen zutage, dass die Europäische Union sich gezwungen sah, ein Einfuhrverbot für irakische Kulturgüter einzuführen.[74]

---

69 Vgl. dazu grds. Fechner, Rechtlicher Schutz archäologischen Kulturguts, S. 11 ff.; Schorlemer, Internationaler Kulturgüterschutz, S. 156 ff.

70 Wiederkehr Schuler, Kulturgüterschutz – freier Kunstmarkt, S. 15.

71 Jayme, Rechtsbegriffe und Kunstgeschichte, in: Reichelt (Hrsg.), Neues Recht zum Schutz von Kulturgut, S. 11, 12.

72 Wiederkehr Schuler, Kulturgüterschutz – freier Kunstmarkt, S. 14.

73 VG Berlin, Urteil vom 9. Dezember 2010, BeckRS 2010, 56675.

74 Artikel 3 der Verordnung (EG) Nr. 1210/2003 vom 7. Juli 2003 über bestimmte spezifische Beschränkungen in den wirtschaftlichen und finanziellen Beziehungen zu Irak, ABl. L 169 vom 8. Juli 2003, S. 6.

bb. Sonstige Kulturgüter

Neben archäologischen Funden kann auch bei sonstigen zusammenhängenden Sachen gerade deren Gesamtheit und nicht die einzelnen Stücke den besonderen Stellenwert der Gegenstände begründen.[75] So wird bei einer Sammlung oder einem historischen Archiv die Erhaltung des Sinnzusammenhangs schützenswert sein. In Deutschland werden z. B. national wertvolle Archive in die jeweiligen Landesverzeichnisse eingetragen, mit der Folge, dass deren Ausfuhr gemäß § 10 KultgSchG einer Genehmigung bedarf.

3. Teilhabe der Allgemeinheit an Kulturgütern

Ein weiteres Ziel des Kulturgüterschutzes ist es, die Teilhabe der Allgemeinheit an Kulturgütern zu gewährleisten. Auch wenn die Existenz des Kulturgutes eine notwendige Voraussetzung für dessen Zugänglichkeit darstellt, ist sie kein Selbstzweck, denn Kulturgüter können sich nur durch ihre Wirkung auf Menschen entfalten. Kultur ist ausschließlich im Rahmen einer Gesellschaft möglich und bezieht sich auf den Menschen. Insofern stehen beide Ziele gleichwertig nebeneinander. Um den Stellenwert dieses Schutzzieles aufzuzeigen, wird nachfolgend darauf detaillierter eingegangen.[76]

a. Direkte Teilhabe

Die Teilhabe der Allgemeinheit an Kulturgütern kann auf unterschiedliche Weise gewährleistet werden. Zunächst ist es der tatsächliche Zugang zu Kulturgütern, der entweder vorübergehender oder endgültiger Natur sein kann (direkte Teilhabe). Diese Art der Teilhabe ist naturgemäß beschränkt, da ein körperlicher Zugang rein tatsächlich nur einer begrenzten Anzahl von Menschen möglich ist.

aa. Vorübergehender Zugang am Beispiel der Ausstellungen

Als typisches Beispiel für einen vorübergehenden unmittelbaren Zugang zu den Kulturgütern dienen Museen und ähnliche Einrichtungen, in denen die Gegenstände für Besucher ausgestellt werden. Solche Präsentationen von Werken sind kein zeitgenössisches Phänomen: Bevor Museen im späten 18. Jahrhundert Verbreitung fanden, wurden bemerkenswerte Objekte in Raritätenkabinetten, Kunst- und Wunderkammern, Kupferstichkabinetten und schließlich in fürstlichen Gemäldegalerien ausgestellt. Für letztere wurden eigene Gebäudekomplexe erstellt, so dass

---

75 Ähnlich Odendahl, Kulturgüterschutz, S. 407; Fechner, Prinzipien des Kulturgüterschutzes, S. 11, 27, jedoch mit anderer Einordnung.

76 Es handelt sich somit im Vergleich zur Kulturgütererhaltung nicht um ein sekundäres Ziel. Für die Nachrangigkeit dagegen statt alle Fechner, Prinzipien des Kulturgüterschutzes, in: ders./Oppermann/Prott, Prinzipien des Kulturgüterschutzes, S. 11, 27; s. a. Odendahl, Kulturgüterschutz, S. 424.

sie die wichtigsten Vorgänger des modernen Museums sind.[77] Heutzutage spielen v. a. öffentliche Museen eine tragende Rolle bei der Kunstvermittlung. Private Kunstgalerien haben ebenfalls – mit ihrer wachsenden Bedeutung auf dem Kunstmarkt – v. a. bei der Vermittlung der zeitgenössischen Kunst eine wichtige Funktion gewonnen. So gab es allein während des Gallery Weekend in Berlin im Jahr 2016 (einer Veranstaltung, bei der sich jährlich zahlreiche Berliner Galerien zusammenschließen) 25.000 Besucher – an einem Wochenende.[78]

Wie bereits angedeutet, ist die grundsätzliche Zugänglichkeit von Kulturgütern allerdings nicht gleichbedeutend mit dem allgemeinen uneingeschränkten Zugang. Schon aus Platzgründen werden viele – in den großen Museen sogar die meisten – Werke oft langfristig oder sogar ständig deponiert und bleiben somit der Öffentlichkeit verschlossen. Zudem sind die meisten Museen mit einem Ort fest verbunden, so dass aus tatsächlichen Gegebenheiten ein massenhafter, sogar jedermanns Zugang zu einem Kulturgut unmöglich ist. Es besteht für Museen keine Verpflichtung zur Wanderausstellung oder zum Ausleihen der Exponate an andere Museen – schließlich geht jeder Transport mit der Gefahr einer Beschädigung einher. Eine sachliche Rechtfertigung des Ausschlusses der Öffentlichkeit ist allerdings nicht mit jeder Gefahr der Abnutzung gegeben, da es sich bei Substanzerhaltung und Zugänglichkeit um gleichwertige Schutzziele handelt. Die moderne Technik macht zudem große Fortschritte, die einen sicheren Transport sowie eine sichere Aufbewahrung mit minimaler Abnutzung ermöglichen und somit das Risiko der Beschädigung minimieren. In solchen Fällen ist eine Einzelfallabwägung notwendig.[79]

bb. Dauerhafter Zugang am Beispiel des Kulturgütertransfers

Die effektivste und weitreichendste Form der Teilhabe bleibt aber der Kulturgütertransfer. Ursprünglich wurden die Arbeiten von feudalen Herrschern oder der Kirche in Auftrag gegeben. Sie waren zweckgebunden an dem Auftraggeber orientiert und nicht für den Handel bestimmt. Im Spätmittelalter entwickelte sich zunehmend

---

77 Zu den bekanntesten deutschen Galerien zählen die *Gemäldegalerie* des preußischen Königshauses in Berlin, die 1830 in dem nach den Plänen Schinkels entworfenem *Königlichen Museum* am Lustgarten, dem heutigen *Alten Museum*, eröffnet wurde, und die *Gemäldegalerie* des sächsischen Könighauses in Dresden, die 1855 im von Semper entworfenen Gebäude eröffnet wurde.

78 Nach eigenen Angaben des Veranstalters: Rund 25.000 Besucher beim Berliner Gallery Weekend, Monopol, Online-Ausgabe vom 2. Mai 2016, abrufbar unter: http://www.monopol-magazin.de/rund-25000-besucher-beim-berliner-gallery-weekend, Stand: März 2017.

79 So verweigerte die *Pinakothek* in München die Ausleihe von *Selbstbildnis im Pelzrock* von Alfred Dürer zu der Ausstellung des *Germanischen Nationalmuseums* in Nürnberg 2012 aus restauratorischen Gründen, s. dazu Müller, Frank/Przybilla, Olaf, Haarrisse zwischen Bayern und Franken, Süddeutsche.de vom 15. Februar 2012, abrufbar unter: http://www.sueddeutsche.de/bayern/streit-um-duerer-bildnis-haarrisse-zwischen-bayern-und-franken-1.1285275, Stand: März 2017.

der Warenverkehr, als die Kunstproduktion für den anonymen Markt erfolgte und von Händlern (oder sonstigen Reisenden als Nebenerwerb) vertrieben wurde. Später umfasste der Handel auch den Antikenmarkt und wurde professionalisiert bis hin zu der uns heute bekannten Form.[80]

Der Austausch der Kulturgüter und somit auch der Handel als eine Unterform des Gütertauschs sind für den universellen Kulturgüterschutz essentiell. Ein geregelter Kulturgütertransfer dient der Erweiterung der tatsächlichen Zugänglichkeit von Kulturgütern und hat darüber hinaus eine präventive Funktion, indem er der Schädigung der Werke durch Kunstschmuggel vorbeugt. Daher stellen nach der hier vertretenen Ansicht die angeblich wiederstrebenden Interessen des Kulturgüterschutzes und des Kulturgüterhandels nur ein Scheingefecht dar.[81]

Ein universeller Kulturgüterschutz ist ohne Kulturgütertransfer nicht denkbar. Ein solcher Kulturgütertransfer muss auch grenzüberschreitend stattfinden, denn die Allgemeinheit hört nicht an Staatsgrenzen auf und durch die Verdichtung der transnationalen Beziehungen hat sich das Bewusstsein für Kulturgüter als einem allgemeinen Gut der Menschen entwickelt.[82] Es ist international anerkannt, dass der Kulturgüterschutz unter der Prämisse des Kulturaustausches stattzufinden hat. So steht in der Präambel der Unidroit-Konvention, die Unterzeichneten seien

> überzeugt von der grundlegenden Bedeutung [...] des Kulturaustausches zur Förderung des Verständnisses zwischen den Völkern und der Verbreitung der Kultur zum Wohle der Menschheit und dem Fortschritt der Zivilisation.

Im Übrigen dient die Möglichkeit des Kulturgütertransfers auch der Erhaltung von Kulturgütern. So wird ein neuer Erwerber sich grundsätzlich bemühen – sei es aus ideellen oder wirtschaftlichen Motiven – seine Sache zu bewahren. Sollte es einmal der Fall sein, dass ein solches Interesse nicht mehr besteht (z. B. bei einem Erbfall oder bei finanziellen Schwierigkeiten), steht dem Übergang des Kulturgutes in „bessere" Hände nichts im Wege. In Deutschland war daher der Handel mit Kunstwerken mit ermäßigtem Steuersatz in Höhe von 7 % Umsatzsteuer bis zum 31. Dezember 2013 privilegiert.[83]

---

80 Vgl. zu Entwicklung des Kunsthandels: Held/Schneider, Grundzüge der Kulturwissenschaft, S. 204 ff.

81 Insofern widerspricht es dem universellen Kulturgüterschutz, die Kulturgüter für *res extra commercium* zu erklären, s. dazu sogleich Kapitel 2.I.1. „Verkehrsfähigkeit der Kulturgüter".

82 S. dazu bereits oben Kapitel 1.III.1. „Universalprinzip".

83 So noch in der alten Fassung § 12 Abs. 2 Nr. 1 UStG i. V. m. Anlage 2 Lfd. Nr. 53 a. F. Allerdings wurde die Bundesrepublik Deutschland im Februar 2012 von der Europäischen Kommission aufgefordert, diesen Steuersatz anzupassen, so dass durch die entsprechende Änderung am 26. Juni 2013, BGBl. I S. 1809 i. V. m. Bek. vom 26. Juli 2013, BGBl. II S. 1120, nach neuer Gesetzeslage der gewerbsmäßige Kunsthandel gemäß § 12 Abs. 2 Nr. 13 UStG weitestgehend von der Privilegierung aus-

Durch den Kulturgüterhandel werden zudem Vorrausetzungen für einen neuerlichen Dialog zwischen den unterschiedlichen Gemeinschaften geschaffen und somit auch für die Friedensstabilisierung.[84] Gerade die Besonderheit des Handelsgegenstandes fördert den nachhaltigen Austausch und dient damit der Völkerverständigung: *pax per cultura.*[85]

b. *Indirekte Teilhabe*

Neben dem körperlichen Zugang gibt es andere Möglichkeiten der Wahrnehmung von Kulturgütern. Zum einen bedarf es oft eines Zwischenschritts, um die Rezeption der Kulturgüter für die Allgemeinheit zu ermöglichen. Zum anderen bietet die moderne Technik verschiedene Möglichkeiten der indirekten massenhaften Wahrnehmung.

aa. Beispiel: Wissenschaftliche Erschließung

Die wissenschaftliche Erforschung der Kulturgüter ist der erste Schritt zur Qualifikation eines Kulturgutes als solchem und dessen historischer und kultureller Einordnung.[86] Stattfinden kann die wissenschaftliche Arbeit in öffentlichen oder privaten Institutionen, in Museen, Universitäten sowie sonstigen Forschungseinrichtungen. Hier werden anonyme Kunstwerke einzelnen Künstlern zugeschrieben, Originale von Fälschungen unterschieden und Objekte kunsthistorisch eingeordnet und qualifiziert. Die Forschungserkenntnisse bringen dann zunächst dem Fachpublikum den Gegenstand näher. Auf der zweiten Ebene profitiert die Allgemeinheit davon, dass die Bedeutung eines Gegenstandes erkannt wird und die mit der Erforschung einhergehenden Erkenntnisse über den Erhalt der Kulturgüter gewonnen werden.

Oft werden Forschungsarbeiten erst durch einen vorhergehenden Eingriff in die Substanz des Kulturgutes oder in seinen Kontext ermöglicht, wie im Falle der archäologischen Ausgrabungen, bei denen der Fund stets aus dem ursprünglichen Kontext gelöst wird.[87] Zudem geht die Restaurierung der Kulturgüter immer mit einem Eingriff einher, auch wenn er nach Grundsätzen des minimalmöglichen Eingriffs erfolgt.[88] Das aktuelle anschauliche Beispiel ist sicherlich die Entdeckung der „zweiten" *Mona Lisa*, der *Mona Lisa les Prado.* Das Bild hing seit Jahren im Museum Prado in Madrid

---

geschlossen ist, UStG in der Fassung der Bekanntmachung vom 21. Februar 2005, BGBl. I S. 386, zuletzt geändert am 22. Dezember 2014, BGBl. I S. 2417.

84 Vgl. zum friedensstiftenden Handelsgeist der Menschen bereits Kant, Zum ewigen Frieden, S. 72 (Erster Zusatz, Von der Garantie des ewigen Friedens).

85 S. dazu Fn.1.

86 Ähnlich, allerdings mit anderer Systematik und anderer Unterteilung der Ziele Odendahl, Kulturgüterschutz, S. 422 ff.; Fechner, Prinzipien des Kulturgüterschutzes, in: ders./Oppermann/Prott (Hrsg.), Prinzipien des Kulturgüterschutzes, S. 11.

87 S. dazu bereits oben, Kapitel 1.III.2.b. „Kontextschutz".

88 Im Gegensatz zur Konservierung, wonach die Kulturgüter erhalten werden, ohne sie irreversibel zu verändern.

und wurde anfangs der flämischen Schule zugeordnet. Erst durch das Abtragen des schwarzen Hintergrundes während Restaurierungsarbeiten kam die ursprüngliche Oberfläche zur Vorschau, so dass festgestellt werden konnte, dass das Bild zeitgleich mit der berühmten *La Gioconda* entstanden ist, wahrscheinlich durch da Vincis Schüler Francesco Melzi. Hier hat der Eingriff erst die Bedeutung des Bildes zu Tage getragen.[89]

Auch für den Kunstmarkt gewinnen die naturwissenschaftlichen Untersuchungen zunehmend an Bedeutung: Wenn es bislang nicht üblich war, bei fehlenden Zweifeln an der Authentizität eines Werkes eine Expertise vorzunehmen, so dürfte sich dies nach den jüngsten Vorkommnissen ändern. Zu den spektakulärsten Fällen gehören sicherlich der Fall *Beltracchi* und der Fall *Vekselberg vs. Christie's*. Im ersten Fall ging es um den deutschen Kunstfälscher Wolfgang Beltracchi, der meisterhaft Werke – u. a. von Max Pechstein, Heinrich Campendonk und Max Ernst – gefälscht und unter einer falschen Provenienz („Sammlung Jägers") verkauft hat (dessen prominente Opfer reichten bis nach Hollywood).[90] Beltracchi konnte nur deswegen überführt werden, weil in einem angeblichen Bild von Campendonk Titan entdeckt wurde, welches zu Lebzeiten des Künstlers in Malfarben nicht verwendet wurde. Im Fall *Vekselberg vs. Christie's* hat der russische Oligarch Viktor Vekselberg ein Bild des russischen Malers Boris Kustodijev bei einem renommierten Auktionshaus ersteigert, das anschließend von den russischen Kunstexperten der *Tretyakovskaya-Galerie* und dem *Grabar-Institut* für unecht erklärt wurde.[91]

In solchen Fällen ist stets eine Einzelfallabwägung zwischen den beiden Schutzzielen der Erhaltung auf der einen Seite und der Teilhabe auf der anderen Seite sorgfältig vorzunehmen. Mit dem Einsatz von moderner Technik wie reflektoskopischen Analysen in der Tiefe der Farbschicht, Einsetzen von Röntgenstrahlen, Infrarotlicht und Ultraviolettlicht kann in solchen und ähnlichen Fällen inzwischen die Echtheit der Bilder ohne deren Schädigung geprüft werden.

---

89 S. zu dem Fall: Zwillingsschwester von Mona Lisa hängt im Prado, Sueddeutsche.de vom 03. Februar 2012, abrufbar unter: www.sueddeutsche.de/kultur/kunstsensation-in-madrid-zwillingsschwester-der-mona-lisa-haengt-im-prado-1.1273418, Stand: März 2017.

90 Der *Beltracchi-Fall* ist einer der größten Kunstfälscherskandale in deutscher Nachkriegsgeschichte. Es geht dabei um eine fiktive *Sammlung Werner Jägers*, deren kompletter Bestand von mindestens 14 Bildern (nach eigenen Angaben sogar über 300) von Wolfgang Beltracchi gefälscht worden war. Beltracchi wurde zu sechs Jahren Haftstrafe verurteilt, LG Köln, Urteil vom 27. Oktober 2011, Az 110 KLS 17/11 (unveröffentlicht) – *Sammlung Jägers*, s. dazu Maak, Niklas, Alles war absurd einfach, FAZ.net vom 30. September 2011, abrufbar unter: www.faz.net/aktuell/feuilleton/kunst/kunstfaelscher-prozess-alles-war-absurd-einfach-11411088.html, Stand: März 2017.

91 Vekselberg gewann den Fall vor dem Obersten Gericht in London, *Avrora fine art investments Ltd. vs. Christie, Madson & Woods Ltd.* vom 27. Februar 2012, [2012] EWHC 2198 (Ch); s. dazu Thomas, Gina, Richter hält Bild für falsch, FAZ.net vom 07. August 2012, abrufbar unter: www.faz.net/aktuell/feuilleton/kunstmarkt/vekselberg-gegen-christie-s-richter-haelt-bild-fuer-falsch-11842857.html, Stand: März 2017.

bb. Beispiel: Massenmedien

Neben der wissenschaftlichen Erschließung bietet die zunehmende Digitalisierung der Kulturgüter eine weitere Möglichkeit, diese einem großen Publikumskreis zu vermitteln. Das *Google Art Project* ermöglicht z. B. den virtuellen Rundgang in den führenden Museen der Welt, darunter der *Alten Nationalgalerie* in Berlin und dem *Grünen Gewölbe* in Dresden.[92] Weitere Beispiele sind die virtuelle Bibliothek *Europeana*, die das Kulturerbe Europas dem breiten Publikum zugänglich machen soll,[93] das Vorhaben der *Vatikanischen Apostolischen Bibliothek* (*Biblioteca Apostolica Vatikana*), ihre Bestände digital zugänglich zu machen[94] sowie zahlreiche ähnliche lokale Projekte.

Film und Fernsehen spielen bei der indirekten Vermittlung der Kulturgüter ebenfalls eine große Rolle. Das jüngste und wohl bekannteste Beispiel dafür ist der 3-D-Film von Werner Herzog *Die Höhle der vergessenen Träume* aus dem Jahr 2010. Im Jahr 1994 wurden in der Grotte Chauvet im Süden Frankreichs Höhlenzeichnungen entdeckt, deren Alter auf 35.000 Jahre BP[95] datiert wird und die somit die derzeit älteste bekannte Höhlenkunst darstellen. Um den hervorragenden Erhaltungszustand nicht zu gefährden, wird der Zugang nur einer begrenzten Anzahl von Wissenschaftlern gewährt. Das breite Publikum hat erst durch den Film die Möglichkeit bekommen, den wahrscheinlich ältesten bekannten künstlerischen Ausdruck der Menschheit zu sehen.

4. Das Problem des Abwanderungsschutzes

Teilweise wird zum Ziel des (meistens nationalen) Kulturgüterschutzes die Verhinderung der Abwanderung von bestimmten Kulturgütern erklärt.[96] Bestrebungen, bestimmte Kulturgüter in dem jeweiligen Staatsgebiet zu belassen, mögen auf den ersten Blick erstrebenswert erscheinen, widerstreben jedoch bei näherer Betrachtung dem Sinn des Kulturgüterschutzes. Auf diese unpopuläre These wird nachfolgend näher eingegangen.

---

92 www.googleartproject.com, 460 Sammlungen mit fast 78.000 Objekten, Stand: März 2017.

93 www.europeana.eu, Stand: März 2017.

94 http://bav.vatican.va, Stand: März 2017.

95 Radiokohlenstoffjahre (Before present).

96 Für die Abwanderungsverbote, wenn auch sehr ausdifferenziert, Odendahl, Kulturgüterschutz, S. 407 ff.; Fechner, Prinzipien des Kulturgüterschutzes, in: ders./Oppermann/Prott (Hrsg.), Prinzipien des Kulturgüterschutzes, S. 29 ff.; Jayme, Die Nationalität des Kunstwerkes als Rechtslage, in: Reichelt (Hrsg.), Internationaler Kulturgüterschutz, S. 24. Gegen die Verbote aus deutschsprachigem Raum eher die Schweizer Publikationen Siehr, Prinzipien des Kulturgüterschutzes, Fechner/Oppermann/Prott. (Hrsg.), Prinzipien des Kulturgüterschutzes, S. 147 f.; Caldoro, Nationaler Kulturgüterschutz, S. 174.

a. *Immobilisierung der Kulturgüter*

Die Idee des Abwanderungsschutzes entstand mit der Entwicklung des Nationalstaates im 19. Jahrhundert. Eine juristisch verbindliche, staatlich-territoriale Bindung der Kulturgüter wurde zuerst durch das Edikt *Doria Pamphili* im Jahr 1802 begründet, wodurch die Verbringung von Antiken aus Rom bzw. dem Vatikanstaat verboten wurde. Der mit der Beaufsichtigung beauftragte Bildhauer Antonio Canova begründete später die Rückgabeforderungen des Papstes Pius VII. gegenüber Talleyrand nach der Schlacht von Waterloo im Jahr 1815 mit dem Argument, dass Kunstwerke eine „Heimat" hätten.[97] Inzwischen sind zahlreiche Gesetze unterschiedlicher Länder darauf gerichtet, „ihre" Kulturgüter auf ihrem Territorium zu belassen. Welche Kulturgüter dabei dem Abwanderungsverbot unterliegen, ist unterschiedlich: Es gibt Länder wie z. B. Nigeria[98] oder früher Österreich[99], die nahezu alle auf ihrem Territorium befindlichen Kulturgüter dem Abwanderungsschutz unterstellen, und solche wie die Schweiz[100], die eher „exportfreundlich" sind. In Deutschland unterliegt die Ausfuhr der in den Länderverzeichnissen aufgeführten Kulturgüter einer Genehmigungspflicht des Beauftragten der Bundesregierung für Angelegenheiten der Kultur und Medien, §§ 1 Abs. 4, 5 KultgSchG. Die Kulturgüter werden auf Antrag oder von Amts wegen in die Verzeichnisse nach der Anhörung eines Landessachverständigenausschusses aufgenommen.[101]

b. *Keine hinreichende Bestimmung des Zugehörigkeitsstaates*

Für den Abwanderungsschutz stellt sich zunächst die Frage, wie der Zugehörigkeitsstaat eines Kulturgutes zu bestimmen ist. Das Belegenheitsprinzip, wonach die Zugehörigkeit nach dem Lageort bestimmt wird, erscheint hier weniger hilfreich, da es kaum erstrebenswert ist, an einem zufälligen status quo festzuhalten; oft muss der „wahre" Zugehörigkeitsort erst ermittelt werden. Diese sog. „Nationalität" des Kulturgutes lässt sich allerdings kaum hinreichend bestimmen, da die dazu heran-

---

97 Antonio Canova (1757–1822), italienischer Bildhauer, war verantwortlich für die Rückführung der von Napoleon geraubten Kunstschätze in den Kirchenstaat, s. dazu Jayme, Antonio Canova und das nationale Kunstwerk, in: ders. (Hrsg.), Nationales Kunstwerk und Internationales Privatrecht, S. 1 ff.

98 Vgl. BGH, Urteil vom 22. Juni 1972, BGHZ 59, 82 ff. – *Nigeria-Bronzefigur.*

99 Das Bundesgesetz über das Verbot der Ausfuhr von Gegenständen von geschichtlicher, künstlerischer oder kultureller Bedeutung (Österreich), StGBl. Nr. 90/1918 (am 01. Januar 2000 aufgehoben): im § 1 des Gesetzes wurde das öffentliche Interesse für die Aufbewahrung der Kulturgüter im Inland vermutet.

100 Das Ausfuhrverbot beschränkt sich v. a. auf die Kulturgüter des Bundes, die im Bundesverzeichnis eingetragen sind, Art. 3 Abs. 2 litt. c KGTG, teilweise gibt es auch schwache kantonale Beschränkungen.

101 Vgl. dazu bereits Einleitung I. „Problemaufstellung".

gezogenen Prinzipien im Ergebnis stark divergieren und auch deren Befolgung auf rein tatsächliche Hindernisse stößt.[102]

aa. Territoriales Herkunftsprinzip

Das territoriale Herkunftsprinzip stellt, wie der Name schon zeigt, auf die Zuordnung eines Kulturgutes zu einem Staat anhand seines Herkunftsortes ab. Das erscheint auf den ersten Blick naheliegend, stößt allerdings bei näherer Betrachtung auf Probleme tatsächlicher, rechtlicher und kulturwissenschaftlicher Art.

(1) Tatsächlicher Herkunftsort

Zunächst kann der tatsächliche Herkunftsort eines Kulturgutes oft nicht sicher bestimmt werden. V. a. bei antiken Sachen ist dies nur sehr grob möglich, was jedem Museumsbesucher von den Tafeln mit dem Hinweis „vermutlich" bekannt ist. Der Fundort des Kulturgutes muss nicht seinem Herkunftsort entsprechen. Bereits in der Antike gab es einen regen Handel, auch Objekte aus der nachfolgenden Zeit wurden auf den Handelswegen in ferne Länder gebracht. Bei Kunstwerken soll deren geforderte Transportfähigkeit mitursächlich dafür sein, dass zunehmend die Leinwand – also ein leichtes und flexibles Material – und nicht mehr die Holztafeln als Malgrund verwendet wurden.[103]

(2) Staatensukzession

Auch wenn es einmal gelingen sollte, den tatsächlichen Herkunftsort zu bestimmen, so bleibt beim Wechsel der Gebietshoheit häufig offen, wie der Nachfolgestaat der historischen Heimat eines Kulturgutes zu bestimmen ist. Im Laufe der Geschichte schließen sich an der Sukzession beteiligte Staaten zu einem neuen Staat zusammen, werden von anderen einverleibt, aufgeteilt oder verselbstständigen sich teilweise. Neben der juristischen Frage, ob ein Staat die Vermögensrechte eines anderen übernommen hat, die freilich von verschiedenen Rechtssystemen unterschiedlich beantwortet werden kann (v. a., wenn die Staatensukzession gewaltsamer Natur war), stellt sich die Frage der Unantastbarkeit des Privateigentums und die praktische Frage, wie das Ganze über den Zeitraum von mehreren hundert, wenn nicht tausend Jahren zurückverfolgt werden kann.[104] Es können

102 Vgl. dazu grundsätzlich Jayme, Die Nationalität des Kunstwerkes als Rechtslage, in: Reichelt (Hrsg.), Internationaler Kulturgüterschutz; Blume, Nationalität von Kulturgut; Franke, Die Nationalität von Kunstwerken.

103 Nicolaus, Handbuch der Gemäldekunde, S. 68.

104 Für die zeitgenössische Fragestellung ist der Sachverhalt teilweise geregelt durch das Wiener Übereinkommen über die Staatennachfolge in das Eigentum, Archive und Schulden von Staaten von 1983, Vienna Convention on Succession of States in Respect of State Property, Archives and Debts vom 08.04.1983, in: ILM 22 (1983), 306 ff.

somit auch mehrere Staaten die Herkunft eines Kunstwerkes für sich beanspruchen.[105]

Aktuelles Beispiel bildet die Sammlung der Skythenschätze, die als Leihgabe der vier Museen von der Halbinsel Krim vor der Krim-Krise 2014 in die Niederlande gebracht und dort im *Allard Pierson Museum*, Amsterdam, ausgestellt wurde. Mit dem Ende der Ausstellung stellte sich die Frage, an wen die Sammlung herauszugeben ist: Auf der einen Seite wurden die Verträge direkt mit den Museen abgeschlossen, auf der anderen Seite befinden sich die Museen seit der Abspaltung der Krim nicht mehr auf ukrainischem Territorium. Das niederländische Museum hat daraufhin die Exponate zwischengelagert und weder an die Ukraine noch direkt an die Museen herausgegeben – nach der Entscheidung eines niederländischen Gerichts bleiben die auch vorerst dort.[106]

(3) Kunstgeographischer Ort

Die kunstgeographischen Räume decken sich zudem nicht immer mit den territorialen Einheiten eines Staates, die (zumindest in Europa) meistens einen nationalen Bezug haben. Der Nationalstaat, der sich erst im 19. Jahrhundert als Staatsform entfaltet hat, ist nur selten für ein Kunstwerk prägend. Die staatlichen Einflussmöglichkeiten auf das Kunstgeschehen sind dazu nur bedingt fähig, auch wenn es Versuche gab, die Nation künstlerisch zu präsentieren, sei es durch die Arbeit der staatlichen Akademien oder sonstige Auftragsarbeiten. Eine künstlerische Richtung kann zwar auch eine nationale Färbung haben, so wie zwischen russischem/sowjetischem und deutschem Konstruktivismus unterschieden wird; allerdings weisen sie unter sich mehr Gemeinsamkeiten auf als bspw. mit zeitgleicher gegenständlicher Malerei des jeweiligen Landes.[107] Die Zuordnung kann auf regionalem Raum erfolgen oder sich kontinentalübergreifend ausdehnen. Das gleiche gilt auch für Kulturgüter wie Archive und Sammlungen, die zwar in ihrer Gesamtheit einen örtlichen Bezug haben, deren einzelne Exponate aber meistens gerade nicht eine besondere territoriale Affinität aufweisen. Das alles macht die Zuordnung eines Kulturgutes zu einem Staat über einen längeren Zeitraum nahezu unmöglich.[108]

---

105 Vgl. grundsätzlich zur Kulturgüterrelevanz der Staatensukzession: Odendahl, Kulturgüterschutz, S. 151 ff.; Schorlemer, Internationaler Kulturgüterschutz, S. 313 ff.

106 Florian Kellermann, Das „Gold der Skythen" geht nicht zurück auf die Krim, Deutschlandradio Kultur, Beitrag vom 14. Dezember 2016, abrufbar unter: http://www.deutschlandradiokultur.de/ukraine-das-gold-der-skythen-geht-nicht-zurueck-auf-die-krim.1013.de.html?dram:article_id=373976, Stand: März 2017.

107 Hier gibt es auch eine Parallele zu der Bestimmung der Wertigkeit eines Kulturkreises, welcher nicht nur mit Staatsgrenzen nicht übereinstimmen muss, sondern sogar nur einen bedingten territorialen Bezug haben kann, s. dazu bereits unter Kapitel 1.II.2.a. „Bestimmung der Wertigkeit: relativer Maßstab".

108 Vgl. zur räumlichen Dimension der Kunstgeschichte: Held/Schneider, Grundzüge der Kunstwissenschaft, S. 130 ff. Der Zugehörigkeitsort eines Kulturguts kann auch im Rahmen des IPR für die Frage entscheidend sein, welcher nationalen

bb. Personales Herkunftsprinzip

Zumindest seit der Renaissance im 15. und 16. Jahrhundert, während das schöpferische Individuum in den Mittelpunkt der öffentlichen Aufmerksamkeit gerückt ist, könnte sich auch die Herkunft des Künstlers zur Bestimmung der Zuordnung seines Werks eignen (personales Herkunftsprinzip). So war das US-amerikanische Bundesgericht des 2. Circuit (NY) im Jahr 1982 der Auffassung, dass der italienische Staat ein Matisse-Bild nicht beanspruchen könne, da es ein von einem Franzosen geschaffenes – und somit also ein französisches – Bild sei (unabhängig davon, ob es ohne Genehmigung aus Italien ausgeführt wurde).[109] In Schweden gilt die Nationalität des Künstlers als ausschlaggebend für die Bestimmung der Nationalität eines Kunstwerkes.[110] Auch in der Literatur wird diese Meinung vertreten.[111]

Eine Zuordnung nach der Herkunft des Künstlers ist jedoch wenig sinnvoll. Das internationale Tätigwerden ist kein Phänomen der jetzigen Zeit; der Venezianer Tizian ist bspw. dafür bekannt, dass er schon im 16. Jahrhundert die Werke oft im Auftrag aus dem Ausland oder gleich im Ausland schuf.[112] So hat er bspw. mehrmals den Kaiser Karl V. in Augsburg porträtiert, wobei das bekannteste, heute in der *Münchener Pinakothek* sich befindende Gemälde inzwischen Lambert Sustris zugeschrieben wird. Um die paradoxe Situation um die „Heimat" eines Kunstwerkes aufzuzeigen, wird oft auch das weltberühmte Ölgemälde *Mona Lisa/La Gioconda* von Leonardo da Vinci genannt, das aus der französischen Kultur nicht wegzudenken ist, dabei allerdings das Meisterwerk eines italienischen Künstlers darstellt. Auf diese Diskrepanz ist einer der spektakulärsten Diebstähle am Anfang des 20. Jahrhunderts zurückzuführen, bei dem das Bild aus dem *Louvre* in Paris von einem italienischen Anstreicher gestohlen worden war, um es in „seine (des Bildes) Heimat" zu bringen. Diesem Vorfall ist das inzwischen nicht weniger berühmte Panzerglas vor dem Bild geschuldet.

Rechtsordnung ein Kulturgut zugeordnet wird: Geht man im Allgemeinen bei den Sachen vom Recht des Belegenheitsortes aus, so erscheint dieser Ansatz bei Kulturgütern nicht immer sachgerecht und wird deswegen auch unterschiedlich gehandhabt, s. dazu später in Kapitel 3. Vgl. dazu auch Jayme/Mansel (Hrsg.), Nation und Staat im IPR.

109 *Jeannert vs. Vichy*, 693 F2d 259 (CA 2, 1982).

110 So das schwedische Gesetz über die Verwaltung des Kulturerbes vom 1. Januar 1989 (zit. nach Jayme, Die Nationalität des Kunstwerkes als Rechtslage, in: Reichelt (Hrsg.), Internationaler Kulturgüterschutz, S. 7, 9), dahingehend wohl auch Art. 4 UNESCO Konvention 1970. Vgl. zu Nationalität des Künstlers als Bindungskriterium Jayme, Die Nationalität des Künstlers als Rechtsfrage, in: Reichelt (Hrsg.), Internationaler Kulturgüterschutz, S. 7, 9.

111 Peya, Die Ausfuhr von Kulturgütern im nationalen und Gemeinschaftsrecht, S. 103 f., Turner, Das Restitutionsrecht des Staates nach illegaler Ausfuhr von Kulturgütern, S. 52 ff., Schuschke-Nehen, Kulturgüterschutz in Deutschland und der Europäischen Union, S. 209.

112 Held/Schneider, Grundzüge der Kunstwissenschaft, S. 132.

Heutzutage scheint erst recht – die Berliner Kunstszene macht es anschaulich – die Nationalität des Künstlers für seinen Wirkungsort nicht ausschlaggebend zu sein. Neben den tatsächlichen Schwierigkeiten bei der Feststellung der Identität des Urhebers (die wiederum von den Museumstafeln mit dem Hinweis „zugeschrieben"/ „Schule von" bekannt ist) ist bereits fraglich, ob eine solche Zuordnung mit dem Selbstverständnis eines Künstlers vereinbar ist, der oft die geläufigen Konventionen ablehnt. Eine solche Diskrepanz zwischen der vermeintlichen Herkunft und dem Kulturgut selbst wird weder dem Werk noch dem Künstler noch den Interessen der Allgemeinheit gerecht. Zudem kann dieses Prinzip naturgemäß nur bei Kunstwerken und nicht bei sonstigen Kulturgütern gelten.

cc. Legalitätsprinzip

Ein weiteres Kriterium könnte die Legalität des letzten Transfers des Kulturgutes sein.[113] Die Frage „Wem gehört Nofretete?" wird regelmäßig, zuletzt im Jahre 2009 anlässlich der Neueröffnung des *Neuen Museums* in Berlin, gestellt.[114] Deutsche Archäologen brachten die Büste der Königin Nofretete 1913 nach Berlin; seitdem herrscht ein Streit darüber, ob „die Schöne" legal nach Berlin gekommen sei.[115] Auch hier wird es gerade bei länger zurückliegenden Sachverhalten kaum noch möglich sein, die Umstände abschließend zu rekapitulieren. Zudem kann das ausschließliche Kriterium der Gesetzmäßigkeit des Transfers zur Benachteiligung der Bevölkerung wirtschaftlich schwacher oder totalitärer Länder führen, indem deren Regierungen exportbegünstigende Gesetze schaffen oder Einzeltransfers ermöglichen.

Als geeignete Zuordnungskriterien werden neben den bereits ausgeführten weiterhin die kunstwissenschaftliche Einordnung des Werkes (Schule), der Ort des Schaffens oder die Intention des Künstlers herangezogen.[116]

dd. Ergebnis

Um eine sachgerechte Zuordnung eines Kulturgutes zu einem Land zu ermöglichen, könnten je nach Einzelfall verschiedene Kriterien berücksichtigt werden. Dahin-

---

113 Blume, Nationalität von Kulturgut, S. 70 ff.; Franke, Die Nationalität von Kunstwerken, S. 106 ff.

114 Gehlen, Martin, Streit mit Ägypten, Tagesspiegel-online vom 17. Dezember 2008, abrufbar unter: http://www.tagesspiegel.de/berlin/wem-gehoert-die-beruehmte-bueste-streit-mit-aegypten-erstmals-gespraeche-ueber-nofretete/1650770.html, Stand: März2017. Vgl. bereits 1976 von Reinhard Mußgnug vor der Berliner Juristischen Gesellschaft gehaltener Vortrag *Wem gehört Nofretete?*, Mußgnug, Wem gehört Nofretete.

115 Nofretete (Nefertiti) bedeutet „die Schöne ist gekommen". Ad absurdum könnte an diese Stelle das Herkunftsprinzip dadurch geführt werden, dass man auf das Motiv des Künstlers abstellt: Die Königin selber war nach Ansicht einiger Historiker keiner ägyptischen, sondern mittanischer Herkunft (heutiges Syrien).

116 S. dazu ausführlich Franke, Die Nationalität von Kunstwerken, S. 106 ff.

gehend lautet die Empfehlung der Kultusministerkonferenz für die Eintragung der Kulturgüter in die Länderverzeichnisse, in der solche Kulturgüter als national wertvoll qualifiziert werden, die wichtige Objekte von Künstlern mit internationalem Rang sind oder für die deutsche Kunst sowie die deutsche und regionale Geschichte eine überragende Bedeutung haben.[117] Im Ergebnis mag die Zuordnung bei der zweiten Fallgruppe überzeugen; für die internationalen Werke ohne Deutschlandbezug drängt sich jedoch die Frage auf, was genau solche Werke als *deutschnational* qualifiziert.[118] Es sollen Kulturgüter, die außerhalb Deutschlands entstanden sind, dann erfasst werden, wenn sie sich so lange in Deutschland befinden, dass sie zum deutschen kulturellen Erbe gehören – eine Definition, die letztendlich den Begriff „nationales Kulturgut" *idem per idem* erklärt. Neben den tatsächlichen Schwierigkeiten ist eine solche Zuordnung nach der hier vertretenen Ansicht schon per se nicht sinnvoll.

c. *Wechselwirkung mit anderen Schutzzielen*

Neben den Schwierigkeiten der Zuordnung des Kulturgutes zu einem Staat stellt sich die Frage, ob die damit einhergehende Abwanderungsbeschränkung bis hin zum Abwanderungsverbot mit den oben aufgestellten Zielen des Kulturgüterschutzes vereinbar ist.

aa. Erhaltung der Kulturgüter

Der Schutz von Kulturgütern in Form von Substanz- und Kontexterhaltung bildet aufgrund ihrer Einzigartigkeit das zentrale Interesse des Kulturgüterschutzes.

(1) Gefährdung des Schutzziels

Exportverbote können unter Umständen den illegalen Handel fördern und somit Kulturgüter einer erhöhten Gefährdung aussetzen. Solange eine Nachfrage besteht, wird auch der Schwarzmarkt der illegal ausgeführten Kulturgüter existieren, der den staatlichen Kontrollmechanismen nicht zugänglich ist.[119] Es lässt sich eine kriminologische Parallele zur Prohibition von Alkohol – bspw. in den USA – ziehen. Das Verbot von Alkohol hat zur Herausbildung der mafiösen Strukturen in den dreißiger Jahren geführt. Denn wo die Nachfrage ist, ist auch der Markt, so dass es besser ist, wenn dieser Markt der staatlichen Kontrolle nicht entzogen wird.[120] Die

117 S. dazu II.1.a. „Nationales Recht".

118 So hat schon der junge Johann Wolfgang von Goethe in seiner Schrift *Von deutscher Baukunst* den vermeintlich deutschen Ursprung der Gotik angepriesen, was sich später als falsch herausgestellt hat, vgl. dazu Müller, Geschichte – Kunst – Nation, S. 36.

119 Vgl. dazu bereits III.3.a.bb. „Dauerhafter Zugang am Beispiel des Kulturgütertransfers".

120 Vgl. dazu bereits Einleitung I. „Problemstellung".

Förderung des legalen Markts hat somit einen Präventivcharakter. Das gilt natürlich nur dann, wenn Kontrollmechanismen vorhanden sind und effektiv greifen. Zudem kann die Ausfuhr Kulturgüter retten, wenn im Heimatland keine Möglichkeit der sachgerechten Lagerung (aus politischen, wirtschaftlichen oder wissenschaftlichen Gründen) besteht.[121]

(2) Ausnahme: Immobilität als Ausfluss des Prinzips der Erhaltung von Kulturgütern

Ausnahmsweise gebietet es die Substanz- und Kontexterhaltung – und somit bereits ein anderes Schutzziel als Abwanderungsschutz – dass bei unbeweglichen Kulturgütern keine Teile abgetrennt werden (*Ensembleschutz der archäologischen Grabungen*). Auch sonstige zusammenhängende Kulturgüter sollen nicht auseinandergerissen werden, was allerdings bloß bedeutet, dass solche Kulturgüter entweder zusammen oder überhaupt nicht das Staatsgebiet verlassen sollten. Hier besteht somit das Schutzziel im Erhalt der Einzigartigkeit der zusammengesetzten Kulturgüter und nicht in deren Immobilität.

bb. Teilhabe der Allgemeinheit

Offensichtlicher widerspricht die Erhaltung eines Kulturgutes auf einem Staatsterritorium dem anderen Ziel des Kulturgüterschutzes: die Objekte der Allgemeinheit gegenüber zugänglich zu machen.

(1) Grundsätzliche Unvereinbarkeit mit dem Schutzziel

Wie bereits oben aufgezeigt, erlangen die Kulturgüter universale Bedeutung über den jeweiligen Kulturkreis hinaus.[122] Mit der Zerbröckelung des Nationalstaates und fortschreitender Globalisierung hört das Interesse der Allgemeinheit an der Teilhabe an einem Kulturgut nicht an einer Staatsgrenze auf. Ausgehend vom Universalprinzip des Kulturgüterschutzes darf keine Monopolisierung hinsichtlich der Teilhabe an Kulturgütern erfolgen. Kunst und Kultur fördern die Völkerverständigung und dürfen gerade deswegen nicht an nationale Grenzen gebunden werden.

(2) Ausnahme: schutzwürdiges Interesse einer Gruppe

Nur in Ausnahmefällen besteht ein allgemeines – und nicht bloß nationales – Interesse am Verbleib des Kulturgutes an einem Ort. Dies ist dann erstrebenswert, wenn identitätsstiftende Kulturgüter einer bestimmten Gruppe von Menschen (Volk, religiöse Gemeinschaft, Ethnie usw.) erhalten bleiben sollen. Jedoch wird auch in

---

121 Vgl. dazu bereits III.3.a.bb. „Dauerhafter Zugang am Beispiel des Kulturgütertransfers".

122 S. dazu bereits Kapitel 1.II.2.b. „Erlangung der universalen Bedeutung" sowie Kapitel 1.III.1. „Universalprinzip".

solchen Fällen bei genauer Betrachtung deutlich, dass die Immobilität der Kulturgüter keinen Selbstzweck darstellt, sondern Ausfluss des Prinzips der Teilhabe ist. Es wird ausnahmsweise das Interesse einer bestimmten Gruppe an der Zugänglichkeit über das Interesse der Allgemeinheit gestellt. Gerade bei wirtschaftlich schwachen Personengruppen ist der zwingende Verbleib der Kulturgüter an einem bestimmten Ort oft die einzige Möglichkeit, den Zugang zu Sachen zu bewahren, weil solche Minderheiten sich selber gegen finanziell stärkere Käufer oft nicht schützen können. Aber auch in solchen Fällen – wie bspw. in denen der sog. *Indigenous art* (Kunst der Eingeborenen) – sind die Gruppen selten durch Verlauf der aktuellen Staatsgrenzen bestimmt, so dass deren Schutz durch ein Abwanderungsverbot nicht gewährleistet werden kann. Eine absolute Ausnahme bilden Kulturgüter, die eine besondere Beziehung zur gesamten Nation eines Staates aufweisen, so dass die Gewährleistung der Teilhabe mit Staatsgrenzen zusammenfällt. Als Beispiel könnte die *Mütze des Monomach* für Russland dienen, mit der die russischen Zaren bis hin zu Peter dem Großen gekrönt wurden. Nicht so eindeutig ist es aus oben genannten Gründen bei dem Bild *Mona Lisa* in Bezug auf Frankreich.[123] Jedenfalls sind solche identitätsstiftenden Kulturgüter stets eine Ausnahme, die in keinem Verhältnis zu der Anzahl steht, die in den jeweiligen Ländern der Ausfuhrbeschränkung unterliegt.[124]

d. Kritik

Die Zuordnung des Kulturgutes zu einem Staat bleibt nicht bloß sowohl rechtlich als auch tatsächlich schwierig, sondern ist auch nicht erstrebenswert. Das Ziel des Verbleibs eines Kulturgutes an einem Ort i. S. d. Kulturgüterschutzes wird stets aus einem anderen Schutzziel abgeleitet – ein eigenständiges Ausfuhrverbot in ein anderes Land widerspricht dem Substanzschutz und schränkt die Zugänglichkeit der Kulturgüter ein. Schließlich kommen Zweifel auf, ob es wirklich sinnvoll ist, wenn bspw. italienische Meisterwerke nur in Italien zu sehen wären. Nicht nur, dass bloß ein Bruchteil der Allgemeinheit in den Genuss der italienischen Kunst kommen würde, auch würden die „weniger bedeutenden" italienischen Kunstwerke in Italien kaum so viel Aufmerksamkeit bekommen, wie es derzeit weltweit der Fall ist – in einer Umgebung, in der sie einzigartig sind.

Es bleibt natürlich den einzelnen Staaten überlassen, Exportverbote im Rahmen ihrer staatlichen Politik zu verhängen, mit der Folge, dass Kulturgüter nur unter Verletzung des maßgeblichen nationalen Rechts ausgeführt werden können.[125] Mögen solche Gesetze den nationalen Interessen als Mittel nationaler Repräsentation

---

123 S. dazu bereits III.3.b.aa. Beispiel: „Wissenschaftliche Erschließung".

124 Ein Antrag auf Aufnahme eines Kulturguts in eine geschützte Liste kann von dem Eigentümer mit dem Ziel gestellt werden, das Kulturgut „aufzuwerten", wenn sich der Antragssteller bspw. in Verhandlungen über den Verkauf des Kulturguts an den Staat befindet.

125 Die nationalen Ausfuhrvorschriften werden auf der EU-Ebene durch die EG-Richtlinie 93/7/EWG vom 15. März 1993 gegenseitig anerkannt.

dienen – einem darüberhinausgehenden übergeordneten Ziel des universellen Kulturgüterschutzes dient dieser „Kulturnationalismus“ indes nicht.[126]

5. Zusammenfassende Bewertung

Der Erhalt und die Teilhabe an Kulturgütern sind zentrale Ziele des Kulturgüterschutzes. Die größten Gefahren für Kulturgüter entstehen demnach, wenn der Kulturgütertransfer außerhalb des Rechtssystems verläuft und keine Kontrollmechanismen zu deren Schutz greifen.

Die Immobilisierung der Kulturgüter gehört dagegen nach der hier vertretenen Ansicht nicht zum universellen Kulturgüterschutz und wird dementsprechend auch nicht näher behandelt.

IV. Rechtliche Mittel des Kulturgüterschutzes

Ausgehend von den oben hergeleiteten Schutzzielen beschränkt sich die nachfolgende Darstellung auf die rechtlichen Mittel, die zur Erhaltung der Kulturgüter sowie deren Zugänglichkeit für die Allgemeinheit eingesetzt werden. V. a. rückt der privatrechtliche Eigentümerschutz in den Vordergrund.

1. Überblick

Dem Staat stehen unterschiedliche Maßnahmen zur Verfügung, die sich in allen Rechtsbereichen entweder direkt durch das Gewähren von Rechten und das Auferlegen von Pflichten (mit damit einhergehenden Durchsetzungs- und Sanktionsmöglichkeiten) oder indirekt durch die Schaffung von Anreizen für besondere Handlungsformen niederschlagen. Diese Mittel sind v. a. im öffentlichen Recht und im Völkerrecht zu finden, die das Verhältnis zwischen dem Staat und dem Bürger bzw. den Staaten untereinander regeln.[127] Allerdings können sich kulturgüterschützende Maßnahmen auch aus dem Privatrecht ergeben. Erstere sollen vorliegend nur überblicksartig dargestellt werden, die privatrechtlichen Mittel dagegen, insbesondere der Eigentumsschutz, werden im Laufe der Arbeit ausführlich untersucht.

Neben dem staatlichen Recht gibt es auch das private Recht (nicht Privatrecht), wie z. B. das privatautonom gesetzte Vertragsrecht oder das international praktizierte Handelsrecht (*lex mercatoria*), das aber auch seine Schranken im staatlichen Recht findet.[128] Darauf soll nur eingegangen werden, soweit dies für das bessere Verständnis der privatrechtlichen Mittel nötig ist.

---

126 Das Begriffspaar „Kulturnationalismus/Kulturinternationalismus“ wurde von Merryman geprägt, Merryman, Michigan Law Review 1985, 1881 (1911 ff.); Merryman, Am. J. Int. L. 80 (1986), S. 831 ff.

127 S. zu den umfassenden Instrumenten staatlicher Kulturverantwortung Lenski, Öffentliches Kulturrecht, S. 181 ff.

128 S. dazu grds. Bachmann, Private Ordnung, insb. S. 27 ff.

Vielfältige Mechanismen sind auf die Erhaltung der Kulturgüter gerichtet. Bei den Schutzmaßnahmen wird zwischen präventivem, wiedergutmachendem und repressivem Schutzansatz unterschieden.[129] Sie können sich direkt entfalten oder Anreize für kulturgutschützende Maßnahmen schaffen.

a. *Direkte Maßnahmen*

Die direkten Maßnahmen sind unmittelbar auf die Verfolgung des Kulturgüterschutzes gerichtet. Die ersten Regelungen zur Erhaltung historischer Substanz dienten dem Denkmalschutz, später kam der Schutz der beweglichen Kulturgüter dazu.[130] Heutzutage sind die Gesetze zum Erhaltungsschutz v. a. auf dem Gebiet des Völkerrechts anzutreffen. Zu präventiven Regelungen, also solchen, die die Zerstörung und Beschädigung der Kulturgüter vermeiden sollen, gehört z. B. die völkerrechtliche Regelung des Art. 4 Abs. 3 S. 1 der Haager Konvention von 1954, die grundsätzlich feindselige Handlungen gegen Kulturgüter verbietet. Der wiedergutmachende Ansatz, bei dem der ursprüngliche, tatsächliche oder rechtliche Zustand der Kulturgüter hergestellt werden soll, wird bspw. durch die Rückgabe der rechtswidrig entzogenen Kulturgüter nach Art. 3 Unidroit-Konvention verfolgt. Der repressive Schutzansatz liegt in der Sanktionierung von kulturgüterschädigenden Maßnahmen. So werden bspw. die Beschädigung und Zerstörung bestimmter Kulturgüter von § 304 Abs. 1 StGB erfasst („Gegenstände der Kunst, der Wissenschaft oder des Gewerbes, welche in öffentlichen Sammlungen aufbewahrt werden oder öffentlich ausgestellt sind"). Eine zentrale Rolle auf der nationalen Ebene in Deutschland spielen die Landesdenkmalschutzgesetze und Archivgesetze. Sie verfolgen zwei Schutzansätze: Zum einen werden bestimmte Objekte unter Schutz gestellt, zum anderen werden beim Verstoß die Sanktionen auferlegt, die wiederum den präventiven Ansatz verstärken.[131] Daneben gibt es zahlreiche Normen, die Kulturgüterschutzansätze nicht ausdrücklich verfolgen, sondern Kulturgüter als sonstige Sachen schützen.

Die auf die Strafbarkeit der rechtswidrigen Aneignung gerichteten Tatbestände dienen sowohl dem Substanzschutz als auch der Zugänglichkeit für die Allgemeinheit. Als Beispiel auf der nationalen Ebene kann ein besonderer Fall des Diebstahls nach § 243 Abs. 1 Nr. 5 StGB genannt werden, der sich auf öffentlich ausgestellte Sachen von Bedeutung für die Kunst bezieht. Im Privatrecht sind es sachen- und

---

129 Vgl. dazu Odendahl, Kulturgüterschutz, S. 303 ff., 438 ff.

130 Das erste deutsche Gesetz, das auch bewegliche Kulturgüter umfasste, war das Kunstwertschutzgesetz des Herzogtums Sachsen-Altenburg aus dem Jahr 1909, das die Genehmigungspflicht für Veräußerung und wesentliche Veränderung bestimmter Kulturgüter regelte; Gesetz, den Schutz von Kunstwerten betreffend, vom 20. März 1909, GSlg. für das Herzogthum Sachsen-Altenburg, 1909, S. 8.

131 So z. B. präventiv §§ 8 DSchG Bln, § 6 Nds DSchG; repressiv § 19 DSchG Bln, § 34 f. Nds DSchG.

deliktsrechtliche Regelungen, die sowohl der Erhaltung der Kulturgüter sowie deren Zugänglichkeit für die Allgemeinheit dienen.[132]

Im Übrigen sollen die völkerrechtlichen Regelungen den Zugang gewährleisten. So verpflichtet bspw. Art. 5 UNESCO-Konvention 1972 die Mitgliedstaaten Maßnahmen zu ergreifen, die dem Kulturerbe eine Funktion im öffentlichen Leben geben sowie wissenschaftliche Untersuchungen und Forschungen durchführen.

b. Indirekte Maßnahmen

Die indirekten Maßnahmen schaffen Anreize für kulturgüterschützendes Verhalten und wirken somit mittelbar. Darunter fallen bspw. die Zuschüsse zum Erhalt der Denkmäler auf Landesebene durch die Landesdenkmalschutzgesetze.[133] Es gibt auch verschiedene Steuervergünstigungen, die für substanzschützende Maßnahmen gewährt werden.[134]

Aber es existieren nicht bloß Maßnahmen für die Erhaltung der Kulturgüter. Auch die Gewährleistung der Zugänglichkeit für die Allgemeinheit wird belohnt: So kann es in Deutschland eine Teilbefreiung von der Erbschafts- und Schenkungssteuer beim Erwerb eines Kulturgutes geben, wenn der Eigentümer den Gegenstand der Öffentlichkeit zugänglich macht.[135] Zuschüsse im Denkmalschutz können daran geknüpft sein, ob das geschützte Gebäude z. B. am „Tag des offenen Denkmals“ öffentlich begehbar ist.[136]

2. Privatrechtlicher Eigentumsschutz

Vorliegend soll in Bezug auf die Rolle des Eigentums als privatrechtliches Mittel des Kulturgüterschutzes näher betrachtet werden, ob und inwiefern der Eigentumsschutz zur Erhaltung der Kulturgüter und zur Verbesserung der Zugänglichkeit von Kulturgütern für die Allgemeinheit beizutragen vermag.

a. Geeignetes Mittel

Der Eigentümer hat grundsätzlich ein Erhaltungsinteresse an seinem Eigentum, so dass er als „bester Garant“ für den Schutz der Kulturgüter bezeichnet wird.[137] Diese Zuordnung gilt es aufrechtzuerhalten. Ein Diebstahl ist regelmäßig mit einer

---

132 S. dazu sogleich Kapitel 1.IV.2. „Privatrechtlicher Eigentumsschutz“.

133 Z. B. § 15 Abs. 1 DSchG Bln; § 32 Nds DSchG.

134 So können unter Umständen die Modernisierungskosten in voller Höhe über zwölf Jahre abgesetzt werden, § 7 EStG; vgl. zu den Einkommensteuerfragen in Bezug auf Kunstgegenstände Ebling/Schulze/Ebling, Kunstrecht, S. 475 ff.

135 § 13 Abs. 1 Nr. 2 ErbStG.

136 Vgl. § 32 S. 2 Nds DSchG „[…] im Rahmen der Zumutbarkeit der Öffentlichkeit zugänglich zu machen“.

137 Fechner, Prinzipien des Kulturgüterschutzes, in: ders./Oppermann/Prott (Hrsg.), Prinzipien des Kulturgüterschutzes, S. 11, 30.

Gefährdung der Kulturgüter verbunden; Bilder werden z. B. aus den Rahmen ausgeschnitten, nicht fachgerecht transportiert oder gelagert und somit physischen Gefahren ausgesetzt. Anders als uns Hollywood in den Filmen *Topkapi* von Jules Dassin oder *Thomas Crown Affäre* von John McTiernan hoffen lässt, handelt es sich in der Wirklichkeit selten um „Gentleman-Gauner“: Die bekannteste Version der *Madonna* von Edward Munch wurde bspw. infolge des Raubes im Jahr 2004 derart zerstört, dass eine vollständige Restaurierung nicht möglich war.[138]

Konsequenterweise können auch nur legale Kulturgüter für die Allgemeinheit zugänglich gemacht werden. Die Informationen über den Verbleib des Objekts, über seine Herkunft und den Zustand sind weder für das Fachpublikum noch für die Allgemeinheit zugänglich, wenn die Sachen im Verborgenen sind. Darüber hinaus können bei illegalen Kulturgütern auch die staatlichen Anreize zur Erhaltung und Zugänglichmachung der Kulturgüter nicht greifen.

Der private Eigentumsschutz kann wie sonstige Mittel alle drei Schutzwirkungen entfalten und damit präventiv, wiedergutmachend oder sanktionierend sein. Die wiedergutmachende und sanktionierende Schutzwirkung findet in den Regelungen auf die Herausgabe des Gegenstandes bei einem illegalen Transfer sowie gegebenenfalls in Ersatzansprüchen Ausdruck. Eine direkte präventive Wirkung ist zwar auf den ersten Blick durch das Privatrecht nicht erkennbar; eine starke Position des Eigentümers bringt aber notwendigerweise mit sich, dass die Gefährdung der Kulturgüter von Anfang an eingedämmt wird.[139]

b. Wechselwirkung mit anderen Interessen

Nicht jede Handlung des Eigentümers dient dem Kulturgüterschutz. Die umfassende Verfügungsbefugnis des Eigentümers geht soweit, dass er ihm gehörende Kulturgüter beschädigen[140] und sogar zerstören kann. Im April 2012 hat das private *Casoria Contemporary Art Museum* (CAM) in der Nähe von Neapel angekündigt, eintausend Werke zeitgenössischer Künstler zu verbrennen, wovon auch einige tatsächlich zerstört wurden. Die Aktion sollte auf finanzielle Nöte der Museen aufmerksam machen und war mit den Künstlern weitgehend abgestimmt.[141] Der deutsche Gesetzgeber hat diesbezüglich die Befugnisse des Eigentümers nur bei Denkmälern durch die Landesdenkmalschutzgesetze ein-

---

138 FAZ vom 06. Februar 2012, Nr. 31 (Beilage), S. B4; s. dazu einen Überblick von Raschèr, Thomas Crown reloaded? Njet, Rambo rules!, KUR 2012, 55 ff.

139 Jayme plädiert für den Ausbau der Prävention durch Privatrecht ähnlich wie im Umweltschutz, Jayme, ZVglRWiss 96 (1996), 158, 161 f.

140 Die Fragen des Urheberrechts bleiben hier unbeachtet.

141 S. dazu Klüver, Henning, Das befreiende Feuer, Süddeutsche Zeitung vom 30. April 2012, S. 12. Künstler aus dem inzwischen geräumten *Kunsthaus Tacheles* in Berlin verbrannten daraufhin auch ihre Werke, um auf ihre Finanznot aufmerksam zu machen.

geschränkt (z. B. § 10 NdsDSchG)[142], indem er verändernde Maßnahmen für genehmigungspflichtig erklärt; bei sonstigen Kulturgütern bleibt eine solche Behandlung sanktionslos möglich.

Im Rahmen der Ausübung seines Eigentums kann der Eigentümer auch sein Kulturgut verschließen, so dass es weder für die breite Öffentlichkeit noch für wissenschaftliche Erforschungen zugänglich ist. Schließlich kann die uneingeschränkte Veräußerungsbefugnis des Eigentümers zu einer Minderung des Schutzes führen, wenn erst der neue Eigentümer solche Maßnahmen ergreifen will bzw. sich gegen die Gefahren von Außen schwächer schützen kann.[143] Dagegen helfen auch die Abwanderungsgesetze nicht, weil dies natürlich auch innerhalb der Staatsgrenzen geschehen kann.

Das alles zeigt, dass das Eigentumsrecht am Kulturgut bestimmten Schranken unterliegt bzw. unterliegen soll. Hier sind sowohl direkte als auch indirekte Maßnahmen denkbar, die die Ausübung des Eigentumsrechts kulturgüterschützend gestalten. Allerdings finden solche Einschränkungen außerhalb des privatrechtlichen Eigentumsschutzes statt und sind somit vom Gegenstand dieser Arbeit nicht mehr erfasst.

3. Zusammenfassende Bewertung

Es gibt eine Vielfalt an rechtlichen Mitteln, die dem Kulturgüterschutz dienen. Traditionell greifen die Regelungen des öffentlichen Rechts und des Völkerrechts, die dem einzelnen Bürger gegenüber einem Staat oder den Staaten untereinander Maßnahmen auferlegen. Allerdings kann auch der privatrechtliche Eigentumsschutz der Erhaltung von Kulturgütern sowie der Teilnahme der Allgemeinheit daran dienen.

Der private Eigentumsschutz ist ein geeignetes Mittel zur Sicherung des Wirtschaftsverkehrs. Der illegale Handel ist erst dann eingedämmt, wenn der ursprüngliche Eigentümer eine hinreichend sichere Rechtsposition innehat, die einer Legalisierung des illegalen Kulturgutes im Wege steht. Wegen der Einmaligkeit der Kulturgüter sind dabei v. a. solche Mechanismen wichtig, die das Kulturgut selbst unmittelbar betreffen, also Regelungen, die auf unmittelbare Rückgabe der Kulturgüter und die damit verbundenen Probleme des Eigentumsverlustes gerichtet sind; weitere Schutznormen sollen außer Acht gelassen werden.

---

142 Niedersächsisches Denkmalschutzgesetz vom 30. Mai 1978, Nds. GVBl. 1978, S. 517; zuletzt geändert am 26. Mai 2011, Nds. GVBl. S. 135.

143 Dieses Argument wird oft eingebracht, wenn es um die Herausgabe bestimmter Kulturgüter an die wirtschaftlich schwachen Länder geht, mit der Begründung, sie können die Kulturgüter nicht ausreichend vor Diebstählen oder Zerfall beschützen. So wurden bspw. in Griechenland im Januar 2012 ein Bild von Pablo Picasso und zwei von Piet Mondrian aus der *Nationalgalerie* in Athen gestohlen, wofür auch die Sparmaßnahmen der griechischen Regierung mitursächlich sind, Schrittmatter, Kai, Süddeutsche Zeitung vom 18. Februar 2012, S. 14. Die Bilder wurden während eines Streiks einiger der Museumswärter gestohlen. Das Argument wird allerdings v. a. in Bezug auf das nichteuropäische Ausland angeführt.

Kapitel 2. Kulturgüterschutz bei innerdeutschen Sachverhalten

Nachfolgend wird der privatrechtliche Eigentümerschutz als Mittel des Kulturgüterschutzes bei innerdeutschen Sachverhalten untersucht. Die Förderung eines geordneten Kulturgütertransfers kann nur durch einen umfassenden Schutz des (ursprünglichen) Eigentümers eines Kulturgutes erreicht werden.[144] Dabei könnte die Gefährdung in jedem unfreiwilligen Eigentums- oder Besitzverlust liegen.

Kulturgüter werden nach deutschem Zivilrecht wie sonstige Sachen behandelt, so dass es diesbezüglich keine Sonderregelungen gibt. Es sind die Normen des BGB einschlägig. Eine zentrale Rolle bei dem Eigentumsschutz spielt der Vindikationsanspruch aus § 985 BGB. Demnach steht dem Eigentümer ein Herausgabeanspruch gegen den Besitzer der Sache zu, wenn Letzterer kein Recht zum Besitz hat. Entscheidend für die kunstrechtlich relevanten Fälle ist v. a., ob der Anspruchsteller der Eigentümer der Sache geblieben ist, wobei der Eigentumsverlust entweder auf den rechtsgeschäftlichen oder gesetzlichen Erwerb des Kulturgutes zurückzuführen sein könnte.[145]

I. Verkehrsfähigkeit der Kulturgüter

1. Bestimmung der Verkehrsfähigkeit

Ein Kulturgütertransfer setzt die Verkehrsfähigkeit der Kulturgüter voraus. Unter Verkehrsfähigkeit ist die Fähigkeit einer Sache zu verstehen, Objekt privatrechtlicher Verfügungs- und Verpflichtungsgeschäfte zu sein.[146]

Sind die Sachen dem Rechtsverkehr vollständig entzogen, so fallen sie unter die Kategorie der *res extra commercium*. Die Bezeichnung geht auf das römische Recht zurück, wo zu *res quarum commercium non est* die *res divini iuris*, also die den Göttern geweihten Sachen, sowie die *res publicae*, die dem Gemeingebrauch gewidmeten Sachen, zählten.[147] Bei solchen Sachen ist sowohl die Verfügungsfähigkeit als auch die Ersitzungsfähigkeit ausgeschlossen, so dass sie weder dem originellen noch dem derivativen Eigentumserwerb unterliegen. Die Verkehrsfähigkeit einer Sache kann auch bloß partiell beseitigt sein, ohne sie vollständig dem Rechtsverkehr zu entziehen, wenn das Verfügungsrecht an der Sache eingeschränkt ist.

---

144 S. dazu bereits Kapitel 1.IV.2. „Privatrechtlicher Eigentumsschutz“.

145 Auf die sonstigen Voraussetzungen (Besitz, kein Recht zum Besitz) soll hier nicht eingegangen werden, da keine kunstrechtliche Sonderproblematik vorliegt.

146 MüKo/Stresemann BGB, § 90 Rn. 35.

147 Vgl. Weber, Marc, Unveräußerliches Kulturgut, S. 5 ff. Es gibt auch andere Systematisierungen der res extra commercium, vgl. zum Ganzen: Weidner, Kulturgüter als res extra commercium, S. 14 ff.

Die Beschränkungen der Verkehrsfähigkeit der Kulturgüter werden in einigen Ländern als geeignetes Kulturschutzmittel angesehen. So sind im italienischen Recht gemäß Art. 1145 Codice Civile bestimmte Gegenstände zu *res extra commercium* erklärt, worunter gemäß Art. 23 des Gesetzes No. 1089 auch bestimmte Kulturgüter fallen.[148] Auch Art. 724 Abs. 1 bis Schweizer ZGB bestimmt, dass der Schatzfund weder ersessen noch gutgläubig erworben werden kann.[149] Solche Einschränkungen lassen sich allerdings nicht immer dem Sachenrecht zuordnen, was darauf zurückzuführen ist, dass die meisten Rechtsordnungen kein Trennungsprinzip zwischen Verpflichtungs- und Verfügungsgeschäft kennen. So sind bspw. nach ägyptischem Recht die Kulturgüter dem Handelsverkehr entzogen, wobei mit dem Handelsverbot ein Veräußerungsverbot einhergeht.[150]

Grundsätzlich sind Einschränkungen der Verkehrsfähigkeit einer Sache auch dem deutschem Recht nicht fremd. So wird bei Straßen, die dem Gemeingebrauch gewidmet sind, die Zweckbestimmung durch privatrechtliche Verfügung oder Zwangsversteigerung nicht berührt, § 2 Abs. 3 FStrG. Das Hamburgische Wegegesetz geht sogar noch weiter und entzieht die öffentlichen Straßen in § 4 Abs. 1 S. 5 HWG ausdrücklich dem Rechtsverkehr.[151] Nachstehend ist der Frage nach den Einschränkungen der Verkehrsfähigkeit von Kulturgütern nach deutschem Recht nachzugehen.

2. Status von Kulturgütern de lege lata

a. *Öffentliche Kulturgüter*

Viele Kulturgüter befinden sich in öffentlichen und privaten Museen und Sammlungen. Sie sind öffentliche Sachen, also Sachen, die sich im Eigentum der öffentlichen Hand oder von Privaten befinden, dabei dem Gemeinwohl dienen und durch besondere Widmung dem öffentlichen Recht unterliegen.[152] Diese Sachen sind dem Zivilrechtsverkehr grundsätzlich nicht entzogen.[153]

Die Verkehrsfähigkeit der öffentlichen Kulturgüter ist somit nicht eingeschränkt. Allerdings wird teilweise die These vertreten, dass die Widmung zum öffentlichen Museums- und Archivgut – ähnlich wie bspw. bei Straßen – eine öffentlich-rechtliche

148 Gesetz No. 1089 vom 1. Juni 1939 (Italien), Tutela delle cose d'interesse Artistico o Storico pubblicata sulla Gazzetta Ufficiale n. 184 dell'8 agosto 1939.

149 Zivilgesetzbuch vom 10. Dezember 1907 (Schweiz), Stand: 1. Juli 2014, AS 24 233.

150 Art. 7 Gesetz Nr. 117/1983 vom 6. August 1983 über den Schutz der Altertümer (Ägypten), zit. nach Strauch, Rechtsverhältnisse an Kulturgütern im internationalen Sachenrecht, S. 215.

151 Hamburgisches Wegegesetz vom 22. Januar 1974, zuletzt geändert am 15. Februar 2011, HmbGVBl. S. 73.

152 Vgl. MüKo/Holch BGB, 5. Aufl., § 90, Rn. 39.

153 BGH, Urteil vom 5. Oktober 1989, NJW 1990, 899, 900; Forsthoff, Verwaltungsrecht AT, S. 379 m. w. N.

Dienstbarkeit darstelle.[154] Damit könne das Kulturgut zwar veräußert werden, das begründete Eigentum werde allerdings durch die Dienstbarkeit überlagert, was einen öffentlich-rechtlichen oder zivilrechtlichen Herausgabeanspruch des Begünstigten begründe. Eine solche grundsätzliche Annahme einer öffentlich-rechtlichen Dienstbarkeit bei öffentlichen Kulturgütern erscheint jedoch zu weitgehend. Das Auferlegen einer Dienstbarkeit stellt eine Einschränkung des durch Art. 14 GG geschützten Eigentumsrechts dar, ohne dass dafür – im Gegensatz zum Wegerecht – eine gesetzliche Grundlage vorliegt.[155] Spätestens mit den Entscheidungen über das Hamburger Stadtsiegel kann eine Dienstbarkeit an den öffentlichen Kulturgütern nicht mehr gewohnheitsrechtlich angenommen werden.[156] Diese Entscheidung wurde in der Literatur sehr ausführlich besprochen, so dass hier darauf nur kurz eingegangen werden soll. In diesem Rechtstreit hat die Stadt Hamburg auf Herausgabe des Originals des IV. Hamburger Stadtsiegels samt Aufbewahrungsbeutel geklagt, welches im Zweiten Weltkrieg abhandengekommen war. Der Anspruch aus § 985 BGB ist in allen Instanzen an dem gutgläubigen Erwerb der Beklagten im Wege der öffentlichen Versteigerung gemäß §§ 935 Abs. 2, 383 Abs. 3 BGB gescheitert. Dabei wurde auch festgestellt, dass das Siegel nicht zu den *res extra commercium* gehöre.[157] Es ist daher davon auszugehen, dass die öffentliche Widmung im Rahmen des lastenfreien gutgläubigen Erwerbs erlischt, §§ 936, 945 BGB.

Teilweise gibt es auf Landesebene Vorschriften, die eine Anbietungs- und Ablieferungspflicht der öffentlich-rechtlichen Rechtsträger untereinander in Bezug auf bestimmte Kulturgüter begründen;[158] als Verwaltungsvorschriften tangieren sie

---

154 So in Bezug auf alle öffentlichen Sachen Frotscher, VerwArch 62 (1971), 153, 154; Renck, DÖV 1990, 333, 335. In Bezug auf Kulturgüter dafür wohl Schwadorf-Ruckdeschel, Rechtsfragen des grenzüberschreitenden rechtsgeschäftlichen Erwerbs von Kulturgütern, S. 62 f.; dagegen Mußgnug, Museums- und Archivgut als „res extra commercium"?, in: Dolzer/Jayme/Mußgnug, Rechtsfragen des internationalen Kulturgüterschutzes, S. 199, 203 ff.; Jaeger, Internationaler Kulturgüterschutz, S. 110; Lenski, KUR 2007, 142 ff.

155 Vgl. Papier, Recht der öffentlichen Sachen, S. 14.

156 BGH, Urteil vom 5. Oktober 1989, NJW 1990, 899 ff.

157 Auch der Verwaltungsrechtsweg war erfolglos. Die Klage vor dem VG Köln auf die Herausgabe des Siegels wurde abgewiesen, VG Köln, Urteil vom 20. März 1991, NJW 1991, 2584 ff. Die Berufung beim OVG Münster blieb erfolglos mit der Begründung, dass für die Annahme einer öffentlich-rechtlichen Dienstbarkeit als Einschränkung des Eigentums eine gesetzlich verfasste noch eine gewohnheitsrechtliche Grundlage fehle, OVG Münster, Urteil vom 25. Februar 1993, NJW 1993, 2635, 2636. Die Revision wurde nicht zugelassen und die Nichtzulassungsbeschwerde als unzulässig abgelehnt, BVerwG, Beschluss vom 12. August 1993, NJW 1994, 144 f.

158 So in Bezug auf Archivgut §§ 3 Abs. 1, § 1 HmbArchG, Hamburgisches Archivgesetz vom 21. Januar 1991, HmbGVBl. 1991, S. 7, zuletzt geändert am 16. Juni 2005, HmbGVBl. S. 233, 239.

jedoch die Verkehrsfähigkeit dieser Kulturgüter nicht. Die öffentlichen Kulturgüter sind somit verkehrsfähig.

b. Private Kulturgüter

Der private Kunstbesitz – also Kulturgüter von Privaten ohne öffentliche Widmung – und dessen Rolle in der öffentlichen Wahrnehmung nehmen stets an Bedeutung zu. So greifen die Museen gerne auf private Leihgeber zurück, auch rein private Sammlungen gewinnen an Bedeutung.[159] Für eine Ungleichbehandlung der Kulturgüter in privater und öffentlicher Hand ist kein Grund ersichtlich.

Es gibt zwar landesrechtliche Regelungen zum Schatzfund, welche die Begründung eines staatlichen Eigentumserwerbs ex lege an archäologischen Fundstücken bestimmen – diese verfassungsmäßige Abweichung von § 984 BGB schließt die originäre Eigentumsbegründung durch Private aus.[160] Ist das Eigentum des Landes aber erst einmal begründet, so wird das Kulturgut verkehrsfähig.

Die Verfügungsmacht des Eigentümers könnte durch das KultgSchG eingeschränkt sein. Nach § 1 Abs. 4 KultgSchG setzt die Ausfuhr national wertvollen Kulturgutes eine staatliche Genehmigung voraus. Ob ein Kulturgut diese Eigenschaft besitzt, ist dem Verzeichnis national wertvoller Kulturgüter zu entnehmen.[161] Bei Zuwiderhandlung kann das Kulturgut eingezogen werden, § 16 Abs. 3 KultgSchG. Diese Einziehung setzt allerdings eine richterliche Entscheidung voraus, so dass erst die Judikative die Verfügungsbeschränkung bestimmt. Ansonsten wird die Verfügungsmacht des Eigentümers bloß territorial eingeschränkt, so dass von der grundsätzlichen Verkehrsfähigkeit der Kulturgüter auch nach dem KultgSchG auszugehen ist.

Es ist somit festzuhalten, dass Kulturgüter dem Rechtsverkehr nach nationalem Recht nicht entzogen sind.

3. Status von Kulturgütern de lege ferenda

Es könnte überlegt werden, die Kulturgüter dem Rechtsverkehr *de lege ferenda* ganz oder teilweise zu entziehen.[162] Eine solche Regelung wäre jedoch nicht sinnvoll. Es widerspricht geradezu dem Sinn und Zweck des Kulturgüterschutzes, Kulturgüter dem Rechtsverkehr zu entziehen und somit den Kulturgütertransfer zu unterbinden.

---

159 Zu den bekanntesten deutschen Privatsammlungen zählen: Sammlung Boros (Berlin), Sammlung Frieder Burda (Baden-Baden), Sammlung Falckenberg (Hamburg), Langen Foundation (Neuss), SØR Rusche Sammlung (Oelde/Berlin), Sammlung Würth (Schwäbisch Hall u. a.) und viele mehr.

160 Z. B. § 23 DSchG BW; § 18 DSchG; § 19 BremDSchG; § 23 SaarlDSchG.

161 S. dazu bereits Kapitel 1.I.1.a. „Nationales Recht".

162 Mußgnug, Museums- und Archivgut als „res extra commercium"?, in: Dolzer/Jayme/Mußgnug, Rechtsfragen des internationalen Kulturgüterschutzes Museums- und Archivgut als „res extra commercium"?, S. 199 ff.

Dies würde den Kulturaustausch lähmen und damit auch die Förderung der kulturellen Entwicklung bremsen. Der Schutz der Kulturgüter soll nicht als Konservierung eines status quo, sondern als ein wesentlicher Teil der allgemeinen kulturellen Entwicklung verstanden werden. Denn das kulturelle Erbe ist identitätsstiftend für die nachfolgenden Generationen und soll nicht nur denjenigen vorbehalten sein, die sich aus verschiedenen – meistens zufälligen – Gründen derzeit im Besitz solcher Schätze befinden. Das Kulturerbe soll zwar geschützt werden, aber als solches dem Zugang der anderen nicht entzogen werden. Das kann allerdings nur im ständigen Austausch der Kulturgüter gewährleistet werden, sowohl zwischen den Einzelnen als auch zwischen den Gemeinschaften bis hin zu den Nationen und weiteren Kulturkreisen.[163]

Die Beschränkung der Verkehrsfähigkeit widerspricht nicht nur dem Ziel des Kulturgüterschutzes, die Teilnahme der Allgemeinheit an Kulturgütern zu gewährleisten, sondern kann auch den Erhalt der Kulturgüter gefährden. Wie bereits dargestellt kann der Besitzerwechsel ein Kulturgut retten, wenn die äußeren Umstände des Belegenheitsortes eines Kulturgutes ungünstig sind. Auch besteht die Gefahr, dass der Handel mit Kulturgütern nicht eingestellt, sondern bloß den staatlichen Kontrollmechanismen entzogen wird. Der Kulturgütertransfer ist daher für den Kulturgüterschutz essentiell.[164]

Aus denselben Gründen ist die Beschränkung der Verkehrsfähigkeit solcher Kulturgüter, die im Staatseigentum stehen, nicht erstrebenswert. Noch stärker als bei bloßem Abwanderungsschutz wäre die Legitimität eines Staates zweifelhaft, ausschließlich für sich ein Kulturgut zu beanspruchen.[165] Auf dem Territorium der meisten Staaten befinden sich Kulturgüter, die sich nicht eindeutig einem bestimmten Staat zuordnen lassen. Aus meist zufälligen Gründen auf dem Gebiet eines Staates befindlich, dient deren Besitz nun den Repräsentationszwecken der einzelnen Staaten. Ein solcher Ansatz wäre durch Ausgrenzung geprägt.

Auch im Übrigen ist kein Grund ersichtlich, der eine Ungleichbehandlung von Kulturgütern in staatlicher und privater Hand rechtfertigt. Die besonders wertvollen Kulturgüter, die regelmäßig in Museen verwahrt werden, sollen zwar vor dem illegalen Handel geschützt werden. Dieser Schutz ist aber auch im Rahmen einer privatrechtlichen Regelung möglich, indem die sachenrechtlichen Vorschriften den Anforderungen des Kulturgüterschutzes angepasst werden.[166] Für den gutgläubigen Erwerber ist es zudem unmöglich, zwischen dem öffentlichen und privaten Kulturgut zu unterscheiden, so dass die Ungleichbehandlung dieser Fälle mit dem Vertrauensschutzgrundsatz und somit auch mit der Rechtsstaatlichkeit nicht vereinbar ist.

---

163 Vgl. Kapitel 1.III.1. „Universalprinzip des Kulturgüterschutzes".

164 S. dazu bereits Kapitel 1.III.3.a.bb. „Dauerhafter Zugang am Beispiel des Kulturgütertransfers".

165 S. dazu bereits Kapitel 1.III.4. „Das Problem des Abwanderungsschutzes".

166 Das soll nachstehend untersucht werden, s. dazu insbesondere sogleich Kapitel 2.A.II. „Eigentumsschutz beim derivativen Erwerb".

Es gilt also vielmehr die Balance zu wahren zwischen den berechtigten Interessen einer Nation, eines Volks, sonstiger Gemeinschaften oder bloß einer Person an den für sie identitätsstiftenden Kulturgütern und dem allgemeinen Interesse der Menschheit am kulturellen Erbe. Kulturgüter sollen einen umfassenden Schutz genießen, ohne dass dieser Schutz eine kulturelle Stagnation provoziert. Nachfolgend ist somit zu untersuchen, ob und inwieweit diesbezüglich Handlungsbedarf besteht.

II. Eigentumsschutz beim derivativen Eigentumserwerb

Zunächst ist auf den rechtsgeschäftlichen Erwerb der Kulturgüter einzugehen, der in der Praxis den Eigentümerwechsel am häufigsten begründet. Der klassische Konflikt zwischen den Interessen eines freien Verkehrs einerseits und den als schützenswert anerkannten Interessen des Eigentümers andererseits wird im deutschen Recht durch das Institut des Gutglaubenserwerbs gelöst. Danach ist ein Erwerb von Nichtberechtigtem möglich, wenn Einigung und Übergabe (oder Übergabesurrogat) vorliegen, es sei denn, der Erwerber war in Bezug auf das Eigentum des Veräußerers nicht im guten Glauben, §§ 932 ff. BGB.[167] Mit dieser Rechtsfigur hat sich der Vertrauensschutz des Erwerbers vor dem Erhaltungsinteresse des ursprünglichen Eigentümers durchgesetzt.[168]

1. Abgrenzung an der Freiwilligkeit des Besitzwechsels

Zunächst muss zwischen anvertrauten und abhandengekommenen Kulturgütern unterschieden werden, denn ein gutgläubiger Erwerb abhandengekommener Sachen ist grundsätzlich nicht möglich, § 935 BGB.

Die Unterscheidung zwischen abhandengekommenen und anvertrauten Sachen ist über das französische Recht (Art. 2279 Code civil)[169] in das ADHGB[170] und dann

---

167 Für die systematische Einordnung des Gutglaubenserwerbs nach §§ 932 ff. BGB zu dem rechtsgeschäftlichen Erwerb die h. M., s. statt alle Palandt/Bassenge, Vorb. v § 929, Rn. 4 ff.; für den originären Erwerb: Gernhuber, Bürgerliches Recht, § 8 I; für den Mischtatbestand Hübner, Der Rechtsverlust im Mobiliarsachenrecht, S. 51 f.

168 Diese Interessenverteilung mag zunächst selbstverständlich – weil vertraut – erscheinen, eine historische oder auch rechtsvergleichende Sicht vermag es zu relativieren: Das ursprüngliche deutsche Recht kannte keinen Rechtserwerb vom Nichtberechtigten, der Eigentümer konnte nur aus dem der Besitzübertragung zugrunde liegenden Verhältnis oder aus dem Brauch der Gewere klagen; eine Klage aus dem Eigentum gab es nicht, vgl. dazu Westermann, Sachenrecht, § 45 V. Auch kennen viele andere Rechtsordnungen keinen Gutglaubenserwerb, wie z. B. das US-Recht, s. allgemein dazu: Siehr, ZVglRWiss 80 (1981), S. 273, 274. Es gibt in der Wissenschaft auch Ansätze, die den gutgläubigen Erwerb für verfassungsbedenklich erklären, vgl. überblicksmäßig Staudinger/Wiegand, Vorb. zu §§ 932–936, Rn. 28.

169 Code civil des Français vom 21. März 1804, in der Fassung vom 28. August 2013.

170 Allgemeines Deutsches Handelsgesetzbuch, Empfehlung des Bundesrates vom 31. Mai 1861, B.-B. vom 31. Mai 1861, 18. Sitzung § 151; Reichsgesetz vom 16./22. April 1871, RGBl. 63, 87.

in das BGB gelangt.[171] Eine solche Unterscheidung ist in den meisten Rechtskreisen üblich, lediglich der Bezugspunkt für die Abgrenzung wird unterschiedlich gewählt: In Deutschland und Frankreich wird vom Begriff des Abhandenkommens ausgegangen, in Österreich und den USA dagegen geht die Rechtsordnung vom Begriff des Anvertrautseins aus, im Schweizer Recht werden beide Begriffe verwendet.[172]

Nach deutschem Recht ist eine Sache abhandengekommen, wenn der unmittelbare Besitzer seinen Besitz ohne – nicht notwendig gegen – seinen Willen verloren hat, Argument aus § 935 Abs. 1 S. 2 BGB. Unmittelbarer Besitz ist dabei die tatsächliche Sachherrschaft.[173] Die anvertrauten Sachen sind lediglich negativ abgegrenzt und umfassen alle anderen Fälle des Besitzwechsels. Anvertraut sind somit solche Sachen, an denen der Besitz bewusst und freiwillig übertragen worden ist.[174] Die unterschiedliche Behandlung von abhandengekommenen und anvertrauten Sachen ist auf Zurechenbarkeit des Rechtsscheins des Besitzes zurückzuführen. Der Eigentümer einer anvertrauten Sache führt das Auseinanderfallen von Eigentum und unmittelbarem Besitz bewusst herbei, im Gegensatz zu dem Eigentümer einer abhandengekommenen Sache, dessen Besitzverlust unfreiwillig erfolgt. Da der Besitz einer Sache den Rückschluss auf die Rechtslage erlaubt, ist dem Eigentümer einer anvertrauten Sache der Rechtsschein zuzurechnen.[175] Somit tritt dessen Schutz hinter dem des Erwerbers zurück.

Vorliegend bietet es sich an, zunächst den Grundsatz des Gutglaubenserwerbs und somit den Erwerb anvertrauter Sachen zu untersuchen, bevor die Ausnahme – der Ausschluss des Gutglaubenserwerbs bei abhandengekommenen Sachen – betrachtet wird.

2. Anvertraute Kulturgüter

Ein umfassender Kulturgüterschutz setzt eine umfassende Eindämmung des Erwerbs eines Kulturgutes vom Nichtberechtigten voraus, so dass sich vorliegend die Untersuchung nicht – wie üblich – auf die gestohlenen Kulturgüter beschränkt, sondern auch die anvertrauten Kulturgüter mitumfasst. Gerade bei Kulturgütern stellt die bewusste und freiwillige Übergabe der Sache eine typische Gefährdungssituation dar. Ein Transfer der Kulturgüter stellt eine typische Gefährdungssituation dar und ermöglicht somit den ungewollten Eigentumsverlust durch den gutgläubigen Erwerb.

---

171 Westermann, Sachenrecht, § 45 V.

172 Vgl. zur Rechtslage in der Schweiz Weber, KUR 2012, 98; zum Ganzen Thorn, Karsten, Der Mobiliarerwerb vom Nichtberechtigten, S. 161 ff.

173 Ganz h. M., BGH, Urteil vom 6. Mai 2009, NJW 2009, 1947, 1949.

174 Thorn, Karsten, Der Mobiliarerwerb vom Nichtberechtigten, S. 161.

175 Im Einzelnen kann differenziert werden zwischen *Veranlassungsprinzip* nach Westermann, JuS 1963, 7 und *Gefahrtragungsgedanken*, Canaris, Die Vertrauenshaftung im deutschen Privatrecht, S. 479 ff.; Hübner, Der Rechtsverlust im Immobiliarsachenrecht, S. 103 ff.

Es ist daher der Frage nachzugehen, welche Anforderungen an die Besitzlage als Trägerin des Rechtsscheins und an den guten Glauben für den Erwerb der Kulturgüter zu stellen sind.[176] Einigkeit besteht weitgehend darüber, dass die Kulturgüter eine Sonderstellung einnehmen: Wie weit sie geht und an welchen Kriterien sie gemessen wird, soll im Folgenden untersucht werden.

a. Ausgewählte Fallkonstellationen

Die Problematik der anvertrauten Kulturgüter beschränkt sich im Wesentlichen auf zwei Erscheinungsformen. Zum einen ist es der unfreiwillige Eigentumsverlust infolge der Leihgaben. Im Kunstbetrieb spielen Leihgaben eine zentrale Rolle, so dass viele Kulturgüter den damit verbundenen Gefahren ausgesetzt werden.[177] Zum anderen liegt die Gefährdung der Kulturgüter in der Verfügungsmöglichkeit im internen Museumsbetrieb.[178] Dabei soll keinesfalls eine Berufsgruppe unter Generalverdacht gestellt werden – vielmehr geht es darum, die Missbrauchsgefahr zu untersuchen und somit vorbeugend tätig zu werden, auch wenn diese Gefährdung in Deutschland nicht sehr stark ausgeprägt sein mag.

aa. Leihgaben

(1) Temporäre Leihgaben

Der temporäre Kulturgüteraustausch in Form eines Kunstleihverkehrs ist ein wesentlicher Tätigkeitsbereich der privaten und öffentlichen Museen und Sammlungen. Ein lebendiges museales Leben wäre nicht vorstellbar, wenn die Exponate auf die ständigen Ausstellungen begrenzt wären.

Die prominentesten Fälle im Zusammenhang mit Leihgaben sind mit Eigentumsansprüchen Dritter an verliehenen Gegenständen verbunden, v. a. dann, wenn eine grenzüberschreitende Leihe vorliegt und somit eventuell am Verleihort ein anderes Recht anwendbar ist.[179] Somit liegt diese Problematik nicht in der Natur der anver-

---

176 Bei der Tradition sind keine kulturgüterrechtlichen Besonderheiten erkennbar.

177 Auf die Frage der (völkerrechtlichen) Vollstreckungsimmunität der staatlichen Leihgaben soll hier aufgrund der Themeneingrenzung nicht näher eingegangen werden, s. dazu KG Berlin, Beschluss vom 05. März 2010, IPRax 2011, 594 ff. mit Anmerkungen von Weller, Vollstreckungsimmunität für Kunstleigaben ausländischer Staaten, IPRax 2011, 574 ff.

178 So sieht auch Mußgnug gerade in der Verfügungsmöglichkeit der Museumsleitung eine Lücke im zivilrechtlichen Kulturgüterschutz, Mußgnug, Museums- und Archivgut als „res extra commercium"?, in: Dolzer/Jayme/Mußgnug, Rechtsfragen des internationalen Kulturgüterschutzes, S. 199 ff.

179 Z. B. das Bildnis *Wally* von Egon Schiele, das als Leihgabe der Wiener Sammlung Leopold im *Museum of Modern Art* in New York im Jahr 1998 wegen Ansprüchen der Erben des früheren Eigentümers beschlagnahmt wurde und im Jahr 2010 nach einem Vergleich nach Wien zurückkam. Gewissermaßen vorbeugend leiht dagegen Russland seit der Entscheidung des Washingtoner Distriktgerichts am

trauten Kulturgüter und damit verbundener Möglichkeit des gutgläubigen Erwerbs. Vielmehr leiten Dritte ihre Ansprüche aus der früher begründeten Eigentümerposition her, die wegen des Wechsels des anwendbaren Rechts wieder Beachtung findet.[180]

Allerdings sind die verliehenen Kulturgüter auch gerade aufgrund der Freiwilligkeit der Besitzüberlassung gefährdet, die ihre wirksame Weiterveräußerung erst ermöglicht. Zwar bleiben den Parteien vertragliche Ansprüche erhalten, doch sind wegen der Sonderstellung der Kulturgüter gerade sachenrechtliche Ansprüche wichtig, die unmittelbar auf die Herausgabe gerichtet sind und einen stärkeren Schutz bieten. So z. B. im Fall eines amerikanischen Kunsthistorikers, der das Manuskript aus der *Bibliothek des Vatikans* im Jahr 1987 ausgeliehen und im Jahr 1995 zwei Seiten davon einem Buchhändler zum Weiterverkauf angeboten hatte.[181] Das Manuskript stammte aus dem 14. Jahrhundert und wurde mit eigenen Anmerkungen von Francesco Petrarca versehen, so dass dessen Wert auf 500.000 US-Dollar geschätzt wurde. Nach deutschem Recht wäre ein gutgläubiger Erwerb in diesem Fall möglich. Eine ähnliche Gefahr kann auch bei der Ausleihe der einzelnen Kulturgüter zu Restaurations- oder Forschungszwecken bestehen.

Solche Fälle finden in der Öffentlichkeit eine nicht so starke Resonanz wie die Diebstähle, doch kann man in der Museumspraxis davon ausgehen, dass das Fehlen einer öffentlichen Auseinandersetzung zwischen den Leihvertragsparteien eher auf die branchenübliche Diskretion als auf das Fehlen von Konflikten zurückzuführen ist.[182]

---

16. Januar 2013 (the US District Court for the District of Columbia), in der es zur Rückgabe der *Schneerson-Bibliothek* an die Erben verurteilt wurde, keine Kulturgüter in die USA aus. Sieben der Bücher wurden 1995 in die USA ausgeliehen und 2013 von der Russischen Föderation zurückverlangt. Die Bücher befinden sich zur Zeit in den USA, Stand: März 2017.

180 Darauf soll im internationalen Teil der Arbeit eingegangen werden, s. Kapitel 3 „Kulturgüterschutz bei grenzüberschreitendem Sachverhalt".

181 S. dazu: „Kunstprofessor bot entwendete Manuskriptseiten zum Kauf an", FAZ vom 24. Mai 1995, Nr. 120, S. 11.

182 S. dazu Boos, Kulturgut als Gegenstand des grenzüberschreitenden Leihverkehrs, S. 29. Etwas irrational erscheint dagegen das Beispiel aus der neuesten deutschen Museumsgeschichte. Die *Pinakothek* in München verweigerte die Ausleihe des Selbstbildnisses von Alfred Dürer zu der Ausstellung des *Germanischen Nationalmuseums* in Nürnberg 2012 (s. dazu bereits III.3.a.bb. „Dauerhafter Zugang am Beispiel des Kulturgütertransfers"). Zwar wurden restauratorische Gründe angeführt, die dem Transport des Bildes entgegenstehen dürften, doch die Hitzigkeit der Debatte nährte den Verdacht, es ginge vielmehr um die Frage, wo dieses Bild „hingehört" (zudem andere Bilder des Meisters aus einer weiteren Entfernung wie bspw. den USA eingeführt worden waren). Das Irrationale an den Befürchtungen der Nichtrückgabe war, dass die Ausleihe innerhalb Deutschlands an bestehenden Rechtsverhältnissen nichts ändern würde; es ist auch rein tatsächlich ausgeschossen, dass das *Germanische Nationalmuseum* in Nürnberg das Bild einfach nicht zurückgibt.

(2) Dauerleihgaben

Einen anderen typischen Fall stellen die dauerhaften Leihgaben durch Privatpersonen dar, die einen erheblichen Teil der ständigen musealen Ausstellungen ausmachen. Dieses Modell erfreut sich bei den Mäzenen einer großen Beliebtheit, da die Kulturgüter zwar (meistens auf Lebzeit begrenzt) in ihrem Eigentum verbleiben, die Kosten für ihre Instandhaltung und Versicherung allerdings auf die staatlichen Aussteller verlagert werden.

V. a. im Zusammenhang mit der Zeit des Nationalsozialismus gibt es zahlreiche Beispiele unfreiwilliger Kulturgüterverluste, als aus verschiedenen Gründen die (ggf. ursprünglichen) Eigentümer ihre Zugriffsmöglichkeit auf die Gegenstände verloren haben. Diese Fälle wirken bis in die Gegenwart hinein. Bei der Sammlung von Sophie Lissitzky-Küppers wurden die Bilder bspw. dem *Provinzialmuseum Hannover* als Dauerleihgabe anvertraut. Im Falle der Weiterveräußerung seitens des Museums hätten die Erben kaum Chancen, die von Dritten gutgläubig erworbenen Bilder zurückzubekommen.[183]

bb. Interner Museumsbetrieb

Anders als bei Leihgaben, wo die Qualifizierung eines Kulturgutes als anvertraute Sache unproblematisch ist, sind im Museumsbetrieb verschiedenste Fallkonstellationen möglich. Die Museen haben vielfältige Arten, sich zu organisieren: die Einrichtungen können staatliche oder kommunale Träger, öffentliche oder private Stiftungen, Vereine oder Einzelpersonen sein,[184] so dass dementsprechend auch die rechtliche Einordnung des Kulturgutes unterschiedlich ausfallen kann.

(1) Allgemeines

Bei bedeutenden Museen sind die großen Bestände oft nicht abschließend erfasst, wodurch der Missbrauch begünstigt wird. So sind z. B. die Bestände der *Eremitage* in Sankt Petersburg weitgehend nicht nur dem breiten Publikum, sondern auch

---

183 Tatsächlich ist der Fall etwas anders gelagert. Nachdem Sophie Küppers El Lissitzky einen russischen Maler jüdischer Abstammung geheiratet hatte, zog sie mit ihrem Mann nach Russland. Die Bilder, die im *Provinzialmuseum Hannover* (heute: *Niedersächsisches Landesmuseum Hannover*) als Dauerleihgabe ausgestellt waren, darunter mehrere Werke von Klimt und Kandinsky, wurden später als „entartete Kunst“ beschlagnahmt und galten zum größten Teil lange Zeit als verschollen. Der Sohn des Ehepaars führt bis zum heutigen Tag Rechtsstreite bezüglich seines Erbes. Der prominenteste Fall ist wohl das Bild *Sumpflegende* von Paul Klee, das sich im Besitz der Städtischen Galerie im *Lenbachhaus* in München befindet und dessen Restitution noch nicht abschließend geklärt ist. Das Bild gehörte nach dem Krieg zur *Sammlung Gurlitt*, wurde allerding bereits 1962 versteigert, s. dazu sogleich unter IV.2. „Sammlung Gurlitt“.

184 Vgl. Martin/Krautzberger/Martin, Denkmalschutz und Denkmalpflege, Teil D, Rn. 627.

den Wissenschaftlern unzugänglich – eine vollständige Inventarisierung ist nicht bekannt. Es ist ein offenes Geheimnis, dass v. a. in den neunziger Jahren auf den internationalen Auktionen mit Gegenständen aus der *Eremitage* gehandelt wurde. Aber auch in den USA wurde bspw. im Jahr 2012 das Bild *Sitzende Frau mit rotem Hut* von Picasso nach fünfzig Jahren in einem Museumsdepot im US-Bundesstaat Indiana wiederentdeckt.[185] Bei der Katalogisierung wurde der Name der Maltechnik – *Gemmaux* – für den Namen des Künstlers gehalten, weswegen das Bild lange unbeachtet blieb.

Dass die Bestände nicht vollständig erfasst sind, stellt allerdings kein rein ausländisches Problem dar: So wurden im Jahr 2011 im Ägyptischen Museum der Universität Leipzig im Rahmen eines Studentenpraktikums 44 Objekte entdeckt. Es handelt sich um spätantik-byzantinische Schätze des *Museums für Byzantinische Kunst* in Berlin (jetzt: *Bode-Museum*), die seit dem Zweiten Weltkrieg als verschollen galten.[186]

Ist eine vollständige Inventarisierung vorhanden, so wird der unbefugte Zugriff auf Kulturgüter im internen Museums- und Sammlungsbetrieb der Anstalten eher selten der Fall sein.

(2) Freiwilligkeit des Besitzwechsels

Für die Abgrenzung zwischen anvertrauten und abhandengekommenen Kulturgütern ist die Freiwilligkeit des Wechsels des unmittelbaren Besitzes entscheidend.[187] Wann sie vorliegt, ist den tatsächlichen Gegebenheiten in den Sammlungen zu entnehmen. Dabei ist grundsätzlich nach der Position des Verfügenden im Museumsbetrieb zu differenzieren. Ein *regulärer Mitarbeiter* wird regelmäßig als Besitzdiener fungieren, so dass dessen Weggabe das Abhandenkommen des Kulturgutes begründet und den Anwendungsbereich von §§ 932 ff., 935 BGB eröffnet. So verkaufte z. B. eine Bibliotheksangestellte in Niedersachsen wertvolle Urkunden und aus Büchern herausgetrennte Stahlstiche. Der gutgläubige Erwerb war in diesem Fall am Abhandenkommen der Kulturgüter gescheitert.[188]

---

185 S. dazu Süddeutsche Zeitung vom 18. August 2012, S. 16.

186 FAZ vom 07. Februar 2012, Nr. 32, S. 29.

187 S. dazu bereits oben Kapitel 2 II.1. „Abgrenzung an der Freiwilligkeit des Besitzwechsels".

188 OLG Celle, Urteil vom 10. Juli 2003, OLGR 2004, S. 70, s. dazu sogleich unter 4.a.bb. „Sonderfall: Interner Museums- und Archivbetrieb". Für die Qualifizierung der Wegnahme durch Besitzdiener als Abhandenkommen die h. M.: RG, Urteil vom 18. Mai 1909, RGZ 71, 248, 252 f.; Palandt/Bassenge § 935, Rn. 8; einschränkend Staudinger/Wiegand, § 935 Rn. 14; dagegen Siehr, KUR 2012, 87, 88 f. Einen vergleichbaren Fall gab es in der *Eremitage*, St. Petersburg, s. dazu „Kunstraub in der Eremitage – Familie unter Verdacht", spiegel.online vom 7. August 2006, http://www.spiegel.de/kultur/gesellschaft/kunstraub-in-der-eremitage-familie-unter-verdacht-a-430501.html, Stand: März 2017.

Bei einem *leitenden Mitarbeiter* dagegen wird die unmittelbare Sachherrschaft wohl anzunehmen sein. Denn nur der leitende Mitarbeiter kann die tatsächliche Gewalt über das Kulturgut ausüben, sein Dienstherr hat dann den mittelbaren Besitz inne. Veräußert dieser Mitarbeiter ein Kulturgut, so kommt es für den Erfolg des Geschäfts darauf an, ob der gute Glaube sich auf die Eigentümerposition des Mitarbeiters oder bloß auf seine Verfügungsbefugnis bezog. Im letztgenannten Fall ist ein gutgläubiger Erwerb nicht möglich. Da das Kulturgut nicht abhandengekommen war, kann es allerdings auch bei einer anschließenden Weiterveräußerung gutgläubig erworben werden und somit dem Museum endgültig verloren gehen.

Einen Unterfall davon bildet die Konstellation, bei der der leitende Mitarbeiter einer Einrichtung, die als juristische Personen durch ihre Organe Besitz ausübt (z. B. Verein), *das ausübende Organ* des Museums bildet. Der unmittelbare Besitz eines solchen Mitarbeiters ergibt sich dann aus der Organisationstruktur des Museums, so dass es bei der Abgrenzung zwischen den anvertrauten und abhandengekommenen Kulturgütern ebenfalls auf dessen Willen ankommt.[189] Im Unterschied zum obigen Fall wird das Verhalten des verfügenden Museumsmitarbeiters dem Museum zugerechnet, so dass der Eigentümerwechsel unmittelbar nach §§ 929 ff. BGB stattfindet. Eine solche Veräußerung ist auch dann wirksam, wenn der Verfügende die interne Verfügungsbefugnis, also lediglich das rechtliche Dürfen, missbraucht.[190] Waren die entscheidenden Gremien des Museums wie z. B. ein Beirat mit dem Verkauf nicht einverstanden, so haben sie keine Möglichkeit, das Kulturgut zurückzuerhalten.[191] Die Mechanismen des Sachenrechts zum Schutz des Eigentümers greifen nicht.

b. Rechtsscheinwirkung des Besitzes

aa. Allgemeines

Der gutgläubige Erwerb vom Nichtberechtigten basiert auf einer scheinbaren, mit der Wirklichkeit nicht übereinstimmenden Rechtslage, auf die der Erwerber vertraut. Der Besitz des Veräußerers an der Sache begründet den Rechtsschein des Eigentums des Veräußerers, so dass der Erwerber schutzwürdiger als der ursprüngliche Eigentümer ist. So besagt die Rechtsprechung des BGH:

---

189 H. M. MüKo/Oechsler BGB, § 935 Rn. 6; anders Staudinger/Wiegand, § 935, Rn. 15, der das Abhandenkommen beim Organbesitz dann bejaht, wenn die Gebundenheit gegenüber der juristischen Person nach außen offensichtlich erkennbar sei, was dann der Fall ist, wenn jegliche Zweckdienlichkeit auszuschließen ist.

190 MüKo/Schramm BGB, Vor §§ 164 ff., Rn. 38.

191 Insofern fühlt sich Mußgnug in der Ansicht bestätigt, dass insbesondere der Missbrauch der Vollmachten im Museumsbetrieb nur dann erfasst werden kann, wenn die Kulturgüter zu *res extra commercium* erklärt werden, Mußgnug, Museums- und Archivgut als „res extra commercium"?, in: Dolzer/Jayme/Mußgnug, Rechtsfragen des internationalen Kulturgüterschutzes, S. 199, Fn. 3.

Der Rechtsgrund für den gutgläubigen Erwerb nach § 932 BGB ist immer ein auf dem Besitz beruhender Rechtsschein, auf den der Erwerber sich verlassen durfte.[192]

Es handelt sich um einen Vertrauenstatbestand. Dabei wird dem Gedanken des Verkehrsschutzes Rechnung getragen, der sich seinerseits aus dem Grundsatz der Privatautonomie ableitet.

Die Vorstellung des Erwerbers wird dann geschützt, wenn sie sich auf eine Sachlage gründet, die den Veräußerer objektiv als Berechtigten erscheinen lässt.[193] Heutzutage scheint bei beweglichen Sachen die Intensität des Rechtsscheins des Besitzes geschwächt zu sein. Die tatsächlichen wirtschaftlichen Gegebenheiten, die sich rechtlich bspw. in Form von Eigentumsvorbehalt oder Sicherungsübereignung äußern, basieren gerade auf dem Auseinanderfallen von Besitz und Eigentum. So lässt sich z. B. durch die zunehmende Verbreitung des Kraftfahrzeug-Leasings nicht mehr ohne Weiteres vom Besitz eines Pkws auf sein Eigentum schließen. Auch bei Betrachtung gestufter Besitzverhältnisse, bei denen eine verfälschte Publizität geschaffen wird, ist das Auseinanderfallen von Besitz und Eigentum evident. Insgesamt erscheint es nur als sachgerecht, die Rechtsscheinfunktion des Besitzes an die tatsächlichen wirtschaftlichen Gegebenheiten anzupassen und somit einzugrenzen.[194]

Über diese Diskrepanz kann auch § 1006 BGB nicht hinweghelfen. Demnach wird zwar zu Gunsten des (früheren) Besitzers vermutet, dass er auch der Eigentümer der Sache ist. Allerdings bildet diese Regelung eine prozessuale Erleichterung, die eine widerlegbare (und somit auch durch geringe Anforderungen begründbare) Vermutung begründet. Dies allein kann nicht einen materiell-rechtlichen Rechtsschein begründen.[195]

---

192 BGH, Urteil vom 5. Mai 1971, BGHZ 56, 128: Für §§ 933 ff. BGB ist dementsprechend die Besitzverschaffungsmacht entscheidend. Den Ausgangsfall bildet jedoch weiterhin der Besitz der Sache und daran anknüpfendes Vertrauen.

193 Giehl, AcP 161 (1962), 357, 363, dahingehend auch schon Jacobi, Das Wertpapier als Legitimationsmittel, 1906, S. 47.

194 Im Allgemeinen wird der Funktionsverlust des Besitzes, wenn auch mit unterschiedlichem Ausmaß, weitgehend anerkannt: BGH, Urteil vom 13. Mai 1996, NJW 1996, 2226; OLG Düsseldorf, Urteil vom 18. November 1998, NJW-RR 1999, 615, 616; OLG München, Urteil vom 29. November 1956, JZ 1957, 444 f.; MüKo/Quack BGB, 4. Aufl., § 932 Rn. 1; Hager, Verkehrsschutz durch redlichen Erwerb, § 7 II 1a). Allerdings ist die Diskussion nicht neu: Schon in den Motiven zum BGB wurde das Vertrauen auf den Besitzstand mit der Begründung angezweifelt, es komme sehr häufig vor, dass der Eigentümer und der Besitzer nicht personenidentisch seien, Motive III, S. 348.

195 So auch BGH, Urteil vom 5. Juli 1967, NJW 1967, 2008; Bauer, Zur Publizitätsfunktion des Besitzes bei Übereignung von Fahrnis, in: FS Bosch, S. 11; Rebe, AcP 173, 193 f.; Hager, Verkehrsschutz durch redlichen Erwerb, § 7 II 1c); Kindl, Rechtsscheintatbestände, § 16 IV.) II.); Picker, AcP 188 (1988), 511, 552 ff.; a. M. Erman/A. Schmidt, vor § 932 ff.; Soergel/Mühl, § 932 Rn. 1.

bb. Besonderheiten bei Kulturgütern: keine Rechtsscheinfunktion des Besitzes

Der allgemeine Funktionsverlust des Besitzes hat sich an Kulturgütern manifestiert. Der Besitz als Rechtsscheinträger steht aufgrund soziologischer und politischer, aber auch ökonomischer Entwicklungen mit der Rechtswirklichkeit nicht mehr in Einklang. Heutzutage ist es in der Praxis gang und gäbe, dass die Provenienz oder sonstige Nachweise für die Fehlerfreiheit des Eigentums beim Kulturgütererwerb verlangt werden – das bloße Besitzen eines Kulturgutes ist nicht mehr ausreichend. Eine Offenlegung solcher Information ist inzwischen tatsächlich verkehrsüblich und die Zeiten, in denen der allgemeine Kunsthandel im Verborgenen betrieben wurde, sind vorbei.

(1) Änderung im Umgang mit Kulturgütern

Eine Veränderung im Umgang mit den unrechtmäßig erworbenen Kulturgütern war ein langwieriger Prozess. Schon in der Antike war im Kriegsrecht die Kunstbeute eine anerkannte Trophäe. Bis in die neunziger Jahre wurde beim Kunsthandel ein größerer Wert auf die Authentizität als auf die Provenienz gelegt.[196] Aus der neueren Zeit ist das stärkste Stimmungswechselbarometer der international veränderte Umgang mit den während des Nationalsozialismus entzogenen Kunstwerken: So wurde Anfang der neunziger Jahre bekannt, dass französische Museen jahrzehntelang in ihren Beständen Kunstwerke geführt haben, die aus während der NS-Zeit geplünderten jüdischen Sammlungen stammten und nach Sicherstellung durch die Alliierten den Museen lediglich treuhänderisch übergeben wurden. Die Reaktion von den führenden Mitarbeitern des *Louvre* war zunächst die Suche nach juristischen Mitteln, die Herausgabe zu verhindern.[197] Die spektakulären Beschlagnahmen und Rückgabeprozesse, in die bekannte Museen und Auktionshäuser involviert waren – Rückgabe der Klimt-Werke an die Bloch-Bauer-Erben, des Kirchner-Bildes an die Hess-Erben, der Bilder Alter Meister an die Goudstikker-Erben – haben zu einem Umdenken in Sachen Provenienz geführt. So gibt es in Deutschland zunehmend spezielle Forschungsprojekte, die sich mit der Prüfung der Provenienz an Museen und Sammlungen beschäftigen, z. B. die *Arbeitsstelle für Provenienzforschung* (*Staatliche Museen zu Berlin*), entsprechende Projekte gibt es auch an der *Hamburger Kunsthalle* und den *Bayerischen Kunstgemäldesammlungen*. Dieser Prozess betraf zuerst nur den Umgang mit der NS-Raubkunst, später wurde die Öffentlichkeit auch hinsichtlich sonstiger Kulturgüter mit zweifelhafter Herkunft sensibilisiert. Die lückenlose Provenienz des Kulturgutes wurde zur notwendigen Voraussetzung für den sicheren und rufschonenden Kunsthandel.[198]

---

196 Schnabel/Tatzkow, Handbuch Kunstrestitution, S. 24.

197 Vgl. Schnabel/Tatzkow, Handbuch Kunstrestitution, S. 25.

198 Eine sichere Provenienz hat für den Erwerber auch einen anderen Vorteil – die Urheberschaft der Kunstwerke kann besser nachvollzogen werden, vgl. dazu den Fall *Sammlung Jägers*, in dem eine erfundene und – merkwürdigerweise – von den Beteiligten nicht angezweifelte Provenienz in Form der „Sammlung Werner

Auch andere gesellschaftliche und technische Veränderungen haben zu mehr Transparenz beigetragen. Im Globalisierungs- und Informationszeitalter ist die Verschleierung der Herkunft eines Kulturgutes schwieriger geworden. Das Internet erlaubt eine schnelle anfängliche Klärung, ob ein Kulturgut in einem Verlustregister aufgeführt ist oder zumindest ein Verdacht besteht, dass es sich um Raubkunst handeln könnte.[199]

(2) Neue gesetzliche Regelungen

Zusätzlich gibt es neue rechtliche Verpflichtungen zur Offenlegung der Veräußerungskette. So wurden durch das im Jahr 2007 in Kraft getretene Kultgüterrückgabegesetz, das der Umsetzung der UNESCO-Konvention und Richtlinie 93/7/EWG dient, umfangreiche Aufzeichnungspflichten im Kunst- und Antiquitätenhandel sowie im Versteigerungsgewerbe geschaffen.[200] Dabei bestimmt das Gesetz im § 18 Abs. 1 KultgRückG, die Beschreibung des Kulturgutes, dessen Ursprung und Preis, aber auch Parteien (Veräußerer, Einlieferer, Erwerber und Auftraggeber) festzuhalten. Auch die Umsetzung der Folgerechtrichtlinie 2001/84/EG[201] mit dem fünften Gesetz zur Änderung des Urheberrechtsgesetzes[202] sowie die Rechtsprechung des BGH[203] stärken das Auskunftsrecht des Künstlers zur Weiterveräußerung seiner Kunstwerke, um seine Partizipation an deren wirtschaftlichem Erfolg zu verbessern. Alle diese Neuerungen sensibilisieren die Marktteilnehmer und führen dazu, dass der Herkunftsnachweis zum Regelfall geworden ist.

(3) Kein überwiegendes Verkehrsinteresse

Unter dogmatischen Gesichtspunkten kann der Besitz am Kulturgut ebenfalls nicht als ausreichender rechtsscheinbegründender Tatbestand angesehen werden. So wird v. a. der Schutz des Güterverkehrs als Legitimation für den Gutglaubenserwerb herangezogen.[204] Demnach gebe das allgemeine Interesse an Sicherheit und Leichtigkeit des Rechtsverkehrs einen ausreichenden Grund für die Schwächung des Eigentums, die sich in der Gefahr eines Eigentumsverlustes an freiwillig weggegebenen Sachen realisiert. Das Verkehrsinteresse kann allerdings den auf der Rechtsscheinfunktion des Besitzes basierenden Gutglaubenserwerb bloß recht-

---

Jägers“ den Fälschungen den Zugang zum Markt ermöglicht hat, s. dazu bereits Kapitel 1.III.3.b.aa. „Wissenschaftliche Erschließung“.

199 Die bekanntesten Online-Datenbanken: www.artloss.com (Art Loss Register), www.invaluable.com (Invaluable), Stand: März 2017.

200 BGBl. I Nr. 21 S. 757 vom 23. Mai 2007, s. dazu sogleich unter 4.b.bb. „Besonderheiten bei Kulturgütern“.

201 ABl. L 272 vom 13. Oktober 2001, S. 32–36.

202 Das Gesetz vom 10. November 2006, BGBl. I Nr. 52 S. 2587–2588.

203 BGH, Urteil vom 17. Juli 2008, NJW 2009, 765 – *Sammlung Ahlers.*

204 Motive III S. 344; Zweigert, RabelsZ 23, 1, 14 f.; Hager, Verkehrsschutz durch redlichen Erwerb, § 7 I. 2; Rebe, AcP 173 (1973), 186, 187 ff.

fertigen, jedoch nicht begründen. Der Verkehrsschutzgedanke wird erst durch das Bestehen eines objektiven Rechtsscheintatbestandes überhaupt verwirklicht. Fehlt es an einem solchen Rechtsschein, so gibt es keine Grundlage für die Begründung eines Verkehrsinteresses. Für Kulturgüter kann somit dieses Prinzip keine Abhilfe schaffen.

Darüber steht das Verkehrsinteresse beim Umgang mit Kulturgütern nicht im Vordergrund. Verkehrsschutz genießt hier ein weitaus geringeres Gewicht als bei sonstiger Ware.[205] Zwar trägt der kulturelle Austausch zu Völkerverständigung und Verbreitung der Kultur bei und ist damit erstrebenswert. Allerdings dürfen allein die Umlaufbegünstigung und damit letztendlich die kommerziellen Interessen bei der Behandlung von Kulturgütern nicht ausschlaggebend sein. Der an das Handelsrecht angelehnte Verkehrsgedanke[206] stellt das Interesse der Allgemeinheit am reibungslosen Handel vor das Eigentumsinteresse des Individuums. Dieses Ordnungsinteresse an sicherem Geschäftsverkehr muss allerdings bei den Kulturgütern in den Hintergrund treten. Das allgemeine Interesse – das sich hier wiederum mit dem Interesse des Eigentümers deckt – besteht vielmehr darin, einen geregelten Kulturgütertransfer zu garantieren und damit letztendlich das kulturelle Erbe zu schützen. Das Interesse des einzelnen Erwerbers und somit des Verkehrs darf dagegen keine entscheidende Rolle spielen. Das allgemeine Prinzip des Kulturgüterschutzes, die Teilhabe der Allgemeinheit an den Kulturgütern zu gewährleisten, wird durch die Schwächung des Verkehrsinteresses nicht tangiert, da Kulturgüter weiterhin dem wirtschaftlichen Gebrauch nicht entzogen werden.[207] Insofern bedarf das vorherige Ergebnis auch unter Anwendung des Grundsatzes des Verkehrsschutzes keiner Korrektur.[208]

(4) Zusammenfassung

Die öffentliche Aufmerksamkeit in Bezug auf das Schicksal der Kulturgüter und deren Eigentümer, unterstützt durch die starke mediale Resonanz, hat zum Umdenken im Umgang mit Kulturgütern geführt. Es wurde das Vertrauen erschüttert, das durch den Besitz in die Eigentümerstellung suggeriert wurde. Die Rechtsscheinfunktion des Besitzes an Kulturgütern wird de facto nicht mehr ausreichend erfüllt. Die

---

205 Vgl. Armbrüster, NJW 2001, 3581, 3582; Müller-Katzenburg, Internationale Standards im Kulturgüterverkehr, S. 283.

206 Motive III, S. 344: „auf die Übereinstimmung mit den Vorschriften des HGB ist der größte Werth zu legen."

207 Vgl. dazu bereits Kapitel 1.III.3. „Teilhabe der Allgemeinheit an Kulturgütern".

208 Auf den germanisch-deutschrechtlichen Grundsatz *Hand wahre Hand*, wonach der Eigentümer seine Sache nur von demjenigen herausverlangen kann, dem er die Sache anvertraut hat, soll hier nicht eingegangen werden. Zum einen ist es umstritten, ob die Gutglaubensvorschriften des BGB tatsächlich in diesem Prinzip wurzeln, ablehnend Rebe, AcP 173 (1973), 186, 190 f. Zum anderen würde die geschichtliche Entwicklung nichts über die heutige Begründung des gutgläubigen Erwerbs durch die Rechtsscheinwirkung des Besitzes aussagen.

tatsächlichen Entwicklungen in der Verkehrsauffassung haben der bisher bewährten Rechtsscheinbasis die rechtstatsächliche Geltungsgrundlage entzogen. Der bloße Besitz an Kulturgütern reicht *de lege lata* als Anknüpfungstatbestand für den guten Glauben nicht aus.

c. *Qualifizierte Besitzlage*

Da es sich beim Gutglaubenserwerb um einen Vertrauenstatbestand handelt, bedarf es eines ausreichenden Rechtsscheinträgers. Wie bereits aufgezeigt, kann heutzutage dem bloßen Besitz an Kulturgütern eine solche Funktion nicht mehr zufallen. Bei einer konsequenten Auslegung des Gesetzes kann eine Anscheinswirkung nur durch zusätzliche Merkmale begründet werden. Es ist somit zu untersuchen, welche äußeren Merkmale geeignet sind, eine solche qualifizierte Besitzlage herbeizuführen.

Eine höchstrichterliche Entscheidung zeigt, dass das Erfordernis zusätzlicher Anscheinsmerkmale bei bestimmten Unterfallgruppen bereits anerkannt wird:

> beim Kauf gebrauchter Kraftfahrzeuge [begründet, Anm. d. Verf.] der Besitz desselben allein nicht den für den Gutglaubenserwerb nach § 932 BGB beziehungsweise § 366 HGB erforderlichen Rechtsschein.[209]

Hier zieht die Rechtsprechung den Kfz-Brief als zusätzlichen Rechtsscheinträger heran.[210]

Problematisch ist jedoch, dass in derselben Entscheidung der Kfz-Brief wiederum als Anknüpfungspunkt für den guten Glauben – und nicht als Basis für den Rechtsschein – dient.[211] Die Vermischung von Rechtsscheinträgern und Voraussetzungen für guten Glauben ist dogmatisch unsauber und führt zu Rechtsunsicherheiten.[212] Vorliegend soll zunächst auf die Anscheinsmerkmale eingegangen werden.

aa. Beispiel: Register

Im Kulturgüterschutz wird das Registerprinzip – wenn auch unterschiedlich dogmatisch hergeleitet – als geeigneter Anhaltspunkt für den Gutglaubenserwerb

---

209 BGH, Urteil vom 13. Mai 1996, NJW 1996, 2226, 2227.

210 BGH, a. a. O.

211 BGH, a. a. O. Vgl. auch Kindl, der festhält, dass im Ergebnis kein Unterschied zwischen den beiden Auffassungen bestehen dürfe, da die Gerichte die Branchenüblichkeit jedenfalls beurteilen können, Kindl, Rechtsscheintatbestände, § 16 V.) 1.). Etwas zu weitgehend, da auf alle beweglichen Sachen bezogen: Hübner, Der Rechtsverlust im Mobiliarsachenrecht, S. 89 ff.; Bauer, Zur Publizitätsfunktion des Besitzes bei Übereignung von Fahrnis, in: FS Bosch, S. 1, 18 f.; Rebe, AcP 173, 195 f. (wobei Rebe den Besitz nicht mal für erforderlich hält); Giehl, AcP 161, 374 f.

212 S. zu der notwendigen sauberen Trennung zwischen der Rechtsscheinbasis und den Anforderungen an die Gutgläubigkeit sogleich unter Kapitel 2.II.2.d.bb „Besonderheit bei Kulturgütern".

angesehen.[213] In einem solchen Register werden abhandengekommene Kulturgüter systematisch erfasst. Zu den wichtigsten Verlustregistern gehört das *International Art & Antique Loss Register Ltd.* (Außenstelle in Köln), das von der *International Foundation for Art Research* (IFAR), *Sotheby's*, *Christie's* und anderen begründet wurde, aber auch die von der deutschen Koordinierungsstelle betriebene *Lost Art Database* (nur auf NS-bedingte Kulturgutverluste beschränkt),[214] die Interpol-Datenbank[215] sowie museumseigene Datenbanken. Die Führung von Registern gestohlener Kulturgüter ist sinnvoll und förderungswürdig. Derartige datenverarbeitungsgestützte Recherchesysteme sind geeignet, die abhandengekommenen Kulturgüter schnell zu melden und damit deren Status publik zu machen. Ein Registereintrag schafft auch eine Vertrauenslage, so dass er als Anscheinsmerkmal geeignet ist.

Ein einheitliches Verlustregister wurde allerdings noch nicht geschaffen und ein solches Vorhaben wird wohl kaum umsetzbar sein. Ein Verwaltungsaufwand wäre enorm, was die Vereinheitlichung gerade auf der internationalen Ebene nahezu unmöglich macht.[216] Aufgrund der noch nicht vorhandenen flächendeckenden Verwendung und einer Vielzahl von gleichgestellten Registern ist also ein solcher Registerauszug als alleiniges Anscheinsmerkmal kaum geeignet.

bb. Weitere Beispiele

(1) Stammbaum

Als Anscheinsmerkmal könnte weiterhin ein sog. *Stammbaum* des Kulturgutes geeignet sein, wie dies vor der NS-Zeit und dem Zweiten Weltkrieg praktiziert wurde.[217] In einem solchen Stammbaum wurden die Voreigentümer lückenlos aufgeführt. Auch hier besteht das Problem, dass solche Stammbäume inzwischen keine nennenswerte Verbreitung genießen und somit nicht geeignet sind, eine qualifizierte Besitzlage ausschließlich herbeizuführen.

(2) Kunstobjekt-Brief

Dahingehend, obwohl in einem anderen Zusammenhang dargestellt, kann der Vorschlag *de lege ferenda* verstanden werden, einen *Kunstobjekt-Brief* einzufüh-

---

213 Europäisch dahingehend der Vorschlag der Schaffung eines spezifischen Moduls des sog. IMI-Systems (Binnenmarktinformationssystems), s. Präambel, Punkt 11 der Richtlinie 2014/60/EU des Europäischen Parlaments und des Rates vom 15. Mai 2014; international: ausdrücklich in der Präambel der Unidroit-Konvention.

214 Vgl. eine aktuelle Entscheidung zum Anspruch auf Löschung des Eintrags, OVG Sachsen-Anhalt, Urteil vom 23. Oktober 2013, KUR 2014, S. 22 ff.

215 www.interpol.int/Crime-areas/Works-of-art/Works-of-art, Stand: März 2017.

216 S. dazu ausführlich Walter, Rückführung vom Kulturgut im internationalen Recht, S. 199.

217 Schnabel/Tatzkow, Handbuch Kunstrestitution, S. 22.

ren.[218] In einem solchen Brief würden neben der Herkunft alle Erwerbsvorgänge authentisch bezeugt werden. Grundsätzlich würde dies zu mehr Transparenz im Handel führen. Allerdings haben die meisten Kunstwerke ein „bewegtes" Leben, in dem ein Eigentümer- und Aufenthaltsortwechsel häufiger stattfindet, so dass ein solcher Brief nur dann sinnvoll wäre, wenn er von einer internationalen Organisation ausgestellt würde. Die Schaffung einer solchen Stelle scheint zumindest zum jetzigen Zeitpunkt kaum umsetzbar. Eine eventuell denkbare Parallele mit dem Kraftfahrzeugbrief hinkt auch deshalb, weil, anders als beim Pkw, die Umlauffähigkeit der Kulturgüter trotz des erwünschten Kulturaustausches nicht im Vordergrund steht.[219] Insgesamt würde die Einführung eines solchen Briefes einen unnötigen Verwaltungsaufwand bedeuten, ohne dass der Kulturgüterschutz dadurch wesentlich verbessert würde.

(3) Objekt-ID

Eine Abwandlung davon stellt eine sog. *Object Identification* (Objekt-ID) dar, die eine digitale Identifizierung und Erfassung der Sammlungsbestände ermöglicht.[220] Ein Pilotprojekt mit Objekt-ID wurde 2006 am *Royal Tropical Institute* in Amsterdam präsentiert.[221]

Bei Anwendung solcher Techniken wird im Allgemeinen die fehlende technische Ausrüstung vor Ort, gerade in ärmeren Ländern, bemängelt. Die neusten Erfahrungen in der IT-Branche zeigen allerdings, dass in diesen Ländern die breite Bevölkerung die Stufe der PC-Nutzung mit einem festen Internetanschluss übersprungen und gleich zu mobilen Alternativen übergegangen ist.[222] Solche strukturellen Bedingungen müssen bei der Programmentwicklung berücksichtigt werden, ansonsten steht grundsätzlich der Nutzung der IT-Programme weltweit nichts mehr im Wege. Allerdings kann auch dieser Vorschlag erst in der Zukunft umgesetzt werden und ist zudem von Anfang an nur auf Sammlungsbestände und nicht auf Privatbesitz anwendbar, so dass eine Objekt-ID allein keine rechtsscheinbegründende Wirkung entfalten kann.

---

218 Hanisch, Internationalprivatrechtliche Fragen im Kunsthandel, FS Müller-Freienfels, S. 193, 223 f., dort allerdings als Anhaltspunkt für den guten Glauben.

219 S. dazu bereits b.bb.(3) „Kein überwiegendes Verkehrsinteresse".

220 Ähnlich wie mit dem Fahrzeug-Brief geht auch hier die Automotive voraus, indem zumindest bei führenden deutschen Marken jedem Kraftfahrzeug eine ID-Nummer bereits zugeordnet wird.

221 S. zum Projekt: www.culturalheritageconnections.org/wiki/Object_Identification, Stand: März 2017.

222 Es sollen bereits 80 % der Weltbevölkerung über mobiles Internet verbunden sein, Dominik Drutschmann, Konkurrenzkampf von Google und Facebook am Himmel angekommen, Der Tagesspiegel vom 6. Dezember 2014, abrufbar unter: http://www.tagesspiegel.de/medien/mit-ballons-und-drohnen-konkurrenzkampf-von-google-und-facebook-ist-im-himmel-angekommen/11082108.html, Stand: März 2017.

cc. Bestimmung der qualifizierten Besitzlage bei Kulturgütern

Unabhängig davon sind weitere Beispiele denkbar, die als zusätzliche Anscheinsmerkmale dienen könnten. Ein Auszug aus einem offiziellen Verlustregister, Export-/Importpapiere, eine Auskunft der Provenienzstelle der Bundesregierung, ein glaubwürdiger sonstiger Herkunftsnachweis (Quittungen, Lieferscheine, Versicherungsnachweise) sind jeder für sich geeignet, den Veräußerer nach den Regeln des Lebens als Berechtigten erscheinen zu lassen. Abstrahiert man diese Merkmale, so ist auf die Verkehrsüblichkeit abzustellen.[223] Als Definition für ein *zusätzliches Anscheinsmerkmal* könnte folgender Vorschlag dienen:

> Ein Merkmal ist dann geeignet, eine Anscheinswirkung mitzubegründen, wenn es einen nach außen erkennbaren kunsthandelsüblichen Ausdruck der fehlerfreien Eigentümerstellung darstellt.

Zusammenfassend erscheinen alle oben genannten Umstände als zusätzliche Anscheinsmerkmale beim Kulturgütererwerb geeignet. Jeder positive Herkunftsnachweis sowie jede Negativauskunft aus einem einschlägigen Register lässt den Besitz am Kulturgut zu einer ausreichenden Vertrauensgrundlage erstarken. Als Definition für eine *qualifizierte Besitzlage* eines Kulturgutes könnte folgende Formulierung dienen:

> Für die Begründung des Rechtsscheins des Eigentums ist nach der Verkehrssitte in Kunstkreisen das Vorliegen eines zusätzlichen Merkmals notwendig, das einen äußerlich erkennbaren, kunsthandelsüblichen Ausdruck der fehlerfreien Eigentümerstellung darstellt.

d. Gutgläubigkeit

Der Erwerb vom Nichtberechtigten ist nur dann möglich, wenn der Erwerber im Zeitpunkt des Erwerbs gutgläubig ist. Dabei ist der Erwerber gemäß § 932 Abs. 2 BGB nicht im guten Glauben, wenn ihm bekannt oder infolge grober Fahrlässigkeit unbekannt ist, dass die Sache nicht dem Veräußerer gehört. Genau genommen hindert somit die Bösgläubigkeit den Erwerb, aus Gründen der sprachlichen Vereinfachung hat sich jedoch eine positive Umschreibung der Gutgläubigkeit durchgesetzt: „Guter Glaube ist der nicht grobfahrlässige Glaube an das Eigentum des Veräußerers".[224] Aus der Gesetzesformulierung „es sei denn" ergibt sich die Beweislastumkehr.

---

223 Ähnlich Bauer, Zur Publizitätsfunktion des Besitzes bei Übereignung von Fahrnis, in: FS Bosch, S. 1, 18; Hübner, Der Rechtsverlust im Mobiliarsachenrecht, S. 89 ff.; ähnlich Rebe, AcP 171 (1973), 186, 195 f., der allerdings den Besitz selber nicht immer für erforderlichen Anscheinstatbestand hält.

224 Die Definition von Wolff, in Wolff/Raiser, Sachenrecht, § 69 II 1.

aa. Allgemeine Anforderungen

Die Prüfung der positiven Kenntnis der Erwerbsumstände wird wohl keine Probleme aufwerfen. Juristisch sind vielmehr Fälle der grob fahrlässigen Nichtkenntnis interessant. Der Begriff der groben Fahrlässigkeit ist nicht legal definiert, so dass er näher untersucht werden muss.

(1) Fahrlässigkeit

Im Allgemeinen wird die Fahrlässigkeit definiert als Außerachtlassen der im Verkehr erforderlichen Sorgfalt, vgl. § 276 Abs. 2 BGB. Allerdings ist dieser Begriff im Rahmen des § 932 Abs. 2 BGB nicht i. S. von dessen üblicher Bedeutung als einer Verschuldensform beim positiven Tun oder Unterlassen zu verstehen, die sich auf eine Pflichtverletzung bezieht. Es handelt sich nicht um eine Rechtspflicht des Erwerbers, sich über die Eigentümerverhältnisse zu vergewissern, vielmehr erwächst ihm daraus der Nachteil, die Sache nicht erwerben zu können. Es wird also dadurch die Entstehung des Rechts ausgeschlossen.

(2) Grobe Fahrlässigkeit

Nach der geläufigen Definition ist grobe Fahrlässigkeit

> ein Handeln, bei dem die erforderliche Sorgfalt nach den gesamten Umständen in ungewöhnlich großem Maße verletzt worden ist und bei dem dasjenige unbeachtet geblieben ist, was im gegebenen Falle jedem hätte einleuchten müssen.[225]

Hier gilt somit ein objektiver Fahrlässigkeitsmaßstab, der durch die Typisierung konkretisiert wird.[226] Der objektive Ansatz ist auf den Vertrauensschutz im Verkehrsgeschäft zurückzuführen. Welche Anforderungen an die Sorgfalt des Erwerbers zu stellen sind, ist von den Erwerbsumständen abhängig – eine grundsätzliche Erkundigungs- und Nachforschungspflicht des Erwerbers gibt es allerdings nicht.[227]

Eine Konkretisierung des Begriffes der groben Fahrlässigkeit erscheint dadurch möglich, dass die Variabilität der Sorgfaltsanforderungen mit der Wechselwirkung zwischen dem Rechtsschein und dem Vertrauen erklärt wird.[228] Je geringer der Rechtsschein ist, desto höhere Anforderungen sind an die Sorgfalt zu stellen. Die Anforderungen können so hoch werden, dass daraus ausnahmsweise eine Erkundigungs- und Nachforschungspflicht erwächst.[229] Dabei wird teil-

---

225 BGH, Urteil vom 11. Mai 1953, BGHZ 10, 14, 16, st. Rspr.

226 Vgl. Staudinger/Wiegand, § 932, Rn. 49 ff.

227 BGH, Urteil vom 22. Juni 1966, NJW 1966, 1959, 1960; BGH, Urteil vom 5. Februar 1975, NJW 1975, S. 735, 736.

228 Staudinger/Wiegand, § 932, Rn. 37; Westermann, Sachenrecht, § 46 1.

229 H. M., vgl. nur Westermann, Sachenrecht, § 46 2 ff.; a. M. Huber NJW 1968, 1905, 1906. Die Bezeichnung wird allerdings uneinheitlich verwendet. So benutzt BGH

weise zwischen den Nachforschungspflichten mit oder ohne Verdachtssituation unterschieden.[230]

Berücksichtigt man allerdings die vorgeschlagene Systematik der zusätzlichen Anscheinsmerkmale, so ergibt sich eine Struktur, die die Beliebigkeit der Abgrenzung verhindert und Rechtssicherheit schafft. Dies wird bei der Untersuchung des guten Glaubens beim Erwerb von Kulturgütern deutlich.

bb. Besonderheiten bei Kulturgütern

(1) Konkretisierung der Sorgfaltsanforderungen

Der allgemeine Gedanke des besonderen Schutzes der Kulturgüter hat sich insoweit durchgesetzt, als dies Auswirkungen auf die Auslegung der Rechtsvorschriften hat. So werden bereits jetzt an den gutgläubigen Erwerb von Kunstwerken durch Nichtberechtigte strengere Anforderungen gestellt als bei den sonstigen Sachen.[231] Dabei wird teilweise eine grundsätzliche Erkundigungs- und Nachforschungspflicht gefordert oder sogar angenommen, wobei keine Einigkeit bei der Frage nach deren Art und Umfang besteht. So wird z. B. vorgeschlagen, dass die Erkundigungen gegenüber dem Veräußerer vorzunehmen seien; erst bei berechtigten Zweifeln oder ungeklärten Fragen seien weitere Nachforschungen zu unternehmen.[232] Andererseits wird allgemein im Kunsthandel eine typische Gefahrensituation angenommen,

---

beide Begriffe gleichwertig: *Nachforschungspflicht* im BGH, Urteil vom 9. Oktober 1991, NJW 1992, 310, *Erkundigungspflicht* im BGH, Urteil vom 1. Juli 1987, NJW-RR 1987, 1456, 1457. Zwar erscheint die Bezeichnung *Obliegenheit* sachgerechter, da es sich hierbei um keine echte Rechtspflicht handelt (vgl. dazu Schmidt, Die Obliegenheiten, S. 307), die Ansprüche aus einer Pflichtverletzung begründet, allerdings hat sich der Pflichtbegriff zumindest im kunstrechtlichen Bereich durchgesetzt, so dass er auch hier verwendet wird.

230 So ähnlich MüKo/Quack BGB, 4. Aufl., § 932 Rn. 41.

231 H. M.: BGH, Urteil vom 10. Januar 1973, Warn 1973 Nr. 3 – *Kykladenidol;* Müller-Katzenburg, Internationale Standards im Kulturgüterverkehr, S. 315; Schwadorf-Ruckdeschel, Rechtsfragen des grenzüberschreitenden rechtsgeschäftlichen Erwerbs von Kulturgütern, S. 175 ff.; Hanisch, Der Fall des Liotard und die nationale Zuordnung eines Kunstwerkes, in: Frank (Hrsg.), Recht und Kunst, S. 19, 36; Jayme, Rechtsbegriffe und Kunstgeschichte, in: Reichelt (Hrsg.), Neues Recht zum Schutz von Kulturgut, S. 12; Stoll, Sachenrechtliche Fragen des Kulturgüterschutzes in Fällen mit Auslandsberührung, in: Dolzer/Jayme/Mußgnug (Hrsg.), Rechtsfragen des internationalen Kulturgüterschutzes, S. 53, 59, 64; Siehr, Zivilrechtliche Fragen des Kulturgüterschutzes, in: Reichelt (Hrsg.), Internationaler Kulturgüterschutz, S. 41, 67; Armbrüster NJW 2001, 3581, 3585 f.; Finkenauer, KUR 2007, 96, 97 f.; a. M. Kunze, Hans, Restitution „Entartete Kunst", S. 171, 182 ff.

232 BGH, Urteil vom 10. Januar 1973, Warn 1973 Nr. 3 – *Kykladenidol.*

woraus eine echte Nachforschungspflicht erwachse.[233] Im Allgemeinen wird anerkannt, dass an den professionellen Handel sowie an die großen Privatsammler höhere Anforderungen zu stellen sind als an nicht so erfahrene Erwerber.[234] Im Übrigen wird auf die Umstände des Erwerbs wie die hohe Diskrepanz zwischen tatsächlichem Wert und bezahltem Preis[235] oder die Person des Veräußerers[236] abgestellt.

Die strengen Anforderungen an die Gutgläubigkeit sind beim Kulturgüterhandel überwiegend anerkannt und auch insgesamt lässt sich am Beispiel der Kulturgüter eine allgemeine Tendenz erkennen, die Rechtsscheinproblematik durch die Anpassung der Sorgfaltsanforderungen zu lösen.[237] Dies erscheint jedoch in einem solchen Pauschalisieren der gesetzlichen Wertung der § 932 ff. BGB nicht gerecht zu werden. Eine undifferenzierte Annahme umfangreicher Nachforschungspflichten würde die Beweislast nahezu umkehren, was mit dem Wortlaut des Gesetzes nicht mehr vereinbar wäre. Der objektiv täuschende Anscheinstatbestand und die Sorgfaltsanforderungen, bei denen die engeren Maßstäbe des einschlägigen Verkehrskreises maßgeblich sind, müssen voneinander streng getrennt werden. Es liegt auf der Hand, dass die Einordnung eines Merkmals zu der einen oder anderen Kategorie streitentscheidend sein kann, da die Beweislast unterschiedlich verteilt ist. Eine schwammige Abgrenzung zwischen einzelnen Anforderungen an die Gutgläubigkeit führt zur Rechtsunsicherheit und bietet eine Angriffsfläche für diejenigen, die eine Sonderbehandlung für Kulturgüter gänzlich ablehnen[238]. Die methodisch saubere Trennung würde auch die praktische Anwendung erleichtern und somit zur Verbesserung des Kulturgüterschutzes beitragen. Es kann also nicht dahingestellt bleiben, ob das Vorhandensein bestimmter Tatsachen dem Rechtsscheintatbestand oder der Gutgläubigkeit zugerechnet wird.

(2) Unterscheidung nach Besitzlage

Eine dogmatisch genaue Begründung von Pflichten sowie deren Abgrenzung untereinander lässt sich auch hier aus der Wechselwirkung zwischen der Zurechen-

---

233 MüKo/Quack BGB, 4. Aufl., § 932, Rn. 48; Armbrüster, NJW 2001, 3581, 3585; Finkenauer, KUR 2007, S. 96, 98; tendenziell Knott, Der Anspruch auf Herausgabe gestohlenen und illegal exportierten Kulturguts, S. 68.

234 Müller-Katzenburg, Internationale Standards im Kulturgüterverkehr, S. 320 ff.

235 BGH, Urteil vom 10. Januar 1973, Warn 1973 Nr. 3 – *Kykladenidol*, dort wurde eine Figur für 7.000 DM verkauft, obwohl der objektiver Wert zwischen 70.000 DM und 80.000 DM lag.

236 Strauch, Rechtsverhältnisse an Kulturgütern im internationalen Sachenrecht, S. 34.

237 So die Rspr. zum gutgläubigen Erwerb von Kraftfahrzeugen BGH, Urteil vom 21. Januar 1970, NJW 1970, 653; BGH, Urteil vom 23. November 1966, MDR 1967, 583; BGH, Urteil vom 2. Dezember 1958, MDR 1959, 207; BGH, Urteil vom 13. Mai 1996, NJW 1996, 2226.

238 So z. B. Kunze, Hans, Restitution „Entartete Kunst", S. 171 mit dem Hinweis, dass es für die Sonderbehandlung keine nähere Begründung gäbe.

barkeit der Rechtsscheinfunktion des Besitzes einerseits und der Gutgläubigkeit andererseits ableiten. Die Rechtsscheinwirkung des „einfachen" Besitzes an den Kulturgütern ohne zusätzliche Anscheinsmerkmale ist sehr gering und für den Gutglaubenserwerb nach §§ 932 ff. BGB nicht ausreichend; dafür bedarf es einer qualifizierten Besitzlage.[239] Aus dieser Tatsache ergeben sich zwei Gruppen mit unterschiedlichen Anforderungen an die Gutgläubigkeit:

Bei *qualifizierter Besitzlage* liegt von Anfang an ein zusätzlicher und ausreichender Rechtsscheinträger vor (z. B. in Form eines Provenienznachweises und/oder Registerauszuges). Das dadurch gewonnene Vertrauen begründet eine Gutglaubensvermutung, so dass seitens des Erwerbers keine Erkundigungs- oder Nachforschungspflichten bestehen.

Bei *einfacher Besitzlage* kommt als Rechtsscheinträger nur der Besitz des Kulturgutes in Frage. Hier besteht ausnahmsweise eine umfangreiche Nachforschungspflicht des Erwerbers. Nur die dadurch erworbenen Kenntnisse in Form von Eigentumsanzeichen können den einfachen Besitz zur objektiven Rechtsscheingrundlage erstarken lassen, die für den gutgläubigen Erwerb vom Nichtberechtigten erforderlich ist.

Es ist somit eine klare Grenze zwischen der im Rahmen des § 932 BGB üblichen Gutglaubensvermutung und der inzwischen breit anerkannten, aber eher vage definierbaren Nachforschungspflicht zu ziehen: Ein solcher Grenzpfahl bildet bei den Kulturgütern ein zusätzliches Anscheinsmerkmal.

e. Zusammenfassende Bewertung

Zusammenfassend lässt sich festhalten, dass bei anvertrauten Kulturgütern die Anforderungen an den gutgläubigen Erwerb sowohl seitens der Rechtsprechung als auch der Literatur hochgesteckt sind. Was im Ergebnis einheitlich ausfällt, wird jedoch unterschiedlich hergeleitet. Dogmatisch lässt sich eine solche Abkehr von dem allgemeinen Grundsatz der günstigen Beweislastverteilung i. S. d. § 932 Abs. 2 BGB durch die geminderte Rechtsscheinwirkung des Besitzes an Kulturgütern begründen. Nur bei Vorliegen einer durch die zusätzlichen Anscheinsmerkmale qualifizierten Besitzlage sind die Anforderungen an die Gutgläubigkeit die gleichen wie bei sonstigen Sachen. Ist dies nicht der Fall, so wandelt sich die Vermutung der Gutgläubigkeit in eine Nachforschungspflicht um, um den Anforderungen des Gutglaubenserwerbs zu genügen. Dabei handelt es sich um eine sachgerechte Korrektur des geltenden Rechts.

Der gutgläubige Erwerb anvertrauter Kulturgüter ist somit nach geltendem Recht auch vom Nichtberechtigten möglich. Mit den hier aufgestellten Anforderungen an die qualifizierte Besitzlage bzw. Nachforschungsobliegenheit wird er einen Ausnahmefall bilden, so dass keine Rechtsänderung notwendig ist.

239 S. dazu bereits oben unter 2.b. „Rechtsscheinwirkung" und 2.c. „Qualifizierte Besitzlage".

3. Sonderkonstellation: Erwerb im Kunsthandel

Der Handel mit Kulturgütern findet zum größten Teil professionell statt, so dass seine Besonderheiten vorliegend näher betrachtet werden sollen. Bei der Beurteilung des Erwerbs im Kunsthandel sind zwei Konstellationen zu unterscheiden.[240] Zum einen sind die erhöhten Anforderungen an Kunsthändler im Rahmen des gutgläubigen Erwerbs gemäß § 932 BGB zu untersuchen. Zum anderen ist die Privilegierung des Erwerbers im Rahmen des § 366 HGB zu berücksichtigen, wenn der Veräußerer ein Kaufmann ist. Diese beiden Aspekte können auch kumulativ vorliegen, woraus sich allerdings keine Besonderheiten ergeben.

a. Erwerber ist Kunsthändler

aa. Grundsätzliche Anforderungen

Als Kunsthändler ist nach allgemeinem Verständnis derjenige zu verstehen, der Werke der bildenden Kunst, Antiquitäten und Ähnliches in Galerien oder Antiquitätengeschäften, auf Kunstauktionen sowie auf Kunst- oder Antiquitätenmessen an- und verkauft.[241] Im Einzelfall kann die Abgrenzung zum Sammler schwierig sein. Als Indizien können der häufige Durchgangserwerb der Gegenstände, die Gewinnspanne, eine mit dem Verkauf einhergehende Beratung usw. dienen. Dabei kommt es grundsätzlich nicht auf die Gewerbsmäßigkeit der Tätigkeit an. Es wird verlangt, dass die besondere Sachkunde der Kunsthändler einen strengeren Maßstab erfordert, bis hin zur Annahme einer umfangreichen Erkundigungs- oder Nachforschungspflicht.[242] Im Einzelnen sind die Anforderungen allerdings umstritten.

Konsequenterweise soll auch hier zwischen einem geforderten – wenn auch notwendigen – umfassenden Kulturgüterschutz und der tatsächlich vorliegenden gesetzlichen Regelung streng unterschieden werden. Die grundsätzliche gesetzliche Beweislastverteilung darf nicht beliebig verändert werden. Entscheidend ist vielmehr der das Vertrauen begründende Rechtsschein. Nur wenn der Rechtsschein nicht ausreichend ist, müssen Nachforschungen angestellt werden.

bb. Unterscheidung nach Besitzlage

Folgerichtig ist nach der hier vertretenen Ansicht ebenfalls danach zu differenzieren, ob ein ausreichender Rechtsscheinträger in Form einer qualifizierten Be-

---

240 Der Begriff des Kunsthandels wird hier zum Zwecke sprachlicher Vereinfachung anstelle des Begriffs des Kulturgüterhandels verwendet.

241 Vgl. Kemle, Kunstmessen, S. 24; v. Detten, Kunstausstellung, S. 45 in Anlehnung an die Definition im Brockhaus.

242 Müller-Katzenburg, Internationale Standards im Kulturgüterverkehr, S. 319 f., wobei sie eine Gutglaubensvermutung gänzlich ablehnt.

sitzlage anvertrauter Kulturgüter vorliegt.[243] Ist das der Fall, so besteht keine Nachforschungspflicht. Ob ein Kunsthändler grob fahrlässig gehandelt hat, wird unter Berücksichtigung der besonderen Kenntnisse dieser Berufsgruppe zu entscheiden sein. Die Eigenschaft als Kunsthändler wird hier somit erst bei der Beurteilung der groben Fahrlässigkeit relevant. Dabei sind an die Sorgfaltspflichten des Kunsthändlers im Allgemeinen höhere Anforderungen zu stellen als bei sonstigen Erwerbern. Es wird erwartet, dass dieser entsprechende Fachzeitschriften liest, die maßgeblichen rechtlichen Bestimmungen kennt und insgesamt aufgrund seiner Erfahrung eher die Erwerbsumstände als verdächtig einstufen kann. Auch die selbstauferlegten Verhaltensregeln der Fachverbände können Berücksichtigung finden.[244] Dazu gehören die Richtlinien der Internationalen Vereinigung von Kunst- und Antiquitätenhändlern CINOA (*Conféderation Internationale des Negociants en OEvres d'Art*) oder des Internationalen Museumsrats ICOM (*International Council of Museums*).

Bei einfacher Besitzlage, in der der Rechtsschein ausschließlich durch Besitz begründet wird, hat der Kunsthändler dagegen die erforderlichen Erkundigungen und Nachforschungen einzuholen und dies auch nachzuweisen. Dabei stehen ihm kraft Berufszugehörigkeit sämtliche Informationsmöglichkeiten zur Verfügung. So kennt er zum Bespiel die gängigen Datenbanken, aber auch die Messen und Galerien, um tätig werden zu können. Bei einfacher Besitzlage wird der Umfang der Nachforschungspflicht durch die Besonderheiten dieser Personengruppe umfangreicher, so dass der Nachweis grober Fahrlässigkeit aufgrund der besonderen Sachkunde des Kunsthändlers regelmäßig leichter zu erbringen sein wird.

cc. Aufzeichnungs- und Buchführungspflichten

Die Kunsthändler unterliegen wie alle Kaufleute bestimmten Aufzeichnungs- und Buchführungspflichten. Die ergeben sich teilweise aus den handelsrechtlichen Bestimmungen (§§ 239 Abs. 4, 240, 241 HGB), teilweise aus dem Steuerrecht (§ 143 AO)[245]; für die Auktionshäuser ergeben sich zusätzlich die Pflichten aus der Versteigererverordnung.[246] Für bestimmte Kulturgüter, die in den Anwendungsbereich des KultgRückG fallen, ist ferner zu berücksichtigen, dass seit 2007 eine Aufzeichnungspflicht bei Erwerb oder Veräußerung im Kunsthandelsgewerbe besteht, wonach gemäß § 18 Abs. 1 S. 2 KultgRückG die einliefernde Person und der Erwerber identifiziert werden müssen (Kulturgüter i. S. d. § 18 Abs. 2 KultgRückG

243 S. dazu soeben unter 2. „Anvertraute Kulturgüter".

244 Müller-Katzenburg, Internationale Standards im Kulturgüterverkehr, S. 196 ff.; s. sogleich unter Kapitel 3.I.6. „Bindungswirkung der Selbstverpflichtungen".

245 Abgabenordnung vom 1. Oktober 2002, BGBl. I S. 3866, ber. I 2003 S. 61, zuletzt geändert am 18. Dezember 2013, BGBl. I S. 4318.

246 Verordnung über gewerbsmäßige Versteigerungen vom 24. April 2003 (BGBl. I S. 547), zuletzt geändert durch VO zur Anpassung gewerberechtlicher Verordnungen an die Dienstleistungsrichtlinie vom 9. März 2010 (BGBl. I S. 264).

i. V. m. Verordnung über die Ausfuhr von Kulturgütern[247]). Aus diesen Verpflichtungen können sich starke Indizien für die Gutgläubigkeit in Bezug auf die erfassten Kulturgüter ergeben, die Verpflichtungen sind aber nicht mit den Nachforschungsobliegenheiten gleichzusetzen, da die Pflichtverletzung bestimmte (v. a. straf- und steuerrechtliche) Sanktionen nach sich zieht, wogegen bei unterbliebenen Nachforschungen der dingliche Erwerb verhindert wird.[248]

dd. Privatsammler

Ähnliche Anforderungen sind an die Privatsammler zu stellen. Im Allgemeinen wird hier ebenfalls eine Nachforschungspflicht nur bei einem nicht ausreichenden Rechtsschein anzunehmen sein. Bei der Beurteilung der Gutgläubigkeit kann allerdings ein verschärfter Maßstab, ähnlich wie bei Kunsthändlern, gelten. Je professioneller ein Sammler vorgeht, desto höhere Anforderungen bis zu denen eines Kunsthändlers sind an die Sorgfalt zu stellen. Als Anhaltspunkte können dabei eine systematische Sammlertätigkeit, größerer Wert und Umfang der Sammlung sowie deren professionelle Betreuung dienen.[249]

Im Ergebnis steht der gutgläubige Erwerb durch Kunsthändler unter größeren Einschränkungen als bei Laien. Eine allgemeine Erkundigungs- und Nachforschungspflicht der Kunsthändler beim Erwerb sämtlicher Kulturgüter unabhängig von der Besitzlage gibt es dagegen nicht.

b. Veräußerer ist Kunsthändler

Ist der Veräußerer ein Kunsthändler, so gelten die allgemeinen Anforderungen der §§ 932 ff. BGB. Der Erwerb im Handelsverkehr ist allerdings noch zusätzlich privilegiert. Hier gewährt § 366 Abs. 1 HGB den Schutz des guten Glaubens auch an die Verfügungsmacht des Veräußerers, wenn ein Kaufmann im Betrieb seines Handelsgewerbes eine ihm nicht gehörige Sache veräußert. Eine solche Erweiterung des gutgläubigen Erwerbs ist aus der Perspektive des Kulturgüterschutzes problematisch und soll daher näher untersucht werden.

aa. Allgemeine Voraussetzungen

Die Privilegierung des Erwerbers im Rahmen des § 366 HGB setzt voraus, dass der Verfügende ein Kaufmann ist. Kaufmann ist nach §§ 1 ff. HGB grundsätzlich

---

247 Anhang der Verordnung (EG) Nr. 116/2009 des Rates vom 18. Dezember 2008 über die Ausfuhr von Kulturgütern (kodifizierte Fassung), ABl. EU Nr. L 039 vom 10. Februar 2009, S. 1–7.

248 Vgl. dazu bereits 2.d.aa.(2) „Grobe Fahrlässigkeit“.

249 Vgl. Müller-Katzenburg, Internationale Standards im Kulturgüterverkehr, S. 322, die diese Anforderungen zu den internationalen Standards erklärt; Mangold, Verbraucherschutz und Kunstkauf, S. 63 ff., 114 ff.

jeder, der kraft Handelsgewerbes, kraft Rechtsform, kraft Registerwirkung oder kraft Rechtsscheins als Kaufmann eingeordnet wird.

Der Erwerber muss gutgläubig in Bezug auf die Befugnis des Kaufmanns sein, über die Sache für den Eigentümer zu verfügen. Dabei ist unter einer Verfügung ein Rechtsgeschäft zu verstehen, durch das der Verfügende auf ein Recht unmittelbar einwirkt.[250] Für das Vertrauen des Erwerbers gilt § 932 Abs. 2 BGB entsprechend, so dass die Gutgläubigkeit bei positiver Kenntnis fehlender Verfügungsbefugnis oder grob fahrlässiger Unkenntnis entfällt.[251]

bb. Besonderheiten bei Kulturgütern

Aufgrund des meist hohen Wertes der Kulturgüter wird der Handel damit so professionell getrieben, dass regelmäßig ein Handelsgewerbe anzunehmen sein wird, so dass dessen Privilegierung für den Handel mit Kulturgütern von erheblicher Bedeutung ist. Der Kunsthändler i. S. d. § 366 HGB muss allerdings ein Kaufmann sein, so dass er nicht immer mit dem oben genannten allgemeinen Begriff des Kunsthändlers deckungsgleich ist.[252]

Entscheidend ist, welche Anforderungen an die Gutgläubigkeit beim Erwerb von einem Kunsthändler im Rahmen des § 366 HBG zu stellen sind. Eine Beschränkung des gutgläubigen Erwerbs auf bestimmte Gewerbe findet zwar grundsätzlich nicht statt.[253] Das Vertrauen auf die Verfügungsbefugnis des Veräußerers hat allerdings auch hier eine kulturgüterschutzspezifische Ausprägung. Konsequenterweise ist der Erwerber auch vorliegend nur dann zu schützen, wenn der Veräußerer einen qualifizierten Besitz hat. Der Erwerber kann jedenfalls dann von der Verfügungsbefugnis des Kunsthändlers ausgehen, wenn der Eigentümer ihm einen qualifizierten Besitz eingeräumt hat.[254] Das wird zumindest beim pflichtgemäßen Verhalten nach § 18 KultgRückG der Fall sein. Liegt hiergegen lediglich ein Kulturgut mit einfacher Besitzlage vor, so muss auch hier der Erwerber Nachforschungen anstellen.[255]

c. Vorschlag de lege ferenda

Im Kunsthandel i. S. d. Kulturgüterhandels besteht auf der Erwerberseite eine Nachforschungspflicht nur bei einfacher Besitzlage, bei qualifizierter Besitzlage dagegen

---

250 BGH, Urteil vom 15. März 1951, BGHZ 1, 294, 304; BGH, Urteil vom 24. Oktober 1979, NJW 1980, 175 f.

251 Ebenroth/Boujong/Joost/Strohn, § 366 HGB, Rn. 12.

252 S. oben Kapitel 2.II.3.a. „Erwerber ist Kunsthändler".

253 Großkommentar/Canaris, § 366 HGB, Rn. 3.

254 Auch hier lässt sich eine Parallele zu dem Handel mit den Gebrauchtwagen erkennen, beim dem der Besitz alleine für die Begründung der Gutgläubigkeit auch im Rahmen des § 366 HGB nicht ausreicht, BGH, Urteil vom 13. Mai 1996, NJW 1996, 2226; Ebenroth/Boujong/Joost/Strohn, § 366 HGB, Rn. 17.

255 Im Ergebnis s. auch Ebenroth/Boujong/Joost/Strohn, § 366 HGB, Rn. 13, die mit den „konkreten Anhaltspunkten" eine Erkundigungspflicht begründen.

besteht zwar keine entsprechende Pflicht, es sind aber hohe Sorgfaltsanforderungen zu stellen. Der professionelle Kunsthandel ermöglicht allerdings auch durch die regelmäßige Anwendbarkeit des § 366 HGB einen erweiterten Erwerb vom Nichtberechtigten. Eine konsequente Abgrenzung zwischen einfacher und qualifizierter Besitzlage könnte zur Verbesserung des Kulturgüterschutzes beitragen. *De lege ferenda* sollte jedoch überlegt werden, ausdrücklich die Unanwendbarkeit des § 366 HGB auf den Handel mit Kulturgütern gesetzlich festzulegen.

4. Abhandengekommene Kulturgüter

Die wichtigste Einschränkung des Gutglaubensschutzes ist in § 935 BGB geregelt, wonach bei Diebstahl, Verlust oder bei sonstigem Abhandenkommen der gutgläubige Erwerb ausgeschlossen ist. Abhandenkommen liegt dann vor, wenn der Eigentümer (oder sein Besitzmittler) den unmittelbaren Besitz an der Sache ohne, und nicht notwendig gegen seinen Willen, verloren hat.[256] Somit setzt § 935 Abs. 1 BGB den gutgläubigen Erwerber eines gestohlenen Kulturgutes dem Risiko von Herausgabeansprüchen aus und gewährt dadurch dem Eigentümer einen umfassenden Schutz. Allerdings findet unter bestimmten Voraussetzungen die Rückkehr zum Prinzip des Gutglaubensschutzes statt.

a. Fallkonstellationen

aa. Diebstahl

Die größte Gruppe der Fälle des unfreiwilligen Besitzverlustes an Kulturgütern stellt der Diebstahl dar. Dabei werden Kulturgüter in vielerlei Hinsicht gefährdet. Die Bilder werden oft, aus Zeitnot oder um baulich-mechanische oder elektrische Sicherungsmaßnahmen zu umgehen, direkt aus dem Rahmen ausgeschnitten. Auch der Transport und die Aufbewahrung der Gegenstände werden in den meisten Fällen den Anforderungen an Temperatur, Luftfeuchtigkeit und Licht nicht gerecht.[257] Kulturgüter werden dadurch einer erhöhten Gefahr der Beschädigung ausgesetzt.

Teilweise dient ein Diebstahl nur als Mittel zur Erpressung von Versicherungsgesellschaften. Im Jahr 2008 wurden bspw. die Werke *Blühende Kastanienzweige* von Vincent van Gogh und *Mohnblumen bei Vetheuil* von Claude Monet eine Woche nach einem Diebstahl aus der *Sammlung E.G. Bührle* auf einem nahegelegenen Parkplatz gefunden. Ob Gelder geflossen sind, kann nur vermutet werden.[258]

Ein Teil der Kulturgüter wird wiederum durch Ausnutzung der internationalen Regelungslücken legalisiert und wieder in Verkehr gebracht. Oft aber bleibt der

256 BGH, Urteil vom 15. November 1951, NJW 1952, 738; BGH, Urteil vom 13. Dezember 2013, NJW 2014, 1524, 1525.

257 S. dazu bereits Kapitel 1.IV.2.a. „Geeignetes Mittel".

258 DPA, „Gestohlenes Cézanne–Gemälde in Serbien sichergestellt", Die Zeit-online vom 12. April 2012, abrufbar unter: http://www.zeit.de/kultur/kunst/2012-04/cezanne-gemaelde-belgrad, Stand: März 2017.

weitere Verbleib der Kulturgüter unbekannt – sie verschwinden für lange Zeit, so dass deren Zugänglichkeit für Generationen ausgeschlossen wird. Erfahrungsgemäß kommen gestohlene Kulturgüter erst in der dritten Generation auf den Markt.[259]

bb. Sonderfall: Interner Museums- und Archivbetrieb

Wie bereits oben dargestellt, ist die Position des verfügenden Mitarbeiters für die Qualifizierung der Kulturgüter im Museums- und Archivbetrieb entscheidend.[260] Ist der Verfügende lediglich ein Besitzdiener, so liegt mangels freiwilliger Übergabe Abhandenkommen gemäß § 935 BGB vor. So wurde bspw. bei der Weggabe der antiken Bücher durch Mitarbeiter einer Bibliothek das Abhandenkommen damit begründet, dass der Mitarbeiter weisungsabhängig war und die Sachherrschaft für seinen Dienstherrn ausübte.[261]

b. Erwerb im Wege der Kunstauktion, §§ 932 ff., 935 Abs. 2 Alt. 2 BGB

Ein professioneller Kunstkauf findet häufig neben Galerien auf Kunstauktionen statt, so dass solche Fälle praxisrelevant sind. Dies gilt sowohl für deutsche als auch ausländische Versteigerungen. V. a. wird dies deutlich, wenn man die Umsatzzahlen der Auktionshäuser betrachtet: Den höchsten Umsatz erreichte das Auktionshaus *Christie's* im Jahr 2014 mit 8,5 Milliarden US-Dollar.[262] Auch die ständig sich überbietenden jeweiligen Rekorderlöse für ein Versteigerungsobjekt verstärken die Wichtigkeit dieser Kunsthandelsspalte: Das teuerste Bild der Neuzeit ist *Les femmes d'Alger (Version „O")* von Pablo Picasso, das im Mai 2015 für 179,4 Mio US-Dollar über *Christie's* verkauft wurde.[263] Handelt es sich dabei um eine öffentliche Versteigerung, so ist nach deutschem Recht der gutgläubige Erwerb bei abhandengekommenen Sachen gemäß § 935 Abs. 2 Alt. 2 BGB nicht ausgeschlossen.[264] Insofern,

259 Homberger, Unidroit als kulturpolitische Leitplanke im Handel mit Kunst, in: SAGW (Hrsg.), Unidroit, S. 23, 27.

260 S. bereits oben unter II.2.a.bb. „Interner Museumsbetrieb".

261 OLG Celle, Urteil vom 10. Juli 2003, OLGR 2004, 70, s. dazu bereits unter II.2.a.bb. (2) „Freiwilligkeit des Besitzwechsels".

262 Matthias Thibaut, Christie's und Sotheby's: Höchste Auktionsumsätze der Geschichte, Handelsblatt-online vom 25. Januar 2015, abrufbar unter: http://www.handelsblatt.com/panorama/kultur-kunstmarkt/christies-und-sothebys-hoechste-auktionsumsaetze-der-geschichte/11279780.html, Stand: März 2017.

263 FAZ.NET vom 12. Mai 2015, abrufbar unter: http://www.faz.net/aktuell/feuilleton/kunstmarkt/auktionen/picassos-les-femmes-d-alger-teuerstes-bild-13588333.html, Stand: März 2017.

264 § 935 Abs. 2 Alt. 1 BGB, der die Ausnahmen für das Geld und Inhaberpapiere regelt, ist für diese Untersuchung irrelevant. Zwar können auch Geldstücke als Kulturgüter angesehen werden, sind dann aber gerade nicht als Zahlungsmittel geeignet und damit nicht in ihrer Umlauffähigkeit geschützt, so dass sie nicht in den Regelungsbereich des § 935 Abs. 2 BGB fallen.

anders als im allgemeinen Sachenrecht,[265] verdient der Erwerb eines Kulturgutes im Wege der öffentlichen Versteigerung eine besondere Beachtung.

aa. Öffentliche Versteigerung

(1) Allgemeine Anforderungen

§ 935 Abs. 2 BGB regelt u. a., dass § 935 Abs. 1 BGB keine Anwendung auf solche Sachen findet, die im Wege der öffentlichen Versteigerung veräußert werden. Die Norm bereitet nicht nur Kunstrechtlern Schwierigkeiten, sondern ist auch allgemein in der Rechtswissenschaft umstritten. Bei der Definition des Begriffes „öffentliche Versteigerung" wird regelmäßig pauschal auf § 383 Abs. 3 BGB verwiesen, wo der Begriff legal definiert sein sollte.[266] Demnach ist eine öffentliche Versteigerung eine solche Versteigerung, die durch einen für den Versteigerungsort bestellten Gerichtsvollzieher oder zu Versteigerungen befugten anderen Beamten oder öffentlich angestellten Versteigerern öffentlich erfolgt. Bei genauer Betrachtung dieser Formulierung stellt sich heraus, dass ihr eine, wenn auch ungenaue, Qualifizierungsfunktion zukommen könnte. Eine Definition der Versteigerung enthält sie dagegen nicht.

Es ist also zunächst zu klären, was unter einer Versteigerung zu verstehen ist. Eine Legaldefinition dafür gibt es nicht. Allgemein wird eine Versteigerung als eine besondere Art des Vertragsabschlusses definiert, bei der jemand mit mehreren Personen über einen Kontrakt in der Weise verhandelt, dass er sie zum gegenseitigen Überbieten anhält, um mit demjenigen abzuschließen, der die günstigeren Bedingungen bietet.[267]

Handelt es sich bei einem Erwerbsvorgang um eine Versteigerung, so muss sie weiterhin als öffentlich qualifiziert werden, um den Erwerb abhandengekommener Sachen zu ermöglichen. Wie oben bereits gezeigt, kommt es dabei nach § 383 Abs. 3 S. 1 BGB kumulativ auf die Art und Weise der Versteigerung sowie auf die Person des Versteigerers an. Die Versteigerung muss zunächst öffentlich erfolgen, also einem unbestimmten Personenkreis zugänglich sein.[268] Dabei sind gemäß § 383 Abs. 3 S. 2 BGB auch Zeit und Ort der Versteigerung öffentlich bekannt zu machen. Weiterhin muss die Versteigerung von einem zuständigen Beamten oder einem öffentlich angestellten Versteigerer vorgenommen werden. Zu den zuständigen Beamten zählt neben dem ausdrücklich erwähnten Gerichtsvollzieher auch der Notar.[269] Unter dem öffentlich angestellten Versteigerer ist nach allgemeiner An-

---

265 Dünkel, Öffentliche Versteigerung und gutgläubiger Erwerb, S. 2, spricht von einer „entfernten Ausnahme", beschäftigt sich anschließend jedoch ausführlich damit.

266 So ausdrücklich BGH, Urteil vom 5. Oktober 1989, NJW 1990, 899, 900; vgl. Staudinger/Wiegand § 935, Rn. 27; MüKo/Quack BGB, 4. Aufl., § 935, Rn. 19; Westermann, Sachenrecht, § 49 III; kritisch Frank/Veh, JA 1983, 249, 251.

267 Vgl. Dünkel, Öffentliche Versteigerung und gutgläubiger Erwerb, S. 3.

268 BGH, Urteil vom 5. Oktober 1989, NJW 1990, 899, 900.

269 Staudinger/Olzen, § 383, Rn. 11.

sicht ein auf Antrag öffentlich bestellter Versteigerer gemäß § 34 b Abs. 5 GewO zu verstehen, also ein gewerbsmäßiger Versteigerer, der eine besondere Sachkunde aufweist.[270] Er wird darauf vereidigt, seine Aufgaben gewissenhaft und unparteiisch zu erfüllen.

Für den Zeitpunkt des Erwerbs ist nicht der Zuschlag, der die Annahme des zugrunde liegenden schuldrechtlichen Vertrages darstellt, sondern nach allgemeinen sachenrechtlichen Prinzipien erst die Übergabe der Sache entscheidend.[271]

(2) Rechtfertigung der Sonderstellung

Die Privilegierung des Erstehers gemäß § 935 Abs. 2 BGB ist im Allgemeinen in der Literatur stark umstritten.[272] Es könnte nicht als sachgerecht erscheinen, dass die Interessen des Eigentümers an abhandengekommenen Sachen nur solange geschützt sind, bis der Gegenstand versteigert worden ist.

Als Rechtfertigung für die Sonderstellung der öffentlichen Versteigerung wird der – der Rechtsgeschichte entlehnte – Verschweigungsgedanke herangezogen.[273] Demnach sei es dem Eigentümer wegen der öffentlichen Abwicklung der Versteigerung eher als bei freihändigem Verkauf möglich, von der Veräußerung zu erfahren und seine Rechte rechtzeitig geltend zu machen. Dies vermag in der heutigen Zeit nicht mehr zu überzeugen. Anders als früher ist es aufgrund der Schnelligkeit und Globalisierung des Wirtschaftsverkehrs und der wachsenden Anzahl der Versteigerungen nahezu unmöglich, die Sache vor der Versteigerung zu entdecken. Teilweise wird angeführt, dass das mit der Publizität der öffentlichen Versteigerung verbundene Wagnis für den Nichtberechtigten die Veräußerung unverdächtig mache.[274] Allerdings ist nicht ersichtlich, warum sich die öffentliche Versteigerung von sonstigen Formen der öffentlichen Erwerbsformen (z. B. Erwerb auf dem Markt oder auf einer Internetplattform) unterscheiden soll. Die Bevorzugung des gutgläubigen Erstehers wird auch durch das Interesse des oftmals wirtschaftlich von der Veräußerung betroffenen Dritten an der Wirksamkeit des Steigerungsverkaufs gerechtfertigt.[275] Dass die Interessen Dritter aber die

---

270 BGH, Urteil vom 5. Oktober 1989, NJW 1990, 899, 900. Zur Zeit des Inkrafttretens des BGB wurde auch in der GewO die Bezeichnung „öffentlich angestellter" Versteigerer verwendet, vgl. MüKo/Heinrichs BGB, 3. Aufl., § 383, Rn. 6.

271 Vgl. Frank/Veh, JA 1983, 249, 250. Anders bei einer öffentlichen Versteigerung im Rahmen einer Zwangsvollstreckung gem. §§ 814 ff. ZPO, bei der das Eigentum originär per Zuschlag durch einen staatlichen Hoheitsakt entsteht.

272 Dagegen Hübner, Der Rechtsverlust im Mobiliarsachenrecht, S. 145 f.; Bischof, KUR 2007, 62 ff.; jedenfalls für die Einschränkung des Anwendungsbereiches Frank/Veh, JA 1983, 249.

273 So Staudinger/Berg (1954), § 935, Rn. 19; kritisch Dünkel, Öffentliche Versteigerung und gutgläubiger Erwerb, S. 58 f.; Frank/Veh, JA 1983, 249, 250; Westermann, Sachenrecht, § 49 III 2; Hübner, Der Rechtsverlust im Mobiliarsachenrecht, S. 145.

274 So Müller, ZfRV 1963, 2, 7; kritisch dazu Frank/Veh, JA 1983, 249, 250.

275 Dünkel, Öffentliche Versteigerung und gutgläubiger Erwerb, S. 63 ff.

Interessen des Eigentümers gerade bei einer Versteigerung überwiegen sollten, ist nicht überzeugend.

Das Bundesverwaltungsgericht erklärt den öffentlich bestellten Versteigerer für eine Person, der bei Ausübung ihres Gewerbes gesetzlich eine besondere Glaubwürdigkeit beigelegt ist oder die vermöge der öffentlichen Anstellung besondere Gewähr für Zuverlässigkeit und berufliche Tüchtigkeit bietet.[276] Das könnte die Anforderungen an die Gutgläubigkeit mindern, erklärt jedoch nicht die Abkehr vom Prinzip des Ausschlusses des Gutglaubenserwerbs von abhandengekommenen Sachen.

Es bleibt also festzuhalten, dass es berechtigte Zweifel an der Rechtfertigung der Privilegierung der öffentlichen Versteigerung gibt. Diese Regelung ist aber geltendes Recht und kann daher nur *de lege ferenda* abgeschafft werden.

(3) Besonderheiten bei Kulturgütern

(a) Auktionshäuser

Eine Versteigerung kann grundsätzlich von jedem gewerblichen Versteigerer durchgeführt werden. Eine Versteigerung in Auktionshäusern führen in Deutschland allerdings meistens die öffentlich bestellten Versteigerer durch.[277] Da sie auch der breiteren Öffentlichkeit durch die Schaltung von Anzeigen in den überregionalen Periodika zugänglich gemacht wird, ist sie als öffentlich i. S. d. § 383 Abs. 3 BGB zu qualifizieren, mit der Folge, dass der Erwerb von gestohlenen Sachen möglich ist. Wie den Medien entnommen werden konnte, sind gerade die Fälle einer Versteigerung der Kulturgüter mit zumindest zweifelhafter Provenienz nicht selten.[278]

Aus diesem Grund wird teilweise eine Beschränkung des Privilegs aus § 935 Abs. 2 BGB auf die Fälle der gesetzlich vorgeschriebenen öffentlichen Versteigerung gefordert,[279] so dass die Kunstauktionen nicht darunterfallen würden. Allerdings ist die unterschiedliche Behandlung der freiwilligen und unfreiwilligen Versteigerungen nicht überzeugend. Eine Versteigerung bildet eine Rückausnahme vom Ausschluss des gutgläubigen Erwerbs, die auf dem Vertrauen auf die unter öffentlicher Autorität vorgenommenen Veräußerungen basiert.[280] Diese besondere Glaubwürdigkeit des öffentlich bestellten Versteigerers entsteht un-

---

276 BVerwG, Urteil vom 29. Mai 1957, BVerwGE 5, 95, 96.

277 Strauch, Rechtsverhältnisse an Kulturgütern im internationalen Sachenrecht, S. 33; Müller-Katzenburg, Gutgläubiger Erwerb, Ersitzung, Verjährung...?, in: Koordinierungsstelle für Kulturgutverluste (Hrsg.), Museen im Zwielicht, S. 221, 227.

278 DeutschlandradioKultur, Kunsthistoriker: Sensibilität für Raubkunst unbefriedigend, Interview vom 12. Juli 2008, abrufbar unter: http://www.deutschlandradiokultur.de/kunsthistoriker-sensibilitaet-fuer-raubkunst-unbefriedigend.954.de.html?dram:article_id=143464, Stand: März 2017.

279 Frank/Veh, JA 1983, 249, 255; dagegen Peege, KUR 2007, 111 ff.

280 Vgl. Mot. BGB III, S. 349.

abhängig vom Charakter der Versteigerung, so dass hier keine Unterscheidung gerechtfertigt ist. Somit bleibt § 935 Abs. 2 BGB grundsätzlich auch auf die Kunstauktionen anwendbar.

(b) Anwendbarkeit auf Kulturgüter

Die Regelung des § 935 Abs. 2 Alt. 2 BGB ist ebenfalls auf Kulturgüter anwendbar.[281] Es wird zwar vertreten, dass die Kulturgüter nicht als Sachen i. S. d. § 935 Abs. 2 Alt. 2 BGB zu verstehen seien.[282] Das wird v. a. damit begründet, dass der Gesetzgeber bei der Fassung der Norm von der Versteigerung einer vertretbaren Sache eines Massengutes ausgegangen sei. Bei den Kulturgütern handelt es sich keineswegs um eine Massenware; diese beiden Begriffe schließen sich nahezu aus.[283] Allerdings können die geschichtlichen Wurzeln der Vorschrift allein ihren Anwendungsbereich nicht bestimmen. Dies würde den Rahmen der zulässigen Auslegung sprengen.

Hier verlangt das vorrangige Interesse an der Rechtssicherheit eine striktere Einhaltung der Grenze des möglichen Wortsinns, denn schließlich werden dabei die Eigentumsverhältnisse neu geregelt. Die Norm des § 383 Abs. 1 BGB verlangt lediglich, dass die Sachen gemäß § 372 S. 1 BGB hinterlegungsunfähig sind, worunter u. a. auch Kostbarkeiten fallen. Als Kostbarkeiten gelten dabei bewegliche Sachen, deren Wert im Vergleich zu ihrem Umfang und ihrem Gewicht besonders hoch ist.[284] Es mag zwar befremdlich sein, über das Gewicht der Kulturgüter zu sprechen, es bleibt aber offensichtlich, dass deren Wert gerade auch in dieser Relation hoch ist.

Auch unter Anwendung des Instruments der teleologischen Reduktion kommt man zu keinem anderen Ergebnis. Anders als in den vom Bundesgerichtshof entschiedenen Fällen, in denen die teleologische Reduktion durch den Sinn und Zweck der betreffenden Vorschrift selbst gefordert wird,[285] kann man bei der Anwendung des § 935 Abs. 2 BGB auf Kulturgüter nicht von einem sinn- und zweckwidrigen Ergebnis ausgehen. Ein umfassender Kulturgüterschutz bleibt zwar bei der Anwendung der Vorschrift nicht möglich, was bedauernswert ist. Jedoch muss dieser Schutz hinter dem Bedürfnis der Rechtsklarheit und Rechtssicherheit zurücktreten.[286] Zusammenfassend lässt sich festhalten, dass Kunstauktionen in den Anwendungsbereich des § 935 Abs. 2 BGB fallen.

---

281 So auch Staudinger/Wiegand, § 935, Rn. 27.

282 Franz, Zivilrechtliche Probleme des Kulturgüteraustausches, S. 109 ff.

283 So zumindest das klassische Verständnis; auf die postmoderne Konzeptkunst, z. B. *Appropriation art*, soll hier nicht eingegangen werden.

284 KG, Urteil vom 1. August 1975, Rpfleger 76, 316.

285 BGH, Urteil vom 26. November 2008, NJW 2009, 427, 428 f. m. w. N.

286 Die Prinzipien des Gutglaubensschutzes bzw. des Umlaufschutzes erscheinen hingegen in Bezug auf die Kulturgüter nachrangig.

bb. Gutgläubigkeit

Die Privilegierung des Erwerbers gemäß § 935 Abs. 2 BGB tritt dann ein, wenn die sonstigen Voraussetzungen der §§ 932 ff. BGB erfüllt sind.[287] Dies ergibt sich aus der systematischen Stellung der Norm, die als Ausnahme zu § 935 Abs. 1 BGB nur als Rückkehr zum Prinzip des Schutzes des gutgläubigen Erwerbers verstanden werden kann. Welche Sorgfaltsanforderungen an den Erwerber bei Kulturgütern zu stellen sind, ist allerdings umstritten.

(1) Allgemeine Anforderungen

Der Ersteher ist so zu stellen, als würde er keine abhandengekommene Sache erwerben, so dass die allgemeinen Anforderungen an die Gutgläubigkeit erfüllt werden müssen. Die Anforderungen sind also von denen beim sonstigen Gutglaubenserwerb nicht zu unterscheiden.[288]

(2) Besonderheiten bei Kulturgütern

Betrachtet man die Fallgruppe der Kulturgüter, so spielt hier wiederum die Besonderheit des Rechtsscheintatbestandes eine entscheidende Rolle, wobei auf die Wechselwirkung zwischen dem Rechtsschein und dem guten Glauben abzustellen ist.[289] Um eine Vertrauensgrundlage zu schaffen, bedarf es einer qualifizierten Besitzlage. Es ist bei der Klärung der Sorgfaltsanforderungen an den Erwerber somit entscheidend, ob ein zu versteigerndes Kulturgut eine solche Rechtsscheinwirkung entfaltet.

Es stellt sich die Frage, ob die Tatsache der Auktionsversteigerung in Deutschland ein zusätzliches Anscheinsmerkmal begründet. Durch die Öffentlichkeit der Versteigerung und die Mitwirkung der sachkundigen und autorisierten Versteigerungspersonen wird gerade eine unverdächtige Situation geschaffen und der gegenstandsbedingte Vertrauensverlust wieder ausgeglichen. Es sind somit die besonderen Erwerbsumstände der Versteigerung, die einen Vertrauenstatbestand schaffen.[290] Das grundsätzliche Vertrauen in eine Auktion, die von einem staatlich bestellten und somit mittelbar unter staatlicher Mitwirkung agierenden Versteigerer vorgenommenen wird, besteht auch in Bezug auf Kulturgüter.

Zudem werden gerade in Bezug auf Kulturgüter an Auktionshäuser hohe Anforderungen gestellt. Neben den allgemeineren Buchführungspflichten nach dem

---

287 So die h. M.,vgl. Mot. BGB III, S. 349; MüKo/Quack BGB, 4. Aufl., § 935, Rn. 19; Franz, Zivilrechtliche Probleme des Kulturgüteraustausches, S. 104; ältere Lit.: Kuhnt, MDR 53, 641; a. M. Schwab/Prütting § 35 V 2; Wolff/Raiser, Sachenrecht, § 69 I 4 b.

288 Staudiger/Wiegand, § 935 Rn. 27.

289 S. dazu bereits unter Kapitel 2.II.2. „Anvertraute Kulturgüter".

290 So auch BGH, Urteil vom 5. Oktober 1989, NJW 1990, 899, 900; Dünkel, Öffentliche Versteigerung und gutgläubiger Erwerb, S. 50.

Handelsgesetzbuch und der Abgabenordnung wird den Kunsthäusern seit 2007 – zumindest bei bestimmten Kulturgütern – eine zusätzliche Aufzeichnungspflicht auferlegt, § 18 KultgRückG.[291] Hier spielen auch die Selbstverpflichtungen der Kunsthäuser eine große Rolle.[292] Dahingehend ist die auf ein großes Echo gestoßene Entscheidung zum Schadensersatzanspruch gegen ein renommiertes Kunstauktionshaus zu verstehen, das ein gefälschtes Bild versteigert hat.[293] In der Entscheidung wird ein Aspekt des *Beltracchi-Falls* behandelt: die Versteigerung des vermeintlich von dem rheinischen Expressionisten Heinrich Campendonk stammenden Bildes *Rotes Bild mit Pferden* durch das Kölner *Kunsthaus Lempertz* für 2,88 Millionen Euro. Auch wenn der Fall die schuldrechtliche Thematik und somit nicht das hiesige Problemfeld behandelt, zeigt er die allgemeine Tendenz in der deutschen Rechtsprechung auf, das Vertrauen eines Ersteigers auf die Angaben des Kunstversteigerers grundsätzlich zu schützen.[294]

Der Umstand der Versteigerung auf einer Kunstauktion begründet also ein zusätzliches Anscheinsmerkmal, so dass eine qualifizierte Besitzlage vorliegt.[295] Somit wird bei den von den Auktionshäusern angebotenen Kulturgütern ein ausreichender Rechtsschein geschaffen. Dadurch bedarf deren gutgläubiger Erwerb keiner besonderen Erkundigungen und Nachforschungen seitens des Erwerbers.[296] Eine darüber hinausgehende Einschränkung des Erwerbs lässt sich dogmatisch nicht herleiten; denn im Rahmen einer Auktion soll der Erwerber so gestellt werden, als wenn er keine abhandengekommene Sache erwirbt; und ist somit an strengen – aber nicht strengeren – Maßstäben des Gutglaubenserwerbs der Kulturgüter zu messen.[297]

---

291 S. dazu bereits unter Kapitel 2.II.2.b.bb. „Neue gesetzliche Regelungen".

292 Z. B. der Verhaltenskodex für den Bundesverband deutscher Kunstversteigerer e. V., abrufbar unter: http://www.kunstversteigerer.de/verhaltenskodex-des-bdk, Stand: März 2017.

293 LG Köln, Urteil vom 28. September 2012, ZUM 2013, 332 (nicht rechtskräftig), Stand: März 2017. Dahingehend auch BGH, Urteil vom 9. Oktober 2013, NJW 2013, 3570 in Bezug auf gefälschte Skulptur von Buddha Sakyamuni.

294 Anders noch, allerdings in einem etwas anders gelagerten Fall, BGH, Urteil vom 15. Januar 1975, NJW 1975, 970, der einen wirksamen Ausschuss der Haftung des Kunstauktionators wegen Verkauf eines gefälschten Bildes durch Versteigerungsbedingungen bejaht hat. Auch sollen die strengen Anforderungen nicht für Varia-Auktionator gelten, OLG München, Urteil vom 20. März 2014 – *Historischer Perserteppich*, KUR 2014, 54 ff.

295 S. dazu bereits Kapitel 2.II.2.c. „Qualifizierte Besitzlage".

296 Für teilweise Nachforschungspflicht des Erwerbers: Armbrüster, NJW 2001, 3581, 3585. Für Nachforschungspflicht des Versteigerers in Verdachtsfällen: Franz, Zivilrechtliche Probleme des Kulturgüteraustausches, S. 114.

297 Diese Ausführungen betreffen die Besonderheiten des jetzigen Auktionshandels. Auf die historische Beurteilung der früheren Versteigerungen soll nachstehend eingegangen werden.

c. *Sonderproblem: die NS-verfolgungsbedingte Wegnahme der Kulturgüter*

Ein Sonderproblem stellt die Behandlung solcher Kulturgüter dar, die den Eigentümern durch die NS-Verfolgung weggenommen worden waren und später weiterveräußert wurden.[298] Solche Fälle sind v. a. im Zusammenhang mit der sog. *entarteten Kunst* bekannt, also solcher Kunst, die den nationalsozialistischen Maßstäben nicht entsprach. Die Wegnahme hat sich aber auch auf die *regimekonformen* Kunstgegenstände erstreckt, die gerade für die Nazi-Größen interessant waren.[299] Diese Fälle liegen lange zurück, so dass es zunächst fraglich erscheinen mag, ob sie neben der rechtsgeschichtlichen Erkenntnis aufschlussreich sind. Die jüngsten Auseinandersetzungen haben jedoch gezeigt, dass diese Problematik immer noch aktuell ist.[300] Die Fälle wirken bis in die Gegenwart hinein. Die Teilnehmerstaaten der *Washingtoner Konferenz*,[301] zu denen auch die Bundesrepublik Deutschland gehört, sind ebenfalls der Auffassung, dass Kunstwerke, die NS-verfolgungsbedingt den Besitzer gewechselt haben, weiterhin zurückgegeben werden müssen bzw. auf sonstigem Wege für einen gerechten Ausgleich gesorgt werden muss. Die in Zusammenhang mit der Konferenz verabschiedete *Washingtoner Erklärung* ist eine Selbstverpflichtung der betroffenen Parteien, für eine faire und gerechte Lösung in Bezug auf die beschlagnahmten Kulturgüter zu sorgen.[302] Ursprünglich auf die Teilnehmerstaaten in ihrem Anwendungsbereich begrenzt, genießt die *Washingtoner Erklärung* inzwischen eine breite Akzeptanz. So haben sich in Deutschland in der *Gemeinsamen Erklärung* auch die Bundesländer sowie die kommunalen Spitzenverbände verpflichtet, sie anzuerken-

---

298 Auf den Herausgabeanspruch nach dem Gesetz zur Regelung offener Vermögensfragen (VermG) wird aufgrund der gebotenen Themeneingrenzung nicht eingegangen, s. dazu *Plakatsammlung Sachs*, BGH, Urteil vom 16. Mai 2012, KUR 2012, 62; Kirchmaier, KUR 2012, 212 ff.; allgemein zu Möglichkeiten der Rückerstattung: Wasmuth, NJW 2014, 747 ff.

299 So fand man nach dem Ende des Krieges die Kunstwerke aus der geplünderten Goudstikker-Sammlung, die u. a. auf die flämische Kunst des 16. und 17. Jahrhunderts spezialisiert war, in den Sammlungen von Hermann Göring und anderen, vgl. den Eintrag in Lostart-Register, abrufbar unter: http://www.lostart.de/Content/051_ProvenienzRaubkunst/DE/Sammler/G/Goudstikker,%20Jacques.html?cms_lv2=5666&cms_lv3=8752, Stand: März 2017.

300 S. zu der *Sammlung Gurlitt* sogleich unter IV.2. „Sammlung Gurlitt“.

301 *Washington Conference on Holocaust-Era Assets* war eine 1998 in Washington stattfindende Konferenz über Vermögenswerte aus der Zeit des Holocaust, an der 44 Staaten und zwölf nichtstaatliche Organisationen sowie der Vatikan teilnahmen.

302 *Washington Conference Principles on Nazi-Confiscated Art* vom 3. Dezember 1998, abgedruckt in: Bindenagel (Hrsg.), Washington Conference on Holocaust-Era Assets, S. 971 f. Nichtamtliche deutsche Übersetzung in: Genieva/Michaletz/Werner (Hrsg.), Gesten des guten Willens und Gesetzgebung, S. 107 f.

nen und umzusetzen.[303] Die Entscheidung in streitigen Fällen wird der sog. *Limbach-Kommission,*[304] benannt nach der Kommissionsvorsitzenden Jutta Limbach, überlassen, die aus Experten verschiedener Disziplinen besteht.[305]

Den NS-verfolgungsbedingten Besitzwechsel gab es in vielen Erscheinungsformen. Hier soll lediglich auf die zwei wichtigsten Fallgruppen eingegangen werden, deren nähere Betrachtung zumindest nach deutschem Recht auch ohne Einbeziehung der *Washingtoner Erklärung* möglich ist: Die Beurteilung von Beschlagnahmen von Kulturgütern während der NS-Zeit und der Auktionshandel mit solchen Kulturgütern. Eine juristische Beurteilung solcher Fälle hat eine Reichweite bis in die Gegenwart und kann für die Feststellung der jetzigen Eigentümerverhältnisse entscheidend sein.[306] Hier soll nur insoweit darauf eingegangen werden, als die oben aufgestellten Grundsätze des Gutglaubenserwerbs der Kulturgüter Berücksichtigung finden.

aa. Wegnahme durch Hoheitsakt während der NS-Zeit

Zunächst ist der Frage nachzugehen, wie eine NS-verfolgungsbedingte Wegnahme der Kulturgüter durch einen Hoheitsakt zu qualifizieren ist. Ein Hoheitsakt liegt dann vor, wenn der Staat zur Verwirklichung seiner Ziele kraft öffentlich-rechtlicher Überordnung tätig wird.[307] Den Verfolgten wurde durch Beschlagnahmen bzw. Enteignungsakte oder aufgrund der Enteignungsverordnungen und -gesetze entschädigungslos das Eigentum entzogen.

Bei einer staatlichen Wegnahme ist die Freiwilligkeit des Besitzverlustes nicht gegeben. Der fehlende Wille des Besitzers wird jedoch durch die öffentlich-rechtliche Befugnis des Eingreifenden ersetzt, so dass Abhandenkommen verneint wird.[308]

---

303 Erklärung der Bundesregierung, der Länder und der kommunalen Spitzenverbände zur Auffindung und zur Rückgabe NS-verfolgungsbedingt entzogenen Kulturgutes, insbesondere aus jüdischem Besitz, vom 9. Dezember 1999, abrufbar unter: http://www.lostart.de/Webs/DE/Koordinierungsstelle/GemeinsameErklaerung.html, Stand: März 2017.

304 Die offizielle Bezeichnung lautet: die Beratende Kommission im Zusammenhang mit der Rückgabe NS-verfolgungsbedingt entzogener Kulturgüter, insbesondere aus jüdischem Besitz.

305 Die Empfehlungen der *Limbach-Kommission* sind nachzulesen unter: http://www.lostart.de/Webs/DE/Kommission/Empfehlungen.html;jsessionid=E5B12122383FCBA826ECC069343A30BA.m0, Stand: März 2017.

306 Dieses komplexe Thema war schon Gegenstand zahlreicher Untersuchungen, s. nur Kunze, Hans, Restitution „Entartete Kunst": Sachenrecht und Internationales Privatrecht; Wieser, Gutgläubiger Fahrniserwerb und Besitzrechtsklage – unter besonderer Berücksichtigung der Rückforderung „entarteter" Kunstgegenstände.

307 Vgl. BeckOK VwVfG, § 35, Rn. 120 ff.

308 BGH, Urteil vom 15. November 1951, BGHZ 4, 10, 33; Tiedtke, Gutgläubiger Erwerb, S. 42; i. E. auch MüKo/Quack BGB, 4. Aufl., § 935, Rn. 13, der allerdings den Vorgang dem Privatrecht ganz entzieht.

Dabei ist es nicht entscheidend, ob es sich um einen rechtmäßigen Hoheitsakt handelt. In einem Rechtsstaat ist von einer grundsätzlich rechtmäßigen Handlung des Staates auszugehen, auch wenn es im konkreten Fall anders ausfallen könnte. Somit ersetzen auch rechtswidrige Handlungen den Willen des Besitzers.[309]

Diese Herleitung lässt sich auf den hoheitlichen Akt als eine Maßnahme im Rahmen der sog. „Rassengesetze" nicht übertragen. Diese staatliche Wegnahme ist mit Sinn und Zweck der Fiktion der Freiwilligkeit des Besitzwechsels nicht vereinbar. Gerade von einer grundsätzlich rechtmäßigen Handlung des Staates kann hier nicht ausgegangen werden. Bei den Maßnahmen des nationalsozialistischen Unrechtsstaates fehlt es an jeglicher rechtsstaatlichen Rechtfertigung für die Annahme eines fiktiven Willens.

Das Bejahen der allgemeinen öffentlich-rechtlichen Befugnis zur NS-verfolgungsbedingten Wegnahme würde zu einem untragbaren Ergebnis führen.[310] Lehnt man das Abhandenkommen in solchen Fällen ab, so wäre der gutgläubige Erwerb weggenommener Sachen im Allgemeinen möglich. Dieses Risiko den verfolgten Sammlern aufzuerlegen, kann nicht i. S. d. Gutglaubensvorschriften nach §§ 932 ff. BGB sein, die als gerechter Interessenausgleich konzipiert wurden. Es ist auch nicht nachvollziehbar, warum die während der NS-Zeit staatlich angeordnete Entwendung aus dem Anwendungsbereich des § 935 BGB herausfallen soll, während der gewöhnliche (private) Diebstahl dagegen gerade den Regelfall des § 935 BGB darstellt.[311]

Somit liegt in den Fällen der NS-bedingten Wegnahme der Kulturgüter die Unfreiwilligkeit des Besitzverlustes vor, so dass ein Abhandenkommen zu bejahen ist. Demensprechend ist deren gutgläubiger Erwerb nur ausnahmsweise möglich.

bb. Auktionen mit NS-verfolgungsbedingt weggenommenen Kulturgütern

Bei den öffentlichen Versteigerungen mit NS-verfolgungsbedingt entwendeten Kulturgütern können drei Gruppen unterschieden werden: die Versteigerungen während der NS-Zeit, diejenigen in der Nachkriegszeit und diejenigen heutzutage.

(1) Versteigerungen während der NS-Zeit

Bei den Versteigerungen während der NS-Zeit erscheint es bereits als problematisch, ob die Versteigerung unter solchen Umständen ein zusätzliches Anscheinsmerkmal wie bei sonstigen Kunstauktionen begründen könnte, woraus sich grundsätzlich

---

309 Staudinger/Wiegand, § 935, Rn. 17.

310 Zum ähnlichen Ergebnis, wenn auch auf der Ebene der Exekutive, würde die Anwendung der sog. Radbruch'schen Formel führen, wonach sich ein Richter in Konfliktsituation zwischen dem positiven Gesetz und der materiellen Gerechtigkeit für die Gerechtigkeit entscheiden müsse, wenn das fragliche Gesetz als unerträglich ungerecht anzusehen ist, Radbruch, SJZ 1956, 105, 107.

311 Dies ist ausführlich untersucht wurden, s. dazu v. a. Kunze, Hans, Restitution „Entartete Kunst", S. 187 ff.; Staudinger/Wiegand § 935 BGB, Rn. 18, so dass die Darstellung dieser Problematik hier nicht breit ausfällt.

fehlerfreies Eigentum des Veräußerers ableiten ließe.[312] Auch wenn man dies annimmt, scheitert der Erwerb jedenfalls an der Bösgläubigkeit des Erwerbers. Spätestens mit den Nürnberger Rassengesetzen im Jahr 1935 wurden diejenigen Kunstwerke, die aus beschlagnahmtem Besitz von rassisch Verfolgten stammten, als solche kenntlich gemacht.[313] Derartige Angaben sollen sogar als zusätzliches Qualitätsmerkmal gedient haben, weil viele von den Besitzern angesehene Sammler und Mäzene waren. Somit konnte der gutgläubige Erwerb nicht während der NS-Zeit stattfinden. Dass die NS-verfolgungsbedingt weggenommenen Kulturgüter nicht den Veräußerern gehörten, war zu der Zeit somit offensichtlich.

(2) Versteigerungen in der Nachkriegszeit

Schwierig ist die Einordnung der Fälle der Nachkriegszeit. Jedenfalls die Rechtsscheinfunktion der Versteigerung kann angenommen werden. Die Sensibilisierung bezüglich des Umgangs mit beschlagnahmten Kulturgütern war kaum vorhanden. Ob die Kenntnisse über die Kennzeichnung solcher Kulturgüter noch präsent waren, müsste im Einzelfall geprüft werden. Grundsätzlich kann man davon ausgehen, dass der Erwerber umso gutgläubiger war, je mehr Zeit verstrichen ist.

(3) Versteigerung in der Gegenwart

Betrachtet man die öffentlichen Versteigerungen in jetziger Zeit, so gilt hier das oben Erwähnte: Grundsätzlich begründen die besonderen Umstände der Versteigerung ein zusätzliches Anscheinsmerkmal, so dass eine qualifizierte Besitzlage vorliegt und damit keine Nachforschungsflicht besteht.[314] Dieses Ergebnis ist allerdings, auch unter Berücksichtigung der Washingtoner Prinzipien, nicht zufriedenstellend. Solange spezielle Vorschriften nicht existieren, wird jedoch der Gutglaubenserwerb auch an den NS-verfolgungsbedingt entwendeten Kulturgütern in Deutschland möglich sein.[315] Als kleiner Trost kann lediglich die Tatsache dienen, dass es jetzt u. a. aufgrund der öffentlichen Sensibilisierung und der Selbstverpflichtungen der Auktionshäuser in Deutschland kaum zur Versteigerung derjenigen Kulturgüter kommt, soweit die verfolgungsbedingte Wegnahme bekannt geworden ist.

d. Vorschlag de lege ferenda

Zusammenfassend lässt sich festhalten, dass der gutgläubige Erwerb gestohlener Kulturgüter im Rahmen einer Kunstauktion unter den durchschnittlichen Anfor-

---

312 S. dazu bereits unter Kapitel 2.II.2.c. „Qualifizierte Besitzlage".
313 Schnabel/Tatzkow, Handbuch Kunstrestitution, S. 35.
314 S. dazu bereits Kapitel 2.II.4.b. „Erwerb im Wege der Kunstauktion".
315 Anders in einer sehr umfassenden und interessanten Untersuchung: Rudolph, Restitution von Kunstwerken aus jüdischem Besitz, S. 236 ff., der hier wegen des verstärkten Rechtsscheins der öffentlichen Versteigerung nicht zugestimmt werden kann.

derungen an die Gutgläubigkeit möglich ist. Dies ist darauf zurückzuführen, dass bei Kunstauktionen eine qualifizierte Besitzlage gegeben ist. Gerade aber die Tatsache, dass heute eine überwiegende Zahl der in Deutschland abgehaltenen Versteigerungen in den Anwendungsbereich des § 383 Abs. 3 BGB i. V. m. § 935 Abs. 2 Alt. 2 BGB fällt, zeigt, dass ein umfassenderer Kulturgüterschutz nur durch den Ausschluss der Anwendbarkeit des § 935 Abs. 2 BGB auf die Kulturgüter *de lege ferenda* erreicht werden kann.

5. Sittenwidrigkeit

Ein derivativer Eigentumserwerb kann an der Sittenwidrigkeit gemäß § 138 BGB scheitern. Auch im Bereich des Kulturgütertransfers ist die Schwelle der Sittenwidrigkeit hoch. Ein hierfür geforderter Verstoß gegen das Anstandsgefühl aller billig und gerecht Denkender[316] wird wohl in den meisten Fällen zu verneinen sein. Dies ist v. a. auf das Trennungsprinzip zurückzuführen, denn regelmäßig wird nur das Verpflichtungsgeschäft sittenwidrig sein, was noch keine Sittenwidrigkeit der Übereignung begründet.[317] Anerkannt ist allerdings die Sittenwidrigkeit der verfolgungsbedingten Übereignungen während der NS-Zeit.[318]

III. Eigentumsschutz beim originären Eigentumserwerb: Ersitzung

Im Rahmen des originären Eigentumserwerbs ist für den Umgang mit Kulturgütern v. a. die Ersitzung relevant, § 937 BGB. Nicht zur Erörterung steht die Problematik des Eigentumserwerbs durch die Vermischung von Kunstwerken und Ähnlichem, da sie keinen typischen Gefahrenbereich für den Kulturgüterschutz bildet. Ausgeklammert bleiben zudem Fälle der Aneignung gemäß § 958 Abs. 1 BGB[319] und des Schatzfundes gemäß § 984 BGB, gegebenenfalls i. V. m. landesrechtlichen Bestimmungen, da sie keine Folgen des illegalen Kulturgüterverkehrs (des gescheiterten Eigentumserwerb) sind und deswegen vom Untersuchungsgegenstand nicht erfasst werden.

Ersitzung ist ein Rechtsinstitut, das dem Rechtsfrieden dient, indem es das Auseinanderfallen von Besitz und Eigentum beim gescheiterten Erwerb der Sache behebt. Die Vereinfachung und Befriedung unklarer Rechtsbeziehungen ergänzen

---

316 BGH, Urteil vom 6. Februar 2009, NJW 2009, 1346, 1347.

317 So im Fall des sittenwidrigen See-Güterversicherungsvertrags wegen Verstoßes der ausländischen Ausfuhrbestimmungen, BGH, Urteil vom 22. Juni 1972, NJW 1972, 1575).

318 S. dazu ausführlich: Rudolph, Die Restitution von Kunstwerken aus jüdischem Besitz, S. 147 ff.

319 So z. B. der Fall des Fundes eines Gemäldes August Mackes auf dem Sperrmüll, LG Bonn, Urteil vom 25. Juni 2002, NJW 2003, 673.

den Verkehrsschutz.[320] Ein Eigentumserwerb nach § 937 BGB findet statt, wenn der Erwerber die Sache zehn Jahre im Eigenbesitz hatte und er ab dem Zeitpunkt des Erwerbs für die gesamte Dauer im guten Glauben war.

1. Gleichbehandlung der Fallgruppen

Der Eigentümer kann sein Recht durch den originären Eigentumserwerb eines anderen verlieren, wobei es irrelevant ist, ob die Sache zuvor anvertraut oder abhandengekommen war. Es werden somit die typisch gefährdeten Kulturgüter aus den oben erwähnten Fallkonstellationen gleichbehandelt.[321]

2. Allgemeine Voraussetzungen

a. Eigenbesitz

Für den Eigenbesitz einer Sache ist gemäß § 872 BGB erforderlich und ausreichend, dass der Besitzer die Sache als eigene besitzen will. Auch der mittelbare Besitz genügt dieser Anforderung.[322] Die Gründe, warum der vorangegangene Eigentumserwerb gescheitert war, können dabei verschieden sein: Abhandenkommen der Sache, fehlende Geschäftsfähigkeit oder Verfügungsmacht des Verfügenden, aber auch fehlende Eigentümerstellung des Erblassers oder nur vermeintlich vorliegende Dereliktion.

b. Gutgläubigkeit

Es sind zwei Zeitpunkte bei den Anforderungen an die Gutgläubigkeit zu unterscheiden. Der Erwerber muss zum Zeitpunkt des Besitzerwerbs gutgläubig sein, d. h. er darf weder positiv wissen noch grob fahrlässig verkannt haben, dass er nicht der Eigentümer ist, §§ 937 Abs. 2 HS. 1, 932 Abs. 2 BGB. Ist dies der Fall, so kann später nur die positive Kenntnis des fehlenden Eigentums dem Eigentumserwerb entgegenstehen, § 937 Abs. 2 HS. 2 BGB. Dabei ist der positiven Kenntnis das bewusste Entziehen der Kenntnisnahme gleichzustellen.[323]

Dies gilt für jeden weiteren Besitzerwerb während der Ersitzungszeit. Liegt eine Rechtsnachfolge beim Besitz durch freiwillige Weitergabe vor, so ist allgemein auf die Gutgläubigkeit des Erwerbers und nicht lediglich auf positive Kenntnis abzustellen.[324] Das gilt auch für Fälle des Besitzübergangs im Wege der Gesamtrechts-

320 Vgl. dazu grds. Staudinger/Wiegand, vor §§ 937 ff.
321 S. Kapitel 2.A.II.2.a. „Ausgewählte Fallkonstellationen“ und 2.A.II.4.a. „Fallkonstellationen“.
322 BGH, Urteil vom 26. September 1985, BGHZ 96, 61, 65.
323 MüKo/Baldus BGB, § 937, Rn. 38.
324 Westermann, Sachenrecht, § 51 II 3.

nachfolge, also auch für die Erben.[325] Der Gesetzgeber hat sich hier bewusst gegen das römisch-rechtliche Konzept entschieden, wonach auf die Gutgläubigkeit bei der ersten Besitzerlangung abzustellen war.[326] Mit dem Erbfall geht der Besitz nach § 857 BGB auf den Erben über, die Gutgläubigkeit muss der Erbe allerdings selber begründen. Dies kann von ihm erst dann erwartet werden, wenn er von dem Nachlass Kenntnis erhalten und die tatsächliche Sachherrschaft erlangt hat.[327]

c. *Frist*

Die erforderliche Dauer des Eigenbesitzes für die Ersitzung beträgt zehn Jahre. Dabei ist der Zeitraum zu berücksichtigen, in der der Herausgabeanspruch des Eigentümers gegen den Eigenbesitzer gehemmt ist, § 939 Abs. 1 BGB.[328] Nach § 943 BGB gilt die *accessio possessionis* (Einrechnung der Ersitzungszeit), so dass die Ersitzungszeiten von Rechtsvorgängern dem jetzigen Ersitzenden anzurechnen sind.[329] Das gilt aber nur dann, wenn der Rechtvorgänger gutgläubig war.[330]

3. Besonderheiten bei Kulturgütern

a. *Fallkonstellationen*

Für den Kulturgüterschutz sind zwei Fallgruppen der Ersitzung relevant. Zum einen ist es die Ersitzung an gestohlenen oder sonst abhandengekommen Sachen, an denen zuvor gutgläubiger Erwerb vom Nichtberechtigten wegen § 935 Abs. 1 BGB gescheitert ist. Zum anderen ist es die Ersitzung an im Nachlass befindlichen, dem Erblasser nicht gehörenden Sachen. Das Scheitern des Erwerbs aus sonstigen Gründen wie fehlender Geschäftsfähigkeit oder Verletzung fremder Aneignungsrechte stellt dagegen kein Sonderproblem der Kulturgüter dar.

b. *Gutgläubigkeit*

Bei Kulturgütern ergeben sich keine Besonderheiten hinsichtlich des Eigenbesitzes; anders dagegen ist dies in Bezug auf die Gutgläubigkeit zu beurteilen. Nach der hier vertretenen Meinung ist bei der Bemessung des Maßstabs für die Gutgläubigkeit zum Zeitpunkt der *Besitzerlangung* konsequent zwischen zwei Konstellationen zu unterscheiden: dem gescheiterten rechtsgeschäftlichen Eigentumserwerb einerseits

---

325 H. M. Staudiger/Wiegand, § 943 Rn. 1; Finkenauer, NJW 1997, 960, 962; Westermann, Sachenrecht, § 51 II 3; a. M. Knütel, Bösgläubiger Erblasser – gutgläubiger Erbe, in: FS Lange, S. 903, 916; Krämer, NJW 1997, 2580, 2581.

326 Vgl. Kaser, Das römische Privatrecht I, § 101 I 4.

327 Wieling, Sachenrecht, § 11 I 2 c cc.; Finkenauer NJW 1998, 960, 961.

328 Staudinger/Wiegand, § 943, Rn. 1.

329 Wieling, Sachenrecht, § 11 I 2 c cc.

330 H. M., vgl. nur Baur/Stürner, Sachenrecht, Rn. 89; einschränkend Knütel, Bösgläubiger Erblasser – gutgläubiger Erbe, in: FS Lange, S. 903.

und dem originären Eigentumserwerb andererseits. Während der *Ersitzungszeit* ist dagegen auch hier wegen des Verkehrsinteresses auf die tatsächliche Kenntnisnahme im Hinblick auf fehlenden Eigentumserwerb abzustellen.

aa. Gescheiterter rechtsgeschäftlicher Erwerb: abhandengekommene Kulturgüter

Bei einem gescheiterten rechtsgeschäftlichen Erwerb dient das Institut der Ersitzung dem erweiterten Schutz des gutgläubigen Erwerbers. Scheitert der Gutglaubenserwerb am Abhandenkommen des Kulturgutes gemäß § 935 BGB, so erwirbt der gutgläubige Erwerber das Eigentum aufgrund der Ersitzung zum späteren Zeitpunkt. Für die Gutgläubigkeit soll dementsprechend auch hier gelten, dass die Anforderungen an die Sorgfalt von der Intensität des Rechtsscheins abhängen.[331] Der gute Glaube bezieht sich auf die Vorstellung, mit der Besitzerlangung selber Eigentümer geworden zu sein. Das ist aber nur dann möglich, wenn zuvor von der Eigentümerstellung des Veräußerers ausgegangen wurde.[332] Dafür sind bei den Kulturgütern entweder das Vorliegen einer qualifizierten Besitzlage oder eigene Nachforschungen des Erwerbers erforderlich. Grob fahrlässige Unkenntnis liegt demnach bei der Ersitzung vor, wenn der Rechtsschein allein durch Besitz begründet wurde und keine Erkundigungen und Nachforschungen unternommen worden sind.

Nichts anderes ergibt sich aus dem Sinn und Zweck des Instituts der Ersitzung. Zweck der Ersitzung ist es, ein dauerhaftes Auseinanderfallen von Eigentums- und Besitzlage zu verhindern. Auch das Verkehrsinteresse und somit das Erwerbsinteresse des Ersitzenden soll geschützt werden.[333] Der Erwerber ist aber nur dann schützenswert, wenn der gescheiterte Erwerb aus anderem Grund als an der Gutgläubigkeit gescheitert war.

bb. Originärer Eigentumserwerb: geerbte Kulturgüter

Ein originärer Eigentumserwerb ist auch dann möglich, wenn dem Erwerb kein (gescheitertes) Rechtsgeschäft vorangegangen ist. Das ist kunstrechtlich v. a. dann relevant, wenn der Erbe eine sich im Nachlass befindliche, dem Erblasser nicht gehörige Sache in Besitz nimmt, vgl. § 943 BGB. Hier stellt sich die Frage, was vom Erben eines Kulturgutes mit einfacher Besitzlage erwartet werden kann. Solange er vom Erbfall nichts weiß und keine Sachherrschaft über solche Kulturgüter ausübt, kann er auch keine Nachforschungen anstellen. Tritt er die Erbschaft an, so hat der Erbe ähnliche Untersuchungen anzustellen wie beim derivativen Eigentumserwerb,

---

331 S. dazu bereits Kapitel 2.II.2.d. „Gutgläubigkeit". Insofern kann der Meinung nicht zugestimmt werden, dass ein Rechtsschein nicht erforderlich sei, so aber Westermann, Sachenrecht, § 51 II 2.

332 Der Glaube an die Verfügungsbefugnis des Veräußerers ist dagegen für die Gutgläubigkeit nicht ausreichend, so aber Baur/Stürner, Sachenrecht, Rn. 88; Franz, Zivilrechtliche Probleme des Kulturgüteraustausches, S. 121.

333 S. dazu bereits unter Kapitel 2.III.2. „Allgemeine Voraussetzungen".

denn auch hier ist der alleinige Besitz eines Kulturgutes nicht ausreichend, um von der Eigentümerstellung des Erblassers auszugehen. Es ist somit nicht ersichtlich, warum an den gesetzlichen Erwerb andere Anforderungen zu stellen sind als an den rechtsgeschäftlichen Erwerb.[334]

Handelt es sich dagegen um ein Kulturgut mit qualifizierter Besitzlage, wenn bspw. Kaufverträge, Quittungen, Provenienz usw. vorhanden sind, so werden hier weitere Nachforschungen zur Begründung des guten Glaubens nicht erforderlich.

c. *Frist*

Bei der Frist sind grundsätzlich keine kunstrechtlichen Besonderheiten ersichtlich. Allerdings erscheint gerade bei Kulturgütern die Zeitspanne von zehn Jahren für die Begründung des Eigentums durch Ersitzung problematisch. Erfahrungsgemäß tauchen die gestohlenen Kunstwerke erst bei der nächsten oder sogar übernächsten Generation auf.[335] Anders als bei sonstigen beweglichen Sachen, die im Zweifel nach dem Ablauf von zehn Jahren durch die Abnutzung des Gegenstandes, technische Weiterentwicklung und Ähnlichem an Wert verloren haben, ist der wirtschaftliche Wert der Kulturgüter in der Regel eher gewachsen. Es besteht die Missbrauchsgefahr, dass die Kulturgüter absichtlich versteckt werden, um nach Ablauf der Frist wieder auf den Markt oder ganz allgemein in die Öffentlichkeit gebracht zu werden. Zwar ist in solchen Fällen der Besitzer nicht gutgläubig; dies ist aber tatsächlich nur schwer zu beweisen. Auch kann es bei einem Erbfall durchaus vorkommen, dass der Erbe noch vor Ablauf der Frist nicht in den Besitz des Kulturgutes gelangt ist, so dass er nach Ablauf von zehn Jahren die Sache ersitzt, ohne je die Möglichkeit gehabt zu haben, sich um die Herkunft eines Kulturgutes Gedanken zu machen.

d. *Vorschlag de lege ferenda*

Das Institut der Ersitzung verfolgt das Gemeininteresse an der Beruhigung der Rechtslage. Diesem Interesse kann allerdings auch bei Verlängerung der Ersitzungsfrist zu Gunsten des Kulturgüterschutzes Rechnung getragen werden. Das langfristige Auseinanderfallen von Besitz und Eigentum könnte durch die Anpassung der Ersitzungsfrist an die Verjährungsfrist des Herausgabeanspruchs aus § 985 BGB, die zurzeit gemäß § 197 Abs. 1 BGB dreißig Jahre betrifft, erreicht werden. In Orientierung an den internationalen Standards soll aber die Ersitzungsfrist bei Kulturgütern (bei entsprechender Verlängerung der Verjährungsfrist) bis auf 75 Jahre verlängert

---

334 Dahingehend wohl die h. M., die allgemein bei der Rechtsnachfolge die gleichen Anforderungen an den guten Glauben wie bei einer neuen Besitzbegründung stellt, vgl. nur Westermann, Sachenrecht, § 51 II 3 b; zumindest für den Fall, dass der Erblasser bösgläubig war: Staudinger/Wiegand, § 943, Rn. 5; kritisch Krämer, NJW 1997, 2580 ff.

335 Homberger, Unidroit als kulturpolitische Leitplanke im Handel mit Kunst, in: SAGW (Hrsg.), Unidroit, S. 23, 27.

werden.[336] Auf diese Problematik wird nachstehend eingegangen.[337] Nur durch eine Frist, die die Eigentumsbegründung an abhandengekommenen Kulturgütern in die übernächste Generation verlagert, kann ein wirksamer Kulturgüterschutz erreicht werden.

4. Zusammenfassende Bewertung

Zusammenfassend ist festzuhalten, dass die Ersitzung von Kulturgütern aufgrund der Besonderheit des Objekts an strengere Voraussetzungen gebunden ist als die Ersitzung von sonstigen Sachen. Dieses Institut widerspricht allerdings dem Kulturgüterschutz wegen der viel zu kurzen Ersitzungsfrist, so dass sie an die Besonderheiten des Kulturgütertransfers angepasst werden soll. Die Zeitspanne von 75 Jahren erscheint dabei angemessen.

IV. Verjährung des Herausgabeanspruchs

1. Allgemeines

a. Einrede der Verjährung

Hat der Eigentümer sein Eigentum am Kulturgut nicht verloren, so könnte er gleichwohl an dessen Wiedererlangung gehindert sein. Das Rechtsinstitut der Verjährung lässt das Recht zwar nicht erlöschen, gibt aber dem Verpflichteten eine Einrede, so dass er nach deren Gebrauch nicht zu leisten braucht. Die Verjährung dient dabei v. a. den Interessen des Schuldners.[338] Der Schuldner kann durch den Zeitablauf darauf vertrauen, dass er nicht mehr leisten muss. Die Verjährung hat auch die Funktion der Beweisersparung,[339] da sie dem Schuldner die Möglichkeit der pauschalen Abwehr von Ansprüchen einräumt.

Im BGB knüpfen die Verjährungsfristen grundsätzlich an die Kenntnis des Gläubigers von den anspruchsbegründenden Umständen an, wobei die absolute Verjährungsfrist zehn Jahre beträgt, § 199 BGB. Als Ausnahme bestimmen die auf dingliche Herausgabeansprüche anwendbaren §§ 197 Abs. 1 Nr. 1, 200 BGB, dass sich die Verjährungsfrist auf dreißig Jahre seit Anspruchsentstehung beläuft.

Für Eigentumsansprüche ist die Verjährung dann relevant, wenn der Eigentümer zwar sein Recht behält, es aber tatsächlich nicht durchsetzen kann. Die Verjährung greift gerade dort, wo der Eigentumserwerb nicht möglich war, somit v. a. im Falle des Diebstahls.

---

336 So bemessen Verjährungsfristen der Unidroit-Konvention zwischen fünfzig Jahren bis zur Unverjährbarkeit, Art. 3 Abs. 3–5 Unidroit-Konvention.

337 S. dazu sogleich unter Kapitel 2.IV. „Verjährung des Herausgabeanspruches".

338 Staudinger/Peters/Jacoby, Vorbem zu §§ 194–225 BGB, Rn. 5.

339 BGH, Urteil vom 4. Mai 1955, BGHZ 17, 199, 206.

b. Ausschluss beim Verstoß gegen Treu und Glauben

Im Einzelfall kann der Ausübung der Einrede der Verjährung das Gebot des Verhaltens nach Treu und Glauben nach § 242 BGB entgegenstehen. Ein Fall von unzulässiger Rechtsausübung ist gegeben, wenn der Rechtsausübung kein schutzwürdiges Eigeninteresse zugrunde liegt.[340] Die Ausübung der Einrede könnte dann treuwidrig sein, wenn die belastenden Umstände in der Person des Besitzers liegen; auch die Belange des Kulturgüterschutzes könnten im Einzelfall Berücksichtigung finden. Teilweise wird zumindest in Bezug auf die NS-Raubkunst ein Verstoß gegen Treu und Glauben bei Berufung auf die Einrede der Verjährung angenommen.[341] Diese Korrektur wird jedoch nicht in jedem Fall des dauerhaften Auseinanderfallens von Besitz und Eigentum greifen können, wenn der Besitz des Kulturgutes auf einen Diebstahl zurückzuführen ist. Der Gesetzgeber hat bis jetzt keine Regelung getroffen, die das dauerhafte Auseinanderfallen von Besitz und Eigentum vermeidet.

2. Sammlung Gurlitt

a. Sachverhalt

Kaum ein Kunstrechtsfall in der deutschen Nachkriegsgeschichte hat so viel Aufsehen erregt wie die Sammlung von Cornelius Gurlitt. In seiner Schwabinger Wohnung in München sowie später in seinem Haus in Salzburg wurde infolge der kuriosen Verkettung von Umständen eine Sammlung von über 1.500 Werken gefunden – darunter auch einige Meisterwerke –, deren Herkunft sehr unterschiedlich ist. Der Vater des Sammlers, Hildebrand Gurlitt, hatte den Auftrag des Reichspropagandaministeriums, Kunstwerke für das geplante *Linzer Museum* zu erwerben und die Werke der sog. *entarteten Kunst* wiederum zu veräußern. In der Sammlung sind die Werke aufzufinden, die Privaten verfolgungsbedingt abhandengekommen waren, Arbeiten aus der staatlichen Sammlung, die infolge der *Entartete-Kunst-Aktion* aus deutschen Museen verbannt worden sind sowie Kunstwerke, die Hildebrand Gurlitt rechtmäßig erworben hat.[342]

Es ist nicht davon auszugehen, dass Cornelius Gurlitt gutgläubig war und somit das Eigentum an allen Werken erworben hatte, allerdings könnte nach der heutigen Gesetzeslage zumindest den Ansprüchen Privater die Einrede der Ver-

---

340 BGH, Urteil vom 17. Dezember 1958, BGHZ 29, 113, 117 f.

341 Heuer, NJW 1999, 2558, 2563; Müller-Katzenburg, NJW 1999, 2551, 2558; Siehr, KUR 2012, 87, 96 geht dagegen weiter und bejaht den Ausschluss der Verjährung bei Herausgabeanspruch auf alle gestohlenen Kunstwerke, soweit er sich gegen den Dieb wendet.

342 S. dazu im Einzelnen die Informationen der Koordinierungsstelle Magdeburg, abrufbar unter: http://www.lostart.de/Webs/DE/Datenbank/KunstfundMuenchen.html, Stand: März 2017.

jährung entgegenstehen.[343] Jedenfalls wird nach einer politischen Lösung gesucht: Am 24. November 2014 wurde zwischen der Bundesrepublik Deutschland, dem Freistaat Bayern und der Stiftung Kunstmuseum Bern, die die Sammlung nach dem Tode von Cornelius Gurlitt geerbt hat, eine entsprechende Vereinbarung getroffen, die die Provenienzforschung an den Kunstwerken sowie nachfolgende Restitution ermöglichen soll.[344]

b. Bayerische Gesetzesinitiative

Der Freistaat Bayern hat auf den aufsehenerregenden Fund schnell reagiert und einen Entwurf zum Kulturgut-Rückgewähr-Gesetz (KRG) als *lex Gurlitt* dem Bundesrat vorgelegt.[345] Art. 1 KRG sieht vor, die dreißigjährige Verjährungsfrist auszuschließen, wenn der Erwerber beim Erwerb des Besitzes bösgläubig war, ohne jedoch die Regelung auf die Kulturgüter zu beschränken (Neufassung von § 214 Abs. 2 BGB):

> Gegenüber einem Herausgabeanspruch aus § 985 sowie Ansprüchen, die der Geltendmachung eines Herausgabeanspruchs aus § 985 dienen, ist die Berufung auf die Verjährung ausgeschlossen, wenn die Sache dem Eigentümer, dessen Rechtsvorgänger oder bei mittelbarem Besitz dem unmittelbaren Besitzer abhandengekommen war und der Besitzer, bei mittelbarem Besitz der mittelbare Eigenbesitzer bei Erwerb des Besitzes nicht in gutem Glauben war.

Die Idee der Anpassung der Verjährungsfristen bei Herausgabeansprüchen in Bezug auf die Kulturgüter ist grundsätzlich unterstützenswert, so dass darauf näher eingegangen werden sollte.

aa. Unverjährbarkeit des Anspruches

Die Unverjährbarkeit des Herausgabeanspruchs in Bezug auf die Kulturgüter wurde vereinzelt auch vor dem Entwurf der Bayerischen Landesregierung gefordert.[346] Die

343 Anderes Raue, ZRP 2014, 2, 4, der die Einrede der Verjährung in diesem Fall für treuwidrig hält; s. dazu auch Finkenauer, JZ 2014, 479 ff.

344 Die Vereinbarung ist abrufbar auf der Seite der Bundesregierung unter: http://www.bundesregierung.de/Content/DE/_Anlagen/BKM/2014-11-24-vereinbarung-bund-freistaat-bayern-stiftung-kunstmuseum-bern.pdf?__blob=publicationFile&v=3, Stand: März 2017.

345 Entwurf eines Gesetzes zum Ausschluss der Verjährung von Herausgabeansprüchen bei abhandengekommenen Sachen, insbesondere bei in der NS-Zeit entzogenem Kulturgut (Kulturgut-Rückgewähr-Gesetz), BR-Drs. 2/14.

346 Peters/Zimmermann, in: BMJ (Hrsg.), Gutachten und Vorschläge zur Überarbeitung des Schuldrechts, S. 77, 315; teilweise Ernst/Zimmermann/Mansel, Zivilrechtswissenschaft und Schuldrechtsreform, S. 333, 368 f.; Siehr, ZRP 2001, 346; Remien, AcP 201 [2001], 730, 755. Auch kennt bspw. die Schweizer ZGB keine Verjährung des Herausgabeanspruches, SchweizBGE 48 II, 38, 45.

Regelung des KRG erscheint jedoch nicht nur in ihrer Allgemeinheit nicht sinnvoll. Neben der grundsätzlichen Befriedungsfunktion der Verjährung wird dem Kulturgüterschutz dann ausreichend Rechnung getragen, wenn der Gefahr entgegengewirkt wird, die Kunstwerke absichtlich für sich oder nachfolgende Generationen zu verstecken. Dem wäre mit der Verlängerung der Verjährungsfrist über drei Generationen hinaus Genüge getan.[347] Erst dann profitiert die Allgemeinheit auf dem Gebiet des Kulturgüterverkehrs von der Verjährung, indem sie dem Rechtsfrieden dient. Darüber hinaus wird es wohl ab einem gewissen Zeitpunkt auch im Informationszeitalter nicht mehr möglich sein, den Sachverhalt abschließend zu klären, so dass Rechtsklarheit und damit auch Rechtssicherheit darunter leiden würden.

bb. Beschränkung auf die Anpassung der Verjährungsfrist

Als Einzelregelung greift der Gesetzesentwurf zu kurz, vielmehr sollten auch an anderen Stellen des BGB entsprechende Änderungen i. S. d. Kulturgüterschutzes vorgenommen werden. Nur durch Anpassungen von Ersitzungsfristen sowie grundsätzlichem Ausschluss des Erwerbs an abhandengekommenen Kulturgütern kann der Wertungswiderspruch vermieden und die Einheitlichkeit der Rechtsordnung gewährt werden.[348]

Die Bayerische Gesetzesinitiative ist daher nach hiesiger Meinung nicht ausgereift.

3. Vorschlag de lege ferenda

Wie bereits oben dargestellt, ist ein wirksamer Kulturgüterschutz nur dann möglich, wenn der Eigentümer seine umfassende Schutzposition behält und somit den Diebstahl unattraktiv macht. Die einschlägige Verjährungsfrist von dreißig Jahren ist im Vergleich zu sonstigen Verjährungsvorschriften des BGB relativ lang. Erfahrungsgemäß kommen allerdings die illegalen Kulturgüter v. a. in der dritten Generation auf den Markt.[349]

Es gibt oft die inzwischen sprichwörtlichen „Dachbodenfunde bei der Oma". So wurden im Jahr 1998 auf dem Schwarzmarkt vier Marmormosaiken aus dem sog. *Bernsteinzimmer des Katharinenpalasts* bei St. Petersburg angeboten.[350] Das Bernsteinzimmer wurde im Jahr 1716 vom preußischen König Friedrich Wilhelm I. an den russischen Zaren Peter den Großen verschenkt und von deutschen Truppen im Zweiten Weltkrieg geraubt. Seitdem fehlte vom Zimmer jede Spur. Der Veräußerer

347 S. dazu bereits unter Kapitel 2.III.3.c. „Frist".

348 S. dazu bereits Kapitel 2.II.4.d. „Vorschlag de lege ferenda" und Kapitel 2.III.3.d. „Vorschlag de lege ferenda".

349 S. dazu bereits unter Kapitel 2.III.3.c. „Frist".

350 Der Fall ist nachzulesen bei von Bayer, Wolfgang, Bernsteinzimmer – das kann man nicht fälschen, Spiegel 21/1997, abrufbar unter: http://www.spiegel.de/spiegel/print/d-8716441.html, Stand: März 2017.

hat das Mosaik auf dem Dachboden seines Vaters gefunden, der 1941 am Raub des Bernsteinzimmers beteiligt war und das Mosaik an sich genommen hatte. Von der Herkunft erfuhr der Veräußerer nach eigenen Angaben erst nach Ablauf der zehnjährigen Frist.[351]

Die Befriedungsfunktion greift hier wegen des besonderen Stellenwerts des Gegenstandes und der regelmäßigen persönlichen Verbindung des Eigentümers zum Kulturgut nicht so schnell wie bei anderen Gegenständen.[352] Im Übrigen müsste hier der Schutz des Schuldners gegenüber dem Interesse des Kulturgüterschutzes zurücktreten. Dies wäre einer Änderung der Rechtswirklichkeit geschuldet. Der Eintritt in das Informationszeitalter brachte eine andere Erinnerungskultur mit sich. Gerade im Kulturgüterverkehr ist der Schuldner weniger schützenswert, da er eine umfassende Möglichkeit hat, sich über die Herkunft des Kulturgutes zu informieren.

Auch aus rechtshistorischer Sicht kommt man mit einem schlichten Verweis auf die Einrede des römischen Rechts, die *longi temporis praescriptio*, nicht weiter:[353] Das römische Recht kannte ebenfalls in Ausnahmefällen die Verjährungsfrist von einhundert Jahren, so z. B. bei letztwilligen Zuwendungen, Schenkungen und Verkäufen an Kirchen und an wohltätige Stiftungen unter der Herrschaft von Theodosius II.[354]

Der verbesserte Eigentümerschutz wird nur dann gewährleistet, wenn durch die Anpassung der Verjährungsfristen *de lege ferenda* eine dauerhafte Spaltung von Eigentum und Besitz für eine bestimmte Zeit vermieden wird. Die Norm des § 197 BGB findet ausdrücklich nur dann Anwendung, wenn nichts anderes bestimmt ist. Diese Regelung ist subsidiär und geht in ihrem sachlichen Anwendungsbereich allein den Vorschriften über die Regelverjährungsfristen nach §§ 195, 199 BGB vor.[355] Es wäre also im Einklang mit dem geltenden Recht möglich, die Verjährungsfristen aus den oben genannten Gründen für die die Kulturgüter betreffenden Ansprüche zu verlängern und den internationalen Standards anzupassen.[356] Die Unverjährbarkeit des Anspruches ist dagegen abzulehnen.[357]

Eine Zeitspanne von 75 Jahren, gerade auch in der Anpassung mit Ersitzungsfrist, erscheint deswegen notwendig, aber auch ausreichend.

---

351 Zur juristischen Aufarbeitung des Falles s. Krämer, NJW 1997, 2580; Finkenauer, NJW 1998, 960.

352 Grundsätzlich für die Befriedungsfunktion der Verjährung BGH, Urteil vom 16. Juni 1972, BGHZ 59, 73, 74; BGH, Urteil vom 23. November 1994, BGHZ 128, 74, 82; Palandt/Heinrichs, Vor § 194, Rn. 7; a. M. Staudinger/Peters/Jacoby, Vorbem zu §§ 194–225 BGB, Rn. 7.

353 S. zu der geschichtlichen Entwicklung der Verjährung: Staudinger/Coing (2004), Vorbem 7 zu § 194.

354 Kaser, Das römische Privatrecht, S. 72, Fn. 66.

355 MüKo/Grothe BGB, § 197, Rn. 5.

356 Zu anderen Reformvorschlägen s. v. a. Plehwe, KUR 2001, 49, 55 ff.

357 S. dazu bereits Kapitel 2.IV.2.b.aa. „Unverjährbarkeit des Anspruches".

V. Weitere Schutznormen des Privatrechts

Dem Eigentümer stehen daneben weitere Schutzmechanismen zur Verfügung, die nicht an seine Eigentümerstellung anknüpfen.

1. Besitzschutz

Die Ansprüche aus dem Besitz spielen v. a. dann eine Rolle, wenn der Anspruchssteller zwar seinen Besitz, aber nicht sein Eigentum nachweisen kann. Es kommen dann Ansprüche in Betracht wegen Besitzentziehung (§ 861 BGB) sowie – und v. a. – aus § 1007 Abs. 1 BGB gegenüber dem bösgläubigen Besitzer und aus § 1007 Abs. 2 BGB gegenüber dem gutgläubigen Besitzer, wenn das Kulturgut abhandengekommen ist. Auch hier sollten je nach Besitzlage unterschiedliche Anforderungen an die Gutgläubigkeit des Besitzers gelten.[358] Insgesamt dürfen allerdings diese Ansprüche neben dem Vindikationsanspruch aus § 985 BGB kaum von Bedeutung sein.

2. Sonstige Schutznormen

Neben dem Vindikationsanspruch aus § 985 BGB und Besitzansprüchen gemäß §§ 861, 1007 Abs. 1 und Abs. 2 BGB, sind auch deliktische (§§ 823 ff. BGB), bereicherungsrechtliche (§§ 812 ff. BGB) oder sogar in seltenen Fällen vertragliche Ansprüche, gerichtet auf die Herausgabe des Kulturgutes, denkbar. Diese bieten regelmäßig allerdings nur einen geringeren Schutz als der Vindikationsanspruch des Eigentümers (z. B. wegen kürzerer Verjährungsfristen) und haben oft lediglich Geldersatz zur Rechtsfolge. Aufgrund der besonderen Stellung der Kulturgüter befriedigt aber ein solches Surrogat die Interessen des Eigentümers nicht, so dass die sonstigen Herausgabeansprüche im Kulturgüterschutz auch nur eine geringe Rolle spielen dürften.[359]

Hat der Eigentümer sein Eigentum am Kulturgut verloren, so stehen ihm kaum Möglichkeiten zur Verfügung, das Eigentum wieder zu erlangen. Der Vindikationsanspruch des Eigentümers ist grundsätzlich kondiktionsfest. Eine Ausnahme besteht nur nach § 816 Abs. 1 S. 2 BGB im Rahmen des unentgeltlich und gutgläubig erworbenen Eigentums, wonach der Erwerber wegen der geringeren eigenen Schutzwürdigkeit die Sache herauszugeben hat. Somit wird der ursprüngliche Eigentümer zwar teilweise geschützt, für den hiesigen Problemkreis dürfte aber der unentgeltliche Erwerb eher eine untergeordnete Rolle spielen.

---

358 S. dazu bereits Kapitel 2.II.2.b. „Rechtsscheinwirkung des Besitzes".

359 S. zu den verbleibenden Ansprüchen des Eigentümers nach der Verjährung des Herausgabeanspruches: Kähler, NJW 2015, 1041 ff.

VI. Zusammenfassende Bewertung sowie Reformvorschläge

Die Umsetzung der Ziele des Kulturgüterschutzes bei innerdeutschen Sachverhalten ist auf der privatrechtlichen Ebene grundsätzlich gelungen, bleibt allerdings verbesserungswürdig. Der Eigentumsschutz dient der Erhaltung der Kulturgüter und ermöglicht die Teilhabe an diesen, so dass eine Stärkung der privatrechtlichen Eigentümerposition i. S. d. Kulturgüterschutzes begrüßenswert ist.

Im deutschen Zivilrecht gibt es zwar keine ausdrückliche kulturgüterschützende Eigentumsregelung; der Kulturgüterschutz hat auf einem Umweg Einzug gefunden. Diesen gilt es im Wege der Rechtsfortbildung zu einem Sonderrecht auszubauen. Eine Entwicklung zum besonderen Sachenrecht wäre begrüßenswert.

Der gutgläubige Erwerb von anvertrauten Kulturgütern ist gemäß §§ 932 ff. BGB wegen der schwachen Rechtsscheinwirkung des Besitzes nur dann ohne Weiteres möglich, wenn ein durch zusätzliche Anscheinsmerkmale qualifizierter Besitz vorliegt. Ist dies nicht der Fall und liegt lediglich eine einfache Besitzlage vor, so unterliegt der Erwerber einer umfassenden Erkundigungs- und Nachforschungspflicht. Diese Unterscheidung ergibt sich bereits aus der konsequenten Auslegung der Normen, so dass hier *keine Gesetzesänderung* notwendig ist. Dies ist darauf zurückzuführen, dass der allgemein bei beweglichen Sachen festgestellte Funktionsverlust des Besitzes bei den Kulturgütern so weitreichend ist, dass der Besitz allein kein Vertrauen in die Eigentümerstellung des Veräußerers eines Kulturgutes begründet.

Der gutgläubige Erwerb von abhandengekommenen Kulturgütern ist wie bei sonstigen Sachen nach dem nationalen Recht grundsätzlich nicht möglich. Die vom Gesetz vorgesehenen Ausnahmen der öffentlichen Versteigerung (§ 935 Abs. 2 BGB) und der Ersitzung (§ 937 BGB) sind allerdings für den Kulturgüterschutz sehr relevant.

Im Wege der öffentlichen Versteigerung sind die Sorgfaltsanforderungen an den Erwerber eher durchschnittlich, da diese Form der Veräußerung wegen der speziellen Rahmenbedingungen einer Kunstauktion einen ausreichenden Rechtsschein entfaltet. Aufgrund der besonderen Bedeutung der Kunstauktionen ist diese Regelung insgesamt allerdings nicht zufriedenstellend. Ein umfassender Kulturgüterschutz kann nur gewährleistet werden, wenn der gutgläubige Erwerb abhandengekommener Kulturgüter im Allgemeinen ausgeschlossen wird. Dies kann *de lege ferenda* z. B. durch die Einführung des § 935 Abs. 2 S. 2 BGB alt. F. erreicht werden:

> § 935 Abs. 2 S. 2 BGB alt. F.: „S. 1 findet keine Anwendung auf Kulturgüter."

Das gleiche gilt auch bei der Ersitzung. Zwar ist dieses Institut zwecks langfristiger Beruhigung der Rechtslage notwendig. Die Frist von zehn Jahren erscheint aber gerade aufgrund der Praktiken im Handel mit Kulturgütern sowie deren wirtschaftlicher Nichtabnutzung nicht angemessen. Die Frist sollte verlängert werden:

> § 937 Abs. 1 S. 2 BGB alt. F.: „Bei Kulturgütern beträgt die Frist 75 Jahre."

Eine solche Verlängerung der Frist ist nur dann sinnvoll, wenn der Herausgabeanspruch des Eigentümers in jenem Zeitraum nicht verjährt, so dass auch hier eine Änderung notwendig ist:

> § 197 Abs. 3 BGB alt. F.: „§ 197 Abs. 1 Ziff. 1 findet keine Anwendung auf die Herausgabe von Kulturgütern. Solche Ansprüche verjähren in 75 Jahren."

Außerdem sind die Besonderheiten des professionellen Kunsthandels zu berücksichtigen. Beim Erwerb eines Kulturgutes sind an einen Kunsthändler kraft seiner Berufszugehörigkeit erhöhte Anforderungen zu stellen. Im Übrigen besteht aber eine Nachforschungspflicht nur dann, wenn eine einfache Besitzlage vorliegt.

Veräußert ein Kunsthändler ein Kulturgut, so wird bei der Anwendung des § 366 HGB ebenfalls zwischen der qualifizierten und einfachen Besitzlage unterschieden, wobei im letzteren Fall der Erwerber Nachforschungen vornehmen muss. *De lege ferenda* sollte allerdings diese Norm auf Kulturgüter keine Anwendung finden:

> § 366 Abs. 4 HGB alt. F.: „Diese Norm findet keine Anwendung auf Kulturgüter."

Dagegen ist eine Aberkennung der Verkehrsfähigkeit von Kulturgütern mit dem deutschen Rechtssystem kaum vereinbar und würde darüber hinaus auch dem Kulturgüterschutz nicht dienen: Der kulturelle Austausch, der nicht nur vorübergehender Natur ist, sondern langfristig die Kulturgüter in ein anderes Umfeld bringt, dient der Weiterentwicklung der Kultur. Dies soll weiterhin sowohl im Inland als auch grenzüberschreitend möglich sein.

Neben § 985 BGB spielen sonstige Herausgabe- und Ausgleichsansprüche wegen der Einzigartigkeit der Kulturgüter kaum eine Rolle.

Ein lückenloser Schutz der Kulturgüter bleibt auch nach der Umsetzung der Reformvorschläge unmöglich. Dies kann allerdings auch im Allgemeinen nicht von einem Rechtssystem erwartet werden. Eine Neuregelung würde aber zu einer wesentlichen Verbesserung des Kulturgüterschutzes bei innerdeutschen Sachverhalten führen.

Kapitel 3. Kulturgüterschutz bei grenzüberscheitenden Sachverhalten

Der Handel mit Kulturgütern ist ein international florierendes Geschäft, das den Kulturaustausch fördert und somit auch zum besseren Verständnis zwischen den Bevölkerungsgruppen mit unterschiedlicher nationaler, ethnischer, religiöser oder kultureller Zugehörigkeit führt. Allerdings birgt die Lukrativität des Marktes auch die Gefahr, als Anreiz für das Tätigwerden außerhalb des rechtlich erlaubten Rahmens zu dienen.

Der Schwerpunkt des illegalen Kulturgüterhandels liegt – neben Fälschungen – im Umgang mit illegalen Kulturgütern, die früher oder später ihren Zugang zum Markt finden. Die Gefährlichkeit des internationalen illegalen Kunsthandels besteht darin, dass die Unterschiede der Rechtssysteme ein „Reinwaschen", d. h. eine Legalisierung des Handels mit gestohlenen Kulturgütern, erlauben. Es wird wohl kaum möglich sein, durch rechtliche Regelungen Diebstahl und Hehlerei im Allgemeinen oder an Kulturgütern im Speziellen vollständig zu unterbinden. Durch die Regulierung des grenzüberschreitenden Rechtsverkehrs können dennoch Rahmenbedingungen geschaffen werden, die eine Ausnutzung von Regelungslücken oder eine Umgehung von nationalen oder internationalen Vorschriften erschweren und somit den internationalen Kulturgüterschutz stärken.

Auch der Verlust von anvertrauten Kulturgütern – wenn auch von geringerer praktischer Relevanz – ist der gleichen Problematik ausgesetzt, denn auch hier herrschen in Rechtsordnungen verschiedene Grundsätze über den Umgang mit freiwillig überlassenen Sachen. Der Umfang des Missbrauchs ist zwar kleiner, da der Verlust des Eigentums an eine Mitwirkung des Eigentümers – dem Anvertrautsein des Kulturgutes – gekoppelt ist. Wie bereits oben dargestellt, resultiert hier der Eigentumsverlust v. a. aus der Nichtrückgabe der im Kulturgüterverkehr verbreiteten Leihgaben und dem Missbrauch der Verfügungsbefugnis in Museen und Sammlungen, wobei Letzteres wohl eher in einigen wenigen Ländern verbreitet ist.[360] Die anvertrauten Kulturgüter genießen nach deutschem Recht insoweit Schutz, als dass die Anforderungen an den Gutglaubenserwerb im Vergleich zu sonstigen Sachen höher sind, so dass sie gerade im internationalen Rechtsverkehr gefährdet sind. Ein umfassender Kulturgüterschutz kann aber nur dann gewährleistet werden, wenn der Erwerb eines Kulturgutes vom Nichtberechtigten weitgehend – also sowohl in Bezug auf abhandengekommene, als auch auf anvertraute Kulturgüter – ausgeschlossen ist.

Es sind bei den Rechtsfragen des grenzüberschreitenden Eigentumsschutzes Abgrenzungen in zwei Richtungen vorzunehmen: Zum einen sind es die Regelungen

360 S. dazu bereits Kapitel 2.II.2. „Anvertraute Kulturgüter".

des Kollisionsrechts, die das anwendbare nationale Recht bestimmen, zum anderen ist es die einheitsrechtliche Lösung.

I. Lösungsansätze nach Internationalem Privatrecht

Beim Eigentumsschutz in einem grenzüberschreitenden Sachverhalt ist v. a. zu entscheiden, welches nationale Recht auf den Sachverhalt Anwendung findet. Die Anwendbarkeit des Privatrechts auf Fälle mit Auslandsberührung ist durch das Internationale Privatrecht (IPR) geregelt, wobei der Begriff uneinheitlich verwendet wird. Grundsätzlich kann zwischen dem IPR i. e. S. und dem IPR i. w. S. unterschieden werden. Das IPR i. e. S. regelt die internationalen Sachverhalte nicht unmittelbar, sondern verweist auf eine der berührten Rechtsordnungen (Verweisungsrecht).[361] Das IPR i. w. S. beschreibt die Gesamtheit der Rechtsnormen, die internationale Sachverhalte regeln, und besteht aus Verweisungsnormen, den Vorschriften über das Internationale Zivilverfahrensrecht (IZR), dem internationalen Einheitsrecht und ähnlichen Regelungen.[362] Vorliegend wird unter IPR dasjenige i. e. S. verstanden, zumal die alternative Verwendung des Begriffs v. a. in anderen Rechtsordnungen verbreitet ist.[363] Das IPR ist in Deutschland hauptsächlich in den Art. 3 bis 46 EGBGB geregelt. Nachfolgend ist der Frage nachzugehen, ob und inwiefern das IPR eine eigentumsschützende und dadurch auch eine kulturgüterschützende Wirkung entfaltet.

1. Grundsatz der legis rei sitae

Um die sachenrechtliche Zuordnung eines Kulturgutes zu klären, ist entscheidend, welcher Rechtsordnung der Sachverhalt unterliegt (*lex causae*). In den meisten Staaten gilt für das Internationale Sachenrecht allgemein (und somit auch zunächst für das Recht an Kulturgütern) der Grundsatz der *legis rei sitae*, wonach das Recht des jeweiligen Belegenheitsortes der Sache gilt (*Situs-Regel*).[364] In Deutschland wurde dieser Grundsatz durch Art. 43 EGBGB kodifiziert. Die Regelung stellt eine Gesamtnormverweisung i. S. d. Art. 4 Abs. 1 S. 1 EGBGB dar, die auf das Recht eines anderen Staates unter Einschluss von dessen nationalem Kollisionsrecht verweist.[365] Ergänzt wird sie durch die Ausnahmeklausel des Art. 46 EGBGB. Demnach ist beim Bestehen

---

361 Kropholler, Internationales Privatrecht, S. 1.

362 V. Hoffmann/Thorn, Internationales Privatrecht, § 1, Rn. 36; Siehr, Internationales Privatrecht, S. 1.

363 Vgl. v. Hoffmann/Thorn, Internationales Privatrecht, § 1, Rn. 36.

364 So z. B. IPR-Gesetze Italiens (Art. 51 Abs. 1), Österreichs (Art. 31), Liechtensteins (Art. 32, 34), Rumäniens (Art. 49), Ungarns (Art. 21), der Türkei (Art. 23 Abs. 1) und der Schweiz (Art. 99 Abs. 1, Art. 100), zit. nach BT-Drs. 14/343, S. 15; vielfältiger z. B. im US-Recht, wo verschiedene Ansätze nebeneinander verfolgt werden, vgl. Hay, US-amerikanisches Recht, Rn. 265 ff.

365 BT-Drs. 14/343, S. 15.

einer wesentlichen Verbindung eines anderen Staates mit der Sache dessen Recht anwendbar. Unabhängig von der Anknüpfung darf das anwendbare Recht nicht – wie auch im sonstigen IPR – gegen die öffentliche Ordnung (*ordre public*) verstoßen, Art. 6 EGBGB. Auch diese Vorschrift ist restriktiv auszulegen.[366]

Der räumliche Bezug der Situs-Regel wird nach der Theorie Savignys von der Anknüpfung an den Sitz des Rechtsverhältnisses, der sich an dessen natürlichem Schwerpunkt befindet, abgeleitet.[367] Die Anknüpfung an den Belegenheitsort der Sache wird v. a. mit der Verkehrssicherheit begründet: Rein tatsächlich ist der Belegenheitsort der Sache leicht zu ermitteln, so dass mit der *legis rei sitae* ein Recht berufen wird, das feststellbar und damit in der Anwendung vorhersehbar ist, was dem Schutz des Erwerbers dient.[368] Zudem ist der Grundsatz *lex rei sitae* international weitverbreitet, was zu einer Einhaltung des internationalen Entscheidungseinklangs beiträgt.[369] Dieser ist verwirklicht, wenn

> „die Rechtsverhältnisse, in Fällen einer Kollision der Gesetze, dieselbe Beurteilung zu erwarten haben, ohne Unterschied, ob in diesem oder jenem Staate das Urteil gesprochen wird".[370]

Mit jedem Grenzübertritt geht ein Statutenwechsel einher – es ist das Recht des gewechselten Belegenheitsortes der Sache anzuwenden. Auf die abgeschlossenen Tatbestände hat der Statutenwechsel keinen Einfluss, da deren Neubeurteilung nicht stattfindet.[371] Gemäß Art. 43 Abs. 2 EGBGB wird ein früheres, nach der Regelung der *legis rei sitae* erworbenes Recht insoweit anerkannt, als es nicht im Widerspruch zur gegenwärtigen Regelung der *legis rei sitae* steht. Komplizierter wird es bei gestreckten Tatbeständen: Wurde der Rechtserwerb im Ausland noch nicht abgeschlossen, so kann das Recht nur nach deutschem Sachenrecht begründet werden, wobei auch im Ausland verwirklichte Tatbestände nach deutschem Recht zu berücksichtigen sind, Art. 43 Abs. 3 EGBGB. Mehrere Rechtsordnungen sind auch bei fortdauernden Rechtsverhältnissen anzuwenden, wenn bspw. der Eigentumserwerb nach dem Recht des vorangegangenen und der Herausgabeanspruch nach dem des jetzigen Lageortes zu beurteilen ist. Dabei können auch mehrere Anknüpfungspunkte miteinander konkurrieren, wenn z. B. die Eigentumsverhältnisse an einer gestohlenen Sache geklärt werden sollen, Art. 40 Abs. 1 EGBGB (Tatortregel), im Vergleich zu Art. 43 EGBGB (*lex rei sitae*).[372] Gerade dieses Zusammentreffen von sachenrechtlichen und deliktsrechtlichen Vorschriften ist im Kulturgüterverkehr relevant.

---

366 MüKo/v. Hein EGBGB, Rn. 13 m. w. N.
367 Savigny, System des heutigen römischen Rechts, S. 28 ff., 108 ff.; MüKo/Kreuzer EGBGB, 3. Aufl., Art. 38 Anh. I, Rn. 14 m. w. N.
368 Kropholler, Internationales Privatrecht, S. 554 f.
369 Hoffmann/Thorn, Internationales Privatrecht, § 12, Rn. 9; MüKo/Wendehorst EGBGB, Art. 43, Rn. 4.
370 Savigny, System des heutigen Römischen Reiches, S. 27.
371 Hoffmann/Thorn, Internationales Privatrecht, § 5, Rn. 103.
372 Vgl. dazu sogleich unter Kapitel 3.I.3. „Anknüpfungspunkt für Kulturgüter".

2. Sonderkollisionsnormen für Kulturgüter

Das EGBGB enthält zwar keine besonderen Regelungen für Kulturgüter, allerdings gibt es im EGBGB vorrangige, weil spezielle Normen, die kollisionsrechtlich relevant sind. Diese *leges speciales* sind im Kulturgüterrückgabegesetz und im Kulturgüterschutzgesetz enthalten, die nachfolgend erläutert werden.

a. Das Kulturgüterrückgabegesetz

Das Kulturgüterrückgabegesetz (KultgRückG) bestimmt die Rückgabeansprüche des Staates, aus dem das Kulturgut rechtswidrig ausgeführt wurde. Das KultgRückG dient der Umsetzung der Richtlinie 93/7/EWG, die die Rückgabe der unrechtmäßig aus den Mitgliedstaaten ausgeführten Kulturgüter regelt, und der Ausführung der UNESCO-Konvention, die eine entsprechende Bestimmung für die Vertragsstaaten enthält.[373] Dabei bezieht sich das Gesetz nur auf bestimmte Kulturgüter, die im deutschen Verzeichnis wertvoller Kulturgüter oder Archive eingetragen (§ 1 Abs. 3 KultgRückG)[374] oder besonders bedeutsam für einen anderen Vertragsstaat sind (§ 6 Abs. 1, 2 KultgRückG). Das Gesetz enthält darüber hinaus besondere Anknüpfungsregeln, die hier näher betrachtet werden sollen.

aa. Direkte Anwendung

Der Herausgabeanspruch nach KultgRückG ist entweder öffentlich-rechtlicher Natur (§§ 4, 13 KultgRückG gegenüber EU-Mitgliedstaaten oder der Bundesrepublik Deutschland) oder kann auf diplomatischem Wege (§ 4 KultgRückG bezüglich der Vertragsstaaten der Konvention) geltend gemacht werden, so dass diesbezüglich keine sachenrechtlichen Bestimmungen getroffen worden sind. Nach der Rückgabe des Kulturgutes entscheidet jedoch das Recht des ersuchenden Staates über die Eigentumsverhältnisse. Der Sachnormverweis gilt sowohl für EU- als auch für sonstige dem UNESCO-Kulturgutübereinkommen beigetretene Staaten, §§ 5, 9 KultgRückG. Nach § 5 Abs. 1 KultgRückG richtet sich das Eigentum am Kulturgut, welches aufgrund dieses Gesetzes in das Bundesgebiet zurückgeführt wird, nach deutschem Sachrecht. Nach der erfolgten Rückgabe in einen anderen Staat bestimmt sich das Eigentum nach dem Sachrecht des ersuchenden Staates, § 9 KultgRückG. Diese Regelungen werden von der wohl herrschenden Meinung als das Recht des Ursprunglandes (*lex originis*) ausgelegt – unter fremdem Belegenheitsrecht durchgeführte Transaktionen sollen nachträglich nach dem Recht des ersuchenden Staates behandelt werden.[375] Dabei beschränkt sich diese Sonderanknüpfung auf

---

373 S. dazu bereits Kapitel 1.II.1.a. „Nationales Recht“ und b.bb. „Völkerrecht“.

374 Zuständig für Eintragung ist das Land, in dem sich das Kulturgut zum Zeitpunkt des Inkrafttretens des Gesetzes befand, VG Düsseldorf, Urteil vom 9. Mai 2012, KUR 2012, 184 ff.

375 BT-Drs. 14/343, S. 15; MüKo/Wendehorst EGBGB, Art. 43, Rn. 187 ff.; Pfeiffer, IPRax 2000, 270, 278 ff., insb. 280; Roth, IPRax 1994, 165, 173; a. M. Siehr, RabelsZ

öffentlich-rechtliche Rückgabeansprüche des ersuchenden Staates.[376] Somit schafft das KultgRückG eine Sonderanknüpfung für den Fall der Klärung der Eigentumsverhältnisse nach der Befriedigung des Anspruches des ersuchenden Staates auf Rückgabe eines nationalen Kulturgutes.

bb. Analoge Anwendung

Die kollisionsrechtlichen Regelungen des KultgRückG könnten aber möglicherweise auf die privatrechtlichen Herausgabeansprüche analog angewendet werden.[377] So könnte sich das Eigentum nach dem Sachrecht des Ursprungstaates auch dann bestimmen, wenn das Kulturgut nicht auf sein Verlangen, sondern auf einem anderen Wege in das Ursprungsland zurückgelangt ist. Für die Annahme einer Analogie müssten bei einer planwidrigen Regelungslücke der Normzweck und die Interessenlage vergleichbar sein.[378] Fraglich ist, ob hier eine planwidrige Regelungslücke vorliegt. Das KultgRückG hat zum Ziel, die Interessen einzelner Länder an der Rückkehr eines Kulturgutes zu schützen. Das Gesetz dient dem Abwanderungsschutz; die zivilrechtliche Eigentumsordnung bleibt davon unberührt. Lediglich die Koordination zwischen dem öffentlich-rechtlichen Rückgabeanspruch eines Staates und der Zivilrechtslage sollte geregelt werden. Somit ist eine analoge Anwendung des KultgRückG auf die privatrechtlichen Ansprüche abzulehnen.[379]

Die Ablehnung der Analogie kann allerdings zu einem für den ursprünglichen Eigentümer unbefriedigenden Ergebnis führen. Wurde ihm im Herkunftsstaat ein Kulturgut gestohlen, so findet das Sachrecht des Herkunftsstaates nur dann Anwendung, wenn das Kulturgut aufgrund des Rückgabeersuchens des Herkunftsstaates zurückgekehrt ist. Gelangt das Kulturgut auf einem anderen Weg in den Herkunftsstaat zurück – wenn auch zufällig –, sind die Regelungen des IPR anwendbar mit der Folge, dass der eventuell zwischenzeitlich stattgefundene gutgläubige Eigentumserwerb nach dem Recht des Belegenheitsortes anerkannt wird. Für den ursprünglichen Eigentümer ist es somit günstiger, wenn das Kulturgut bis zur Geltendmachung des Anspruchs seitens des Staates nicht in seine Hände (also

59 (1995), 454, 467 (zumindest bezüglich Art. 12 der Richtlinie); ders., KUR 1999, 225; Weidner, Kulturgüter als res extra commercium, S. 279 ff. Die Regelung der Richtlinie wird auch in den Mitgliedstaaten unterschiedlich umgesetzt, vgl. den Überblick bei Siehr, ZVglRWiss. 95 (1996), 170, 179.

376 Vgl. VG Berlin, Urteil vom 9. Dezember 2010, KUR 2011, 155 ff., in dem über den Anspruch von Italien gegen Deutschland auf Herausgabe eines antiken Helmes entschieden wurde.

377 So Siehr, RabelsZ 59 (1995), 454, 465 ff. (zumindest in Bezug auf Art. 12 RL 93/7/EWG); MüKo/Wendehorst EGBGB, Art. 43, Rn. 191; a. M. MüKo/Kreuzer EGBGB, 3. Aufl., Art. 38, Anh. I, Rn. 203; Strauch, Rechtsverhältnisse an Kulturgütern im internationalen Sachenrecht, S. 91; Fuchs, IPRax 2000, 281, 285; Halsdorfer, IPRax 2008, 395, 399; Stoll, IPRax 2000, 259, 269.

378 Larenz, Methodenlehre der Rechtswissenschaften, S. 370 ff., insb. 381 ff.

379 So auch Fuchs, IPRax 200, 281, 285; Halsdorfer, IPRax 2008, 395.

in das Herkunftsland) zurückgelangt. Da aber mit dem Schutzzweck des Gesetzes eine Neuordnung der Eigentumsverhältnisse nicht vereinbar ist, bleibt es bei dieser unbefriedigenden Rechtssituation.

b. Kulturgutschutzgesetz

Es gibt ein weiteres Gesetz, das eine für das Internationale Sachenrecht relevante Vorschrift enthält – das Kulturgutschutzgesetz (KultgSchG). Es regelt in § 20 Abs. 3 KultgSchG „freies Geleit" für ein ausländisches Kulturgut: Wird ein ausländisches Kulturgut in das Staatsgebiet der Bundesrepublik Deutschland vorübergehend zu Ausstellungszwecken eingeführt, so kann die zuständige Behörde dem Verleiher die Rückgabe zum festgesetzten Zeitpunkt rechtsverbindlich zusagen mit der Folge, dass Dritte keine Rechte dem Rückgabeanspruch des Verleihers entgegenhalten können (§ 20 Abs. 1 S. 1 KultgSchG). Eine solche Regelung erscheint im Allgemeinen sinnvoll, um den Kulturgüteraustausch nicht von der Rechtsordnung eines zufällig für die Ausstellung ausgesuchten Staates gefährden zu lassen. Für die hiesige Fragestellung ist diese Norm wegen ihrer bloß vorübergehenden Wirkung jedoch nicht relevant.

Es sind somit keine Sonderkollisionsnormen für Kulturgüter im Privatrecht ersichtlich.

3. Anknüpfungspunkt für Kulturgüter

Mangels spezialrechtlicher Vorschriften ist nachstehend zu erörtern, ob die bestehende Situs-Regel des EGBGB in Bezug auf Kulturgüter einer Korrektur bedarf. Es werden aufgrund der besonderen Stellung des Vindikationsobjekts unterschiedliche Ansätze vertreten, um den kollisionsrechtlichen Grundsatz der *legis rei sitae* zu berichtigen. Art. 46 EGBGB erlaubt dabei ausdrücklich von der Regelanknüpfung abzuweichen, wenn eine wesentlich engere Verbindung mit dem Recht eines anderen Staates vorliegt. Dabei ist Art. 46 EGBGB wie jede Ausnahmevorschrift eng auszulegen.[380]

a. Ungeeignetheit der Situs-Regel für Kulturgüter

Eine Korrektur der Situs-Regel, wonach das Recht des jeweiligen Belegenheitsortes der Sache gilt, könnte in Bezug auf Kulturgüter erforderlich und systemkonform sein. In der Gesetzesbegründung zum sachenrechtlichen Teil des EGBGB wird die Erforderlichkeit einer ausdrücklichen Regelung für Kulturgüter zwar verneint,[381]

---

380 Kropholler, Internationales Privatrecht, S. 567 f.; Looschelders, Internationales Privatrecht, Art. 46 EGBGB, Rn. 3.

381 BT-Drs. 14/343, S. 15, gleichzeitig wird auf die Sonderbestimmungen der Richtlinie 93/7/EWG vom 15. März 1993 (inzwischen umgesetzt durch das KultgRückG) und auf die Initiative der Unidroit-Konvention verwiesen.

die alleinige historische Auslegung ist allerdings für das Verständnis der Norm und deren Anwendung nicht ausreichend, so dass vorliegend eine genaue Betrachtung erforderlich wird.[382]

Der räumliche Bezug der Situs-Regel nach der Savigny-Theorie orientiert sich am natürlichen Schwerpunkt des Rechtsverhältnisses, was die Verkehrssicherheit erleichtern und letztendlich den Erwerber schützen soll.[383] Fraglich ist bereits, ob der Schwerpunkt des Rechtsverhältnisses in der tatsächlichen Belegenheit des Kulturgutes noch zu finden ist. Die Wichtigkeit der natürlichen Verhältnisse nimmt mit der steigenden Schnelligkeit des möglichen Belegenheitsortwechsels ab – gerade im Kulturgüterverkehr wechselt der Gegenstand den Belegenheitsort oft kurzzeitig oder vorübergehend. Wie bereits oben dargelegt, entfaltet der räumliche Bezug eines Kulturgutes keine rechtsverbindliche Wirkung: Weder hat der Besitz des Kulturgutes einen ausreichenden Eigentumsanschein[384] noch weist ein Kulturgut eine natürliche Verbindung zu seinem aktuellen Belegenheitsort auf.[385] Die Anknüpfung an den Belegenheitsort für die Kulturgüter erscheint daher nicht sachgerecht.

V. a. spielt das Verkehrsinteresse als wichtigster Grund für die Anknüpfung an den Belegenheitsort gegenüber dem durch den Kulturgüterschutz gebotenen Eigentümerschutz nur eine untergeordnete Rolle.[386] Das aus dem Handelsrecht resultierende allgemeine Interesse am reibungslosen Geschäftsverkehr tritt hier hinter das Interesse der Allgemeinheit an einem sicheren Kulturgütertransfer zurück. Der Drittschutz muss einem höheren Interesse an der Unwirksamkeit des Erwerbs eines Kulturgutes vom Nichtberechtigten weichen. Zwingt das maßgebliche Verkehrsinteresse nicht zur Anwendung der *legis rei sitae*, so ist eine Auflockerung der Regelanknüpfung möglich.[387] Somit könnte eine andere sachenrechtliche Anknüpfung für die Kulturgüter sachgerechter sein.

b. Alternative Anknüpfungspunkte

Im Folgenden ist somit zu klären, ob eine alternative Kollisionsregel als Ausdruck einer wesentlich engeren Verbindung nach Art. 46 EGBGB eine den Interessen des Kulturgüterschutzes gerechte Lösung anbietet.

---

382 Anders Müko/Wendehorst EGBGB, Art. 43 Rn. 192, der im Verzicht auf eine Sonderregelung das eindeutige Bekenntnis des Gesetzgebers zur Anwendbarkeit von Art. 43 EGBGB auf Kulturgüter erkennt.

383 S. dazu bereits unter Kapitel 3.I.1. „Grundsatz der legis rei sitae".

384 S. bereits Kapitel 2.II.2.b. „Rechtsscheinwirkung des Besitzes".

385 Deswegen ist der Abwanderungsschutz grundsätzlich nicht gerechtfertigt, s. Kapitel 1.III.4. „Das Problem des Abwanderungsschutzes".

386 S. dazu bereits Kapitel 2.II.2.b. „Rechtsscheinwirkung des Besitzes".

387 BGH, Urteil vom 2. Februar 1966, NJW 1966, 879.

aa. Anknüpfung an das Recht des Ursprungslandes

Es wird vertreten, dass für Rechte an einem Kulturgut an dessen „Heimatrecht" (*lex originis*) anzuknüpfen ist.[388] Diese Anknüpfung wird als Sachnormverweisung verstanden, so dass die Rück- und Weiterverweisung auf eine andere Rechtsordnung unbeachtlich sind.[389] Dabei sollen als Kriterien die Nationalität des Urhebers, der Entstehungsort des Kulturgutes, die Dauer seines Aufenthaltes in einem bestimmten Staat sowie das abgebildete Motiv herangezogen werden.[390] Zwar können Kulturgüter eine örtliche Zugehörigkeit aufweisen. Problematisch wird es allerdings, wenn verschiedene Kriterien ein Kulturgut unterschiedlich zuordnen. Es sind durchaus Beispiele bekannt, in denen zwei oder mehrere Nationen ein Kunstwerk für sich beanspruchen. So wie im Falle des Diebstahls am Gemälde von Leonardo da Vinci, *Mona Lisa*, aus dem *Louvre*, wo der Dieb das Bild nach Italien, in die Heimat des Malers, zurückzubringen beabsichtigte, und welches inzwischen aus Paris wie der Eiffelturm nicht wegzudenken ist.[391] Die raum-zeitlich gestreckten Sachverhalte, aber auch die Veränderungen der Gegebenheiten infolge der Globalisierung machen eine eindeutige Zuordnung und Identifizierung eines Kulturgutes zu einem Land zunehmend schwierig und darüber hinaus nicht erstrebenswert.[392] Eine engere Verbindung i. S. d. Art. 46 EGBGB ist daher zu verneinen.[393]

Zu begrüßen ist dieser Gedanke nur im Zusammenhang mit Stammes- und Eingeborenengemeinschaften, wo sich einerseits die rituelle Bedeutung der Kulturgüter meist eindeutig klären lässt und andererseits der Schutz vor Ausplünderungen nur sehr begrenzt möglich ist. Eine darüber hinaus gehende Verknüpfung erscheint jedoch nicht sinnvoll und würde auch nicht zwingend den Kulturgüterschutz verbessern, falls die *lex originis* z. B. einem unter dem Belegenheitsstatut nicht wirksamen gutgläubigen Erwerb zur Wirksamkeit verhilft.

Einen Sonderfall für die eigenständige Anknüpfung an das Recht des Ursprungsstaates bildet die *Zubehör-Lösung*, wonach die rechtliche Zuordnung einer Sache

---

388 V. a. Jayme: Jayme, Neue Anknüpfungsmaxime für den Kulturgüterschutz im Internationalen Privatrecht, in: Dolzer/Jayme/Mußgnug (Hrsg.), Rechtsfragen des internationalen Kulturgüterschutzes S. 35, 42; ders, Kunstwerk und Nation, in: ders. (Hrsg.), Nationales Kunstwerk und Internationales Privatrecht, S. 54, 57 f.; ders./Kohler, IPRax 1993, 357, 360.

389 Jayme, ZVglRWiss 95 (1996), 158, 167. Allgemein für die Verweisung in Art. 46 EBGBG als Sachnormverweisung: MüKo/Wendehorst EGBGB Art. 46, Rn. 28 f. m. w. N.; für Gesamtnormverweisung HK-BGB/Dörner EGBGB Art. 46, Rn. 1 m. w. N.

390 Jayme, IPRax 1990, 347 m. w. N.

391 S. zu der Geschichte des Bildes Kapitel 1.III.4.b.bb. „Personales Herkunftsprinzip".

392 S. dazu bereits Kapitel 1.III.4. „Das Problem des Abwanderungsschutzes".

393 Die Berücksichtigung des Heimatrechts kann auch als *ordre public* herangezogen werden, vgl. Jayme, Neue Anknüpfungsmaxime für den Kulturgüterschutz im Internationalem Privatrecht, in: Dolzer/Jayme/Mußgnug (Hrsg.), Rechtsfragen des internationalen Kulturgüterschutzes, S. 35, 42.

zu einem Grundstück dann fortbesteht, wenn das Kulturgut widerrechtlich vom Grundstück entfernt und ins Ausland gebracht wurde. So war es in einem Fall in den Pyrenäen, in dem bei einer im Privateigentum stehenden Kapelle kulturhistorisch bedeutsame Fresken widerrechtlich entfernt und in der Schweiz veräußert worden sind. Die Vorinstanzen hatten angenommen, dass die Fresken weiterhin als Bestandteil der Kapelle gelten, was vom französischen Kassationsgericht später verworfen wurde.[394] Die Zubehör-Lösung würde zwar dem Kontextschutz der Kulturgüter gerecht werden.[395] Allerdings kann eine solche fortbestehende Zugehörigkeit wohl nur dann angenommen werden, wenn die Trennung der Sache vom Grundstück nur vorübergehende Natur aufweist.[396] Dieser Gedanke liegt auch der deutschen Zubehörregelung aus § 97 BGB zugrunde. Bei einem definitiven Statutenwechsel ist eine Anwendung des Rechtes des Grundstücksortes zu weitgehend, da kein räumliches Verhältnis zwischen der Hauptsache und dem Zubehör mehr besteht. Allein die Bevorzugung bestimmter materiell-rechtlicher Interessen kann wohl kaum eine neue Anknüpfung begründen. Eine bloß vorübergehende Trennung wird selten vorkommen; jedenfalls kann man diese aus Immobiliarsachenrecht resultierende Anknüpfung nicht auf alle Kulturgüter übertragen.[397]

bb. Anknüpfung an das Recht des Exportstaates

Des Weiteren ist eine Anknüpfung an das Recht des Staates zu erwägen, in dem das Kulturgut sich vor seinem verbotswidrigen Export befand.[398] Unterwirft ein Staat ein Kulturgut einem Exportverbot, so liegt ein besonderes Interesse dieses Staates am Verbleib dieses Kulturgutes auf seinem Territorium vor, was dessen wesentlich engere Verbindung zum Kulturgut begründen könnte.

Eine solche Verweisung auf das Recht des Exportstaates wird abweichend von der Anknüpfung an das Recht des Ursprungsstaates als Gesamtverweisung i. S. d. Art. 4 Abs. 1 S. 1 EGBGB verstanden,[399] die dazu führen kann, dass zurück auf die *legem rei sitae* verwiesen wird, falls es im Exportland keine eigenständige Anknüpfung für Kulturgüter gibt. Der kulturgutschützende Nutzen dieser eigenständigen Anknüpfung ist somit fraglich. Aber auch wenn man eine weltweite Durchsetzung dieses Anknüpfungspunktes annimmt, so kann es nur teilweise zum besseren Kul-

394 Cour d'Appel de Montpellier vom 18. Dezember 1984, Rec. Dall. 1985, 208; Cass. Ass .plén. vom 15. April 1988, Rec. Dall. 1988, 325, dazu Reichelt, Kulturgüterschutz und internationales Verfahrensrecht, IPRax 1989, 254 f.

395 S. dazu Kapitel 1.III.2.b. „Kontextschutz".

396 Cass. Ass .plén. vom 15. April 1988, Rec. Dall. 1988, 325; Stoll, Sachenrechtliche Fragen des Kulturgüterschutzes in Fällen mit Auslandsberührung, in: Dolzer/Jayme/Mußgnug (Hrsg.), Rechtsfragen des internationalen Kulturgüterschutzes, S. 53, 57.

397 Auf die Besonderheiten der immobilen Kulturgüter soll hier wegen Themeneingrenzung nicht eingegangen werden.

398 Armbrüster, NJW 2001, 3581, 3582.

399 Armbrüster, NJW 2001, 3581, 3582 f.

turgüterschutz führen, indem zumindest an den vom Exportverbot betroffenen Kulturgütern ein gezielt herbeigeführter Statutenwechsel keine Wirkung entfaltet. Solche Exportbestimmungen sind zwar weitverbreitet, erfassen insgesamt aber nur einen Teil der Kulturgüter. V. a. aber sind sie nach der hier vertretenden Ansicht mit dem universellen Kulturgüterschutz nicht vereinbar, so dass deren Wirkung nicht zusätzlich durch die kollisionsrechtliche Anknüpfung verstärkt werden sollte.[400]

Darüber hinaus werden die Exportbestimmungen teilweise als ausländische Eingriffsnormen angesehen, so dass eine solche Anknüpfung auf die Anerkennung der Exportverbote – und damit des ausländischen Verwaltungsrechts – hinausläuft, was einen wesentlichen Eingriff in das nationale Privatrecht darstellt.[401]

cc. Anknüpfung an das Recht des Diebstahlsortes

Es wird zumindest bei gestohlenen Kulturgütern vorgeschlagen, auf den gutgläubigen Erwerb das Recht an den Ort der unrechtmäßigen Entwendung anzuwenden (*lex furti*).[402] Danach sollen Voraussetzungen und Rechtsfolgen des Gutglaubenserwerbs insgesamt der Rechtsordnung desjenigen Staates unterstellt werden, aus welchem das Kulturgut widerrechtlich entfernt wurde. Eine Abwandlung davon bietet die Anknüpfung der Vorfrage des Abhandenkommens und nicht des kompletten Gutglaubenserwerbs an das Recht des Ereignisortes.[403] *Lex furti* wird dabei als Sachnormverweisung verstanden, um einen *renvoi* zu vermeiden.[404]

Fraglich ist allerdings, ob diese Lösung sinnvoll ist. Auch hier greift das Argument des Kulturgüterschutzes nur dann, wenn das Statut des früheren Belegenheitsortes den Gutglaubenserwerb restriktiv anwendet, zumindest restriktiver als das des gegenwärtigen Belegenheitsortes. In solchen Fällen werden die Parteien des Erwerbsgeschäfts schlechter gestellt, da sie beim Abschluss des Geschäfts nicht mit der Anwendung einer anderen Rechtsordnung gerechnet haben und auch nicht hätten rechnen müssen. Zwar nimmt im Kulturgüterschutz das Verkehrsinteresse eine mindere Stellung ein als beim sonstigen Rechtsverkehr. Die völlige Unterwerfung unter eine fremde Rechtsordnung führt aber zu einer Beliebigkeit, die mit dem Argument eines möglichst effektiven Kulturgüterschutzes nicht mehr zu rechtfertigen ist.

Darüber hinaus könnte das Recht des Diebstahlortes die Rechtsstellung des Eigentümers weniger schützen als die *lex rei sitae*. Dies erscheint im Allgemeinen nicht problematisch, denn es ist dem Eigentümer zuzumuten, dass er nicht besser-

---

400 S. zu diesem Problembereich bereits Kapitel 1.III.4. „Das Problem des Abwanderungsschutzes“.

401 S. dazu auch unter Kapitel 4.I.2.b. „Sonderstellung archäologischer Funde“.

402 Mansel, IPRax 1988, 268, 270 f.; ältere Lit: Weisflog, Der Schutz des Erwerbers beweglicher Sachen vom Nichteigentümer im IPR, S. 33 ff.

403 Hanisch, Internationalprivatrechtliche Fragen im Kunsthandel, in: FS Müller-Freienfels, S. 193, 215 f.

404 Mansel, IPRax 1988, 268, 271.

gestellt wird, als das Recht des Ortes der Entwendung es zulässt. Ein besserer Kulturgüterschutz wird dadurch allerdings nicht erreicht. So war es z. B. im berühmten Fall *Kunstsammlungen zu Weimar vs. Elicofon.*[405] Dieser Rechtsstreit betraf zwei Dürer-Gemälde, die der Sammlung während des Zweiten Weltkrieges gestohlen und ins Ausland gebracht worden waren. Der Klage wurde stattgegeben, da das New Yorker Recht den Gutglaubenserwerb gestohlener Sachen nicht kennt. Das Recht des Ortes der Entwendung der Bilder von Albrecht Dürer (Deutschland) wäre für den Eigentümer ungünstiger als das Recht des Ortes des Gutglaubenserwerbs bzw. des Belegenheitsortes (New York), denn nach deutschem Recht hätte der Beklagte das Eigentum durch die Ersitzung nach § 937 BGB bereits erlangt.

Eine ähnliche Situation bestand im Fall *De Weerth vs. Baldinger.*[406] Vorliegend wurde ein Gemälde von Claude Monet während des Zweiten Weltkrieges in Deutschland gestohlen und später in New York veräußert. Auch hier wurde mit dem Verweis auf den Präzedenzfall *Kunstsammlungen zu Weimar vs. Elicofon* das New Yorker Recht für anwendbar erklärt mit der Folge, dass die Beklagte kein Eigentum am Bild erworben hatte. Es soll schließlich einem Staat möglich bleiben, sich dagegen zu wehren, Umschlagplatz für Diebesgut zu werden und deswegen härter durchzugreifen, als das Recht des Diebstahlortes es erlaubt.[407]

dd. Zusammenfassende Bewertung

Zusammenfassend lässt sich festhalten, dass je nach Einzelfall eine Abweichung von der Situs-Regel für Kulturgüter sachgerecht sein könnte, jedoch eine allgemeine Anwendung auf alle sachenrechtlichen Sachverhalte nicht überzeugt. Zudem könnte es Überlegungen lediglich zu einer alternativen Anknüpfung für abhandengekommene Kulturgüter geben; der Umgang mit anvertrauten Kulturgütern bedarf aber auch einer verbesserten Lösung, die hierdurch nicht gegeben wäre.

Eine Ableitung der Sonderanknüpfung für alle Kulturgüter aus Art. 46 EGBGB wäre mit dem Sinn und Zweck der Regelung kaum vereinbar, da sie als Ausnahmevorschrift gerade im strengen Sachenrecht nur als Notbehelf dienen kann.[408]

---

405 *Kunstsammlungen zu Weimar vs. Elicofon*, 536 F. Supp. 829 (E.D.N.Y. 1981), bestätigt durch Urteil des U.S. Court of Appeal 2d Cir. C. vom 5. Mai 1982, 678 F. 2d 1150, Nos. 446, 535, Dockets 81–7542, 81–7544; Weidner, Kulturgüter als res extra commercium, S. 184; Mußgnug, Das Kunstwerk im internationalen Recht, in: Deutsche Richterakademie (Hrsg.), Kunst und Recht, S. 15 ff.

406 *De Weerth vs. Baldinger*, 685 F. Supp. 688 (S.D.N.D. 1987). Das Urteil wurde aus anderen Gründen später aufgehoben, Urteil des U.S. Court of Appeal 2d Cir. C. vom 30. Dezember 1987, Nos. 165, 296, Dockets 87–7392, 87–7402. Vgl. dazu Mansel, IPRax 1088, 268 ff.

407 *Kunstsammlungen zu Weimar vs. Elicofon*, 536 F. Supp. 829, 846 (E.D.N.Y. 1981).

408 Im Ergebnis zustimmend: MüKo/Wendehorst EGBGB, Art. 46, Rn. 192 f.; Palandt/Thorn, Art. 46 EGBGB, Rn. 2; Erman/Hohloch, Art. 46 EGBGB, Rn. 6; Junker, RIW 2000, 241, 252; Pfeiffer, IPRax 2000, 270, 274.

4. Kollisionsrechtliche Probleme

Unabhängig davon, ob bei Sachverhalten mit Auslandsberührung der Grundsatz der *legis rei sitae* oder seine Ausnahmen für anwendbar erklärt werden, bleiben die Ergebnisse rechtlicher Beurteilung eines und desselben Sachverhaltes in unterschiedlichen Staaten alles andere als einheitlich oder auch nur vergleichbar.

a. Verweisungstechnik

Mit jedem Grenzübertritt findet ein Statutenwechsel statt, der zu einer Neubeurteilung des alten Tatbestandes (bei nicht abgeschlossenen Tatbeständen, Nichtvereinbarkeit mit dem gewechselten Statut usw.) oder Erstbeurteilung des neuen Tatbestandes (z. B. bei Weiterveräußerung des Kulturgutes) führt. Die Lösungen der einzelnen Rechtsordnungen für den Gutglaubenserwerb weichen stark voneinander ab, so dass dieselbe Anknüpfungsregel einmal dem Schutz des Erwerbers von Kulturgut, das andere Mal dem Schutz des ursprünglichen Eigentümers dient.

Eine Verlegung des Belegenheitsortes der Sache kann eine Begründung des Eigentums herbeiführen, wenn die neue *lex rei sitae* bspw. geringere Gutglaubensanforderungen oder kürzere Ersitzungs- bzw. Verjährungsfristen bestimmt. So sind die italienischen Vorschriften bekannt für die weitgehende Anerkennung des gutgläubigen Erwerbs vom Nichtberechtigten und somit der Möglichkeit des Gutglaubenserwerbs an abhandengekommenen Sachen, Art. 1153 Codice Civile.[409] Der Eigentümer einer gestohlenen Sache kann diese nach französischem Recht nur binnen drei Jahren seit der Entwendung herausverlangen (Art. 2279 Abs. 2 Code civil). Darüber hinaus kann er unter bestimmten Umständen einem Entschädigungsanspruch des Erwerbers (Lösungsrecht) ausgesetzt sein. Auch die deutsche Rechtsordnung kann die Rechtsposition eines Eigentümers schwächen, indem nach deutschem Recht der Erwerb im Wege der Versteigerung möglich ist, § 935 Abs. 2 BGB, wogegen in Ländern des Common Law der rechtsgeschäftliche Gutglaubenserwerb gestohlener Sachen grundsätzlich ausgeschlossen ist.[410] Da das wohlerworbene Recht auch nach Wiedereinfuhr in das Ursprungsland bestehen bleibt, kann der Eigentümer sein Eigentum an einem Kunstwerk bei der Anwendbarkeit des autonomen IPR durch Gutglaubenserwerb verlieren, obwohl das nationale Sachrecht den Gutglaubenserwerb gar nicht kennt und das Kulturgut sich im Inland befindet. So war z. B. im Fall *Winkworth vs. Christie, Manson & Woods Ltd.* die Klage des englischen (ursprünglichen) Eigentümers auf Herausgabe der japanischen Tuschezeichnungen

---

409 Allerdings sind viele Kulturgüter dem Privatrechtsverkehr entzogen, vgl. Spaun, Der Herausgabeanspruch bei Diebstahl oder illegalem Export von Kulturgütern, S. 63. Zudem ist Italien im Jahr 1999 der Unidroit-Konvention 1995 beigetreten, so dass der illegale Handel auf der internationalen Ebene eingedämmt ist.

410 Vgl. dazu Hay, US-Amerikanisches Recht, Rn. 479.

in England gescheitert.[411] Die gestohlenen Zeichnungen hatte inzwischen ein gutgläubiger Käufer in Italien erworben (Art. 1153 Codice civile). Dieses Recht behielt er auch in England: Obwohl das englische Recht sehr restriktiv mit gutgläubigem Erwerb umgeht, wurde kein Widerspruch zu gegenwärtigen Regelungen der *legis rei sitae* oder gar ein Verstoß gegen den *ordre public* gesehen.

b. Gesetzesumgehung

Neben der Rechtsunsicherheit für die am Kulturguttransfer Beteiligten, die mit der zufälligen Verlagerung des Kulturgutes und somit des anwendbaren Rechts verbunden ist, öffnet eine Verweisungstechnik Tür und Tor für *fraus legis*, die Gesetzesumgehung. Sie liegt vor, wenn die Anwendung einer Norm umgangen oder erschlichen wird.[412] Der Statutenwechsel kann missbräuchlich herbeigeführt werden, um die Lage des Erwerbers zu verbessern, was nahezu eine Aufforderung für Kunstdiebe oder sonstige an der Veräußerung Interessierte darstellt, die Kulturgüter über die Grenze zu „schieben", um das eigene Rückgriffrisiko zu minimieren. Die Eindämmung des illegalen Handels mit Kulturgütern ist aber ein erklärtes Ziel des Kulturgüterschutzes, das durch die Verweisungstechnik offensichtlich nicht erreicht werden kann.

c. Forum shopping

Der Statutenwechsel kann für den (ggf. ursprünglichen) Eigentümer nicht nur Nachteile bringen, sondern auch die Chancen auf die Durchsetzung seiner Ansprüche verbessern, wenn er, soweit zulässig, gleich dort klagt, wo die *lex fori*, also das am Ort des angerufenen Gerichts geltende Recht, ihn am günstigsten stellt (*forum shopping*). Die Zuständigkeit des Gerichts wird dabei durch das Internationale Zivilverfahrensrecht des jeweiligen Staates geregelt, das dementsprechend auch je nach Gerichtsstaat unterschiedlich ausgestaltet sein kann. An sich ist es ein verfahrensrechtliches Problem, das sich jedoch auf die Bestimmung des für die Sachentscheidung maßgeblichen Rechs auswirkt.[413]

Forum shopping genießt einen negativen Ruf, weil der (ursprüngliche) Eigentümer sich ein Rechtssystem aussucht, nach dem seine Chancen auf Rückgewähr der Kulturgüter am höchsten sind. Diese Vorgehensweise kann dem Eigentümer freilich nicht vorgeworfen werden.[414] Es ist legitim, seine Rechtsposition auf dem bestmöglichen Weg zu verteidigen, soweit rechtlich zulässig.

411 *Winkworth vs. Christie, Madson & Woods Ltd.*, [1980] 1 ER (Ch) 496, [1980] 1 All E.R. 1121.

412 Hoffmann/Thorn, Internationales Privatrecht, § 6, Rn. 122.

413 Auf die Sonderproblematik des Zivilprozessrechts soll hier wegen der Eingrenzung des Themas nicht näher eingegangen werden.

414 So auch zu Recht: Siehr, Internationales Privatrecht, S. 484.

Allerdings wird dadurch letztendlich die Möglichkeit einer Rechtswahl geschaffen, die dem Wesen des deutschen Sachenrechts widerspricht, das nicht bloß *inter partes*, sondern gegenüber jedermann gilt und somit auch für Dritte erkennbar sein sollte.[415] Die Rechtssicherheit wird dadurch erheblich eingeschränkt, da der Erwerber sich letztendlich nie sicher sein kann, ob durch irgendeine ausländische Regelung die von ihm erworbene Rechtsposition gefährdet wird. Durch solche Unsicherheiten wird der Kulturaustausch erschwert, so dass auch von dieser Seite das Kollisionsrecht zu keinem befriedigenden Ergebnis für den Kulturgüterschutz führt.

5. Sonderproblem: Berücksichtigung einzelner ausländischer Normen

Ein Sonderproblem stellt die Berücksichtigung einzelner ausländischer Normen bei grenzüberschreitenden Sachverhalten dar, ohne dass es im Übrigen zur Anwendung des fremden nationalen Rechts gekommen ist. Eine ausländische Norm kann sowohl direkt als ausländische Eingriffsnorm angewendet werden als auch indirekt ihre Wirkung hinsichtlich des Verständnisses nationaler Begriffe entfalten.[416] Dies wird v. a. in Bezug auf ausländische Exportbeschränkungen diskutiert.[417]

a. Ausländische Eingriffsnormen

Eingriffsnormen sind politische ebenso wie wirtschaftliche Vorschriften, die nicht der Gerechtigkeit zwischen den Privaten, sondern den Interessen des Staates dienen.[418] Die Anwendung von ausländischen Eingriffsnormen ist umstritten.[419] Der Bundesgerichtshof geht auf der Grundlage des Territorialitätsprinzips von der Unanwendbarkeit ausländischen Rechts aus.[420] Nach der Sonderanknüpfungslehre sind dagegen ausländische Eingriffsnormen unmittelbar anwendbar, wenn die von ihnen verfolgte Zielsetzung mit denen der deutschen Rechtsordnung vereinbar ist und zugleich der ausländische Staat eine hinreichend enge Verknüpfung zum Sachverhalt

---

415 Mit dieser Argumentation hat sich der deutsche Gesetzgeber bewusst gegen die „echte" Rechtswahl im EGBGB entschieden, BT-Drs. 14/343, S. 16; Wagner, IPRax 1998, 429, 435.

416 Vgl. dazu überblickmäßig MüKo/v. Hein EGBGB, Einl., Rn. 281 ff.

417 S. dazu Siehr, Nationaler und internationaler Kulturgüterschutz, in: FS Lorenz, S. 525 ff.

418 Hoffmann/Thorn, Internationales Privatrecht, § 10, Rn. 93.

419 Die Anwendung inländischer Normen dagegen regelt ausdrücklich Art. 34 EGBGB, s. auch Art. 16 Rom II-VO, Verordnung (EG) Nr. 864/2007 des Europäischen Parlaments und des Rates vom 11. Juli 2007 über das auf außervertragliche Schuldverhältnisse anzuwendende Recht, ABl. Nr. L 199 vom 31.7.2007, S. 40.

420 BGH, Urteil vom 17. Dezember 1959, BGHZ 31, 367, 370 f.; BGH, Urteil vom 16. April 1975, BGHZ 64, 183.

besitzt.[421] Gerade bei der Anwendung des strengen deutschen Sachenrechts dürften diese Voraussetzungen kaum erfüllbar sein.

b. *Berücksichtigung ausländischer Wertung*

Teilweise können ausländische Normen berücksichtigt werden, ohne dass es zur ihrer direkten Anwendung kommt.[422] In diesem Fall werden die Normen für das Verständnis nationaler Begriffe herangezogen. Dahingehend ist auch die *Datumtheorie* zu verstehen, wonach die tatsächlichen Auswirkungen einer ausländischen Norm als *local data* die Tatbestandsmerkmale der *legis causa* ergänzen sollen.[423]

So wurde bspw. das nigerianische Ausfuhrverbot im Rahmen des § 138 BGB berücksichtigt; mit dem Ergebnis, dass einem See-Güterversicherungsvertrag, der die Ausfuhr von Kulturgut aus Nigeria zum Gegenstand hatte, ein versicherbares Interesse wegen Verstoßes gegen die guten Sitten nicht zugesprochen worden ist.[424] Die Berücksichtigung fand somit im (internationalen) Vertragsrecht statt. Wie bereits bei der direkten Anwendung der ausländischen Eingriffsnorm, lässt das strenge deutsche Sachenrecht kaum Raum für eine abweichende Wertung. Zwar ist es grundsätzlich möglich, dass nicht nur der schuldrechtliche, sondern auch ein dinglicher Vertrag an § 138 BGB scheitert, allerdings wird dies nur in Ausnahmefällen angenommen und ist bei einer typischen Verfügung über ein Kulturgut – anders als im Kaufvertrag – nicht zu erwarten. Nach der Rechtsprechung des BGH ist für die Annahme der Sittenwidrigkeit ein objektiver Sittenverstoß nicht ausreichend, vielmehr muss der Handelnde die Umstände kennen, aus denen sich die Sittenwidrigkeit ergibt.[425] Somit wäre beim Kunsterwerb die Sittenwidrigkeit nur ausnahmsweise anzunehmen, wenn der Erwerber vom illegalen Export seines Kunstwerks wusste.[426]

Soll es in Einzelfällen zur Berücksichtigung ausländischer Normen kommen, so schafft es insgesamt keinen verbesserten Umgang mit Kulturgütern. Das Sonderproblem der Berücksichtigung einzelner ausländischen Normen betont damit

---

421 Die Lehre wurde begründet von Wengler, ZVglRWiss 54 (1941), 168 ff. und Zweigelt, RabelsZ 14 (1942), 283 ff.

422 Für die Anwendung mit der h. M. statt alle Kropholler, Internationales Privatrecht, S. 509 f.; a. M. Kreuzer, Ausländisches Wirtschaftsrecht vor deutschen Gerichten, S. 86 ff. m. w. N; Lorenz, RIW 1987, 569, 581.

423 Diese Theorie wurde von Ehrenzweig gegründet, Ehrenzweig, Buffalo Law Review 16 (1966), 55; Jayme, Ausländische Rechtsregeln und Tatbestand inländischer Sachnormen, in: GS Ehrenzweig, S. 35 ff.; Kienle/Weller, IPRax 2004, 290, 293.

424 BGH, Urteil vom 22. Juni 1972, BGHZ 59, 14 ff.; der österreichische OGH hat dagegen entschieden, dass ein Kaufvertrag nicht schon deshalb wegen Sittenwidrigkeit nichtig ist, wenn es sich beim Kaufgegenstand um illegal ausgeführtes Kulturgut handelt, OGH Urteil vom 30. Juni 2010, KUR 2011, 119, 121, besprochen von Reis, KUR 2011, 112 ff.

425 St. Rspr., s. nur: BGH, Urteil vom 10. Oktober 1997, NJW-RR 1998, 590.

426 Müller-Katzenburg, Internationale Standards im Kulturgüterverkehr, S. 298.

erneut, dass das IPR insbesondere für Kulturgüter keine zufriedenstellende Lösung bietet.

6. Bindungswirkung der Selbstverpflichtungen

Eine andere Möglichkeit der internationalen Marktgestaltung stellt die Selbstregulierung dar. Wie in sonstigen Lebensbereichen lässt sich auch im Kunsthandel ein Trend zur freiwilligen Selbstkontrolle erkennen. Das Konzept der Selbstregulierung bedeutet, dass sich eine Berufsgruppe bestimmte Regeln selbst setzt und sich diesen freiwillig unterwirft.[427] Es gibt zahlreiche Verhaltenskodizes mit unterschiedlichem Beteiligungs- und Regelungsumfang. Im professionellen Kunsthandel sind die *Richtlinien der Internationalen Vereinigung von Kunst- und Antiquitätenhändlern* (CINOA) der prominenteste Kodex.[428] Auch für den Museumsbetrieb gibt es bspw. die vom Internationalen Museumsrat ICOM entwickelten und weltweit geltenden *Ethischen Richtlinien für Museen*,[429] deren Anwendung durch die Einführung der internationalen *Checkliste Museumsethik* im Jahr 2010 vereinfacht wurde.

Durch die Auferlegung der Selbstverpflichtung kann sich eine Berufsgruppe ausdifferenzierte Regeln schaffen, bevor es zur einer staatlichen Regulierung kommt. Es ist oft gerade im grenzüberschreitenden Bereich das einzige Mittel, das einen Lebensbereich regulieren kann.

Die Selbstregulierungen erschweren den illegalen Kulturgüterverkehr und beeinflussen langfristig die Handelsgewohnheiten mit Kulturgütern.[430] Allerdings haben sie neben den internen Sanktionen keine unmittelbare Rechtsverbindlichkeit, so dass sie nur bei der Prüfung der Sorgfaltsanforderungen an den einschlägigen Verkehrskreis berücksichtigt werden können.

7. Zusammenfassende Bewertung

Der Kulturgütertransfer findet größtenteils grenzüberschreitend statt, so dass der hier relevante private Eigentumsschutz als Instrument des Kulturgüterschutzes entsprechend grenzüberschreitend gewährleistet werden sollte. Dies ist im Rahmen des IPR nicht möglich. Der internationale Entscheidungseinklang kann gerade in Bezug auf Kulturgüter durch die Verweisungstechnik nicht erreicht werden. Da die Verweisungstechnik und damit die Anwendung des stark divergierenden Sachrechts ein inhärentes Problem des Kollisionsrechts bedeutet, ist

427 Strobl, KUR 2014, 40, 41.

428 Abrufbar unter: http://www.kunsthaendlerverband-deutschland.de/berufsbild-des-kunsthaendlers.html, Stand: März 2017.

429 Abrufbar unter: www.icom-deutschland.de/client/media/364/icom_ethische_richtlinien_d_2010.pdf, Stand: März 2017.

430 S. dazu Müller-Katzenburg, Internationale Standards im Kulturgüterverkehr, S. 196 ff., insb. 209 ff.

eine Verbesserung des Kulturgüterschutzes mit den Mitteln des Kollisionsrechts nicht zu erreichen.

Es kommt durch das Verweissystem zur Anwendung unterschiedlicher Rechtsordnungen, die in Bezug auf Eigentumsschutz im Ergebnis stark divergieren können. Das Problem der unterschiedlichen Ergebnisse bei Behandlung desselben Sachverhalts im In- und Ausland ist dem Wesen des Kollisionsrechts immanent, denn das IPR ist das Recht des jeweiligen Landes und damit das nationale Recht. Die Rechtsordnungen verschiedener Länder unterscheiden sich erheblich voneinander, was den Rechtsanwendungsvorgang kompliziert gestaltet, keine Rechtssicherheit bietet und Türen für den Missbrauch öffnet. Zudem ist die Anwendung des ausländischen Rechts aus rein tatsächlichen Gründen schwierig, da Kenntnisse der Richter und Anwälte im maßgeblichen ausländischen Rechtsgebiet nur ausnahmsweise vorhanden sind, methodische Unterschiede zwischen nationalem und ausländischem Recht bestehen oder einfach die Sprachkenntnisse nicht ausreichen.

Für Kulturgüter kommt das spezifische Problem hinzu, überhaupt einen richtigen Anknüpfungspunkt zu finden, denn die *lex rei sitae* wird nach dem Sinn und Zweck der Regelung der besonderen Stellung der Kulturgüter nicht gerecht. Auch eine Sonderanknüpfung für Kulturgüter führt zu keinem zufriedenstellenden Ergebnis. Die bisherigen Vorschläge sind nicht auf alle Kulturgüter übertragbar und teilweise mit dem geltenden deutschen Recht nicht vereinbar. Es bleibt zudem fraglich, ob ein solcher Anknüpfungspunkt auch über das deutsche autonome IPR hinaus sich durchsetzen könnte, denn nur als allgemein gültiger Grundsatz würde eine solche Regelung zu einer Veränderung der Rechtspraxis auf der internationalen Ebene und damit zum effektiveren Kulturgüterschutz führen.

II. Lösungsansätze nach Einheitsrecht

Eine andere Methode der Behandlung von Fällen mit grenzüberschreitendem Charakter stellt das Internationale Einheitsrecht (*uniform law*) dar. Darunter ist auf dem Gebiet des Privatrechts die Gesamtheit derjenigen privatrechtlichen Rechtssätze zu verstehen, die in wenigstens zwei Staaten gleichermaßen gelten und ihrem Sinn und Zweck nach auch so gelten sollen.[431]

1. EU-Recht

Auf der europäischen Ebene sind keine einheitlichen Regelungen bezüglich der sachenrechtlichen Zuordnung der Kulturgüter ersichtlich. Die Verordnungen

431 Kropholler, Internationales Einheitsrecht, S. 1. Die Vermutung für die Gleichwertigkeit ausländischen Rechts geht auf Savigny zurück, wobei deren Herleitung von „der gemeinsamen christlichen Gesinnung“ mit dem heutigen Verständnis der Kulturpluralität kaum vereinbar ist, Savigny, System des heutigen römischen Rechts, S. 24.

Rom I[432] und *Rom II*[433] als einheitliches Kollisionsrecht finden auf sachenrechtliche Ansprüche keine Anwendung, da hierdurch nur die vertraglichen und außervertraglichen Schuldverhältnisse geregelt werden.

2. Internationales Recht

In Deutschland finden keine Regelungen Anwendung, die international einheitlich den zivilrechtlichen Eigentums- und Besitzschutz an Kulturgütern bestimmen. Gerade die eindeutige Festlegung der dinglichen Rechtsverhältnisse ist aber für einen umfassenden Schutz der Kulturgüter entscheidend. Insofern besteht zumindest aus deutscher Sicht ein konkretes Bedürfnis nach der Schaffung einer einheitlichen Lösung.

Es könnte ein einheitliches Kollisionsrecht angedacht werden. Jeder Staat hat sein eigenes IPR, was vereinheitlicht werden sollte. Die Bemühungen, ein einheitliches IPR zu schaffen, sind zwar grundsätzlich unterstützenswert – und zumindest auf der europäischen Ebene durch die Verabschiedung der Verordnungen *Rom I* und *Rom II* teilweise geglückt –, würden aber die oben angesprochenen Probleme speziell für den Kulturgüterschutz nicht aus dem Weg räumen. Eine einheitliche Verweisung auf das einschlägige autonome nationale Recht würde zwar eine gewisse Ordnung schaffen; die Beurteilung des Sachverhalts bleibt jedoch den jeweiligen nationalen Rechtsordnungen überlassen, woraus sich eine unterschiedliche Behandlung des Abhandenkommens, der Ersitzung, der Verjährung und Ähnlichem ergibt.

Eine Beurteilung der Bemühungen ex post zeigt, dass auch eine allumfassende, sozusagen weltweite Vereinheitlichung allgemeiner sachenrechtlicher Vorschriften schwer, wenn nicht sogar unmöglich durchzusetzen ist: Sind auf der einen Seite Fortschritte bei der Vereinheitlichung des Schuldrechts erkennbar (*Haager Übereinkommen*[434], *Wiener Übereinkommen*[435]), so ist auf der anderen Seite die Schaffung des *Einheitlichen Sachenrechts* nicht erfolgreich verlaufen. Der dingliche Erwerb beweglicher Sachen generell[436] oder zumindest bezüglich der Kulturgüter ließ sich nicht vereinheitlichen. Erfolgversprechender ist es dagegen, wenn die Vereinheitlichung

432 Verordnung (EG) Nr. 593/2008 des Europäischen Parlaments und des Rates vom 17. Juni 2008 über das auf vertragliche Schuldverhältnisse anzuwendende Recht (Rom I-VO), ABl. Nr L 177 vom 4.7.2008, S. 6, ber. ABl. Nr. L 309 vom 24. November 2009, S. 87.

433 S. dazu Kapitel 3.I.5.b. „Ausländische Eingriffsnormen".

434 EAG, EKG – inzwischen gegenstandslos.

435 CISC BGBl. II 1989, S. 588.

436 Haager Abkommen über das auf den Eigentumserwerb bei internationalen Käufen beweglicher Sachen anwendbare Recht von 15. April 1958, abgedruckt in RabelZ 24 (1959), 145 ff. (trat nicht in Kraft); Unidroit-Entwürfe zum gutgläubigen Erwerb 1968, 1974.

der Vorschriften sich auf einen bestimmten Problembereich beschränkt.[437] So wurde eine Einigkeit durch die Unidroit-Konvention über gestohlene und illegal ausgeführte Kulturgüter von 1995 bezüglich der Ansprüche auf Rückgabe und Rückführung der Kulturgüter erreicht – ein Mindestmaß an Vorschriften, dessen Akzeptanz breit zu erwarten war. Diese Konvention entfaltet jedoch bis jetzt in Deutschland keine Geltung.

III. Zusammenfassende Bewertung

Zusammenfassend lässt sich festhalten, dass ein umfassender Kulturgüterschutz nur dann möglich ist, wenn der internationale Rechtsverkehr inkludiert wird. V. a. die grenzüberschreitenden Sachverhalte bergen eine Vielzahl von juristischen Problemen, die nur unzureichend mit dem geltenden deutschen Recht gelöst werden können, denn die Regelungen des IPR bieten keine zufriedenstellende Lösung. Eine einheitsrechtliche Lösung für Kulturgüter soll als Vorschlag *de lege ferenda* im Weiteren näher untersucht werden.

437 Für die einheitsrechtliche Lösung für den Kulturgüterschutz MüKo/Wendehorst EGBGB, Art. 43, Rn. 13.

Kapitel 4. Kulturgüterschutz und Rechtsharmonisierung

Die Unidroit-Konvention von 1995 ist ein internationales Abkommen, das die Rückgabe von gestohlenen, illegal ausgegrabenen oder ausgeführten Kulturgütern bestimmt. Sie ist die einzige internationale Regelung, die den Kulturgüterschutz nicht nur auf verwaltungsrechtlicher, sondern auch auf privatrechtlicher Ebene normiert. Gerade auf dem Gebiet des Privatrechts bestand ein internationaler Handlungsbedarf, das anwendbare Recht zu vereinheitlichen und dadurch die Effektivität des Kulturgüterschutzes zu erhöhen. Deshalb empfahl die UNESCO ausdrücklich, neben der – in Deutschland bereits umgesetzten – UNESCO-Konvention von 1970 auch die Unidroit-Konvention umzusetzen.[438] Das ist bis jetzt in Deutschland nicht geschehen. Nachstehend soll untersucht werden, ob es grundsätzliche Bedenken gegen die Umsetzung der Unidroit-Konvention in das deutsche Recht gibt. Dabei wird v. a. auf die einheitsrechtliche Regulierung des Eigentumsschutzes als Mittel zur Verbesserung des Kulturgüterschutzes eingegangen.[439]

I. Lösungsansätze nach Unidroit-Konvention

Wie bereits oben dargestellt, bietet das Kollisionsrecht als Mittel zur Regelung des grenzüberschreitenden Rechtsverkehrs nicht immer eine sachgerechte Lösung für das Problem des illegalen Kulturgütertransfers.[440] Die Lösung könnte also nur im vereinheitlichten Sachrecht liegen. Die Unidroit-Konvention stellt dabei die einzige einheitsrechtliche Regelung des Kulturgüterschutzes dar.

Neben der Regelung der privatrechtlichen Herausgabe gestohlener Kulturgüter (Kapitel II Unidroit-Konvention) umfasst sie auch die öffentlich-rechtlichen Bestimmungen über Rückführung illegal ausgeführter Kulturgüter (Kapitel III Unidroit-Konvention). Für die hiesige Fragestellung ist v. a. der erste Regelungsbereich von Bedeutung, so dass dementsprechend auch der Schwerpunkt dieses Abschnittes daraufgesetzt wurde. Sonstige Regelungen der Unidroit-Konvention werden unter Berücksichtigung dieses Schwerpunktes analysiert. Die Bestimmungen über öffentlich-rechtliche Rückführung werden dabei lediglich zum Verständnis heran-

---

438 UNESCO (Hrsg.), Information note, S. 1; Unidroit (Hrsg.), Information document, S. 2.

439 Streng genommen handelt es sich bei der Unidroit-Konvention nicht um Eigentumsschutz i. S.eines sachenrechtlichen Anspruchs; die Regelung entfaltet ganz i. S. d. funktionellen Rechtvergleichung ebenfalls die eigentumsschützende Wirkung, s. dazu sogleich Kapitel 4.I.2.a.aa. „Regelungsgehalt".

440 S. dazu Kapitel 3 „Kulturgüterschutz bei grenzüberschreitendem Sachverhalt".

gezogen, zudem – nach der hier vertretenen Ansicht – der Abwanderungsschutz dem Universalprinzip des Kulturgüterschutzes widerspricht.[441]

1. Grundlagen der Unidroit-Konvention

Die Unidroit-Konvention über gestohlene und rechtswidrig ausgeführte Kulturgüter wird als Höhepunkt der Entwicklung hin zu einem Sonderrecht für Kulturgüter bezeichnet.[442] Zum ersten Mal wird der Kulturgüterschutz international nicht nur öffentlich-rechtlich, sondern auch privatrechtlich mitgeregelt.

Die Unidroit-Konvention ist folgendermaßen aufgebaut: Dem Konventionstext steht eine für einen Völkervertrag typische Präambel vor. In Kapitel I werden nach der Abgrenzung des Anwendungsbereichs die prägenden Begriffe unter Heranziehung des Anhangs bestimmt. Das Kernstück bilden die Regelungen der Herausgabe- und Rückführungsansprüche in Kapitel II und III. Darauf folgen allgemeine Bestimmungen bezüglich der Verfahrensfragen sowie des räumlichen Anwendungsbereichs, Kapitel IV. Anschließend regelt Kapitel V der Unidroit-Konvention die Schlussbestimmungen bezüglich des Inkrafttretens und der Umsetzung des Vertrages.

a. Genesis

Die Unidroit-Konvention ist auf einer diplomatischen Konferenz erarbeitet worden, die in Rom einberufen wurde und dort in der Zeit vom 7. bis 24. Juni 1995 getagt hat.

aa. Die Organisation

Unidroit (*International Institute for the Unification of Private Law/Institut International pour L'Unification du Droit Prive*)[443] ist eine unabhängige zwischenstaatliche Organisation mit Sitz in Rom. Unidroit entstand im Jahr 1926 ursprünglich als Spezialorganisation des Völkerbundes und wurde nach dessen Auflösung als Organisation unabhängig. Sie ist heute mit den Vereinten Nationen durch ein Kooperationsabkommen verbunden. Die Unidroit ist durch Art. 1 Unidroit-Statut mandatiert, die Möglichkeiten zur Harmonisierung und Koordination des Privatrechts zu prüfen und die stufenweise Schaffung einer einheitlichen Privatrechtsgesetzgebung vorzubereiten.[444] Letzteres ist nach dem heutigen Verständnis der

---

441 S. dazu bereits Kapitel 1.III.1. „Universalprinzip".

442 Jayme, Rechtsbegriffe und Kunstgeschichte, in: Reichelt (Hrsg.), Neues Recht zum Schutz von Kulturgut, S. 11.

443 Art. 10 Unidroit-Statut bestimmt fünf Sprachen inklusive Deutsch zu seinen offiziellen Sprachen; Arbeitssprachen sind nur Englisch und Französisch, in denen auch die Dokumente veröffentlicht werden.

444 „[...] to examine ways of harmonising and coordinating the private law of States and of groups of States, and to prepare gradually for the adoption by the various States of uniform rules of private law", Unidroit-Statut vom 16. Marz 1940

Rechtsvergleichung nicht als Grundlegung einheitlichen innerstaatlichen Rechts zu verstehen, vielmehr stehen Modernisierung und Harmonisierung der jeweiligen Rechtssysteme im Vordergrund.[445] Als Mittel für die Rechtsvereinheitlichung bedient sich Unidroit sowohl der traditionellen Form der internationalen Rechtssetzung – den Staatsverträgen[446] – als auch des Instrumentes des *soft law*, der nicht rechtsverbindlichen Übereineinkunft[447].

bb. Entstehungsgeschichte

Mit der Verabschiedung der Unidroit-Konvention wurde ein langjähriger Arbeitsprozess abgeschlossen, an dem zahlreiche Experten, Regierungsvertreter und Organisationen unter der Beteiligung von siebzig Staaten mitgewirkt haben[448]. Diese Vorgehensweise ist für das Verständnis der Konvention essentiell, da sie als Kompromisslösung teilweise gegensätzliche Interessen miteinander zu vereinbaren hatte. Letztendlich ging es um eine vertretbare Lösung sowohl für die von der Kunstausfuhr betroffenen Staaten – also die Herkunfts- oder Exportländer – als auch für diejenigen Staaten, die einen wichtigen Kunstmarkt haben und die Liberalisierung des Marktes unterstützten – die Importländer. So wich die endgültige Version der Unidroit-Konvention erheblich von der ursprünglichen Fassung ab, z. B. bei den Fragen der Rückwirkung, der Fristen oder der Entschädigung für den gutgläubigen Erwerber.[449] Allerdings war eine Gesamtlösung nur als Produkt des gegenseitigen Kompromisses möglich, bei dem jeder Staat zugunsten einer Gemeinschaftslösung auf seine Forderungen teilweise verzichten musste.

Die überarbeitete Fassung der Unidroit-Konvention trat am 1. Juli 1998 in Kraft. Das Entgegenkommen verschiedener Staaten und somit der Mittelweg verschiede-

---

in der Form vom 26. März 1993, abrufbar unter: http://www.unidroit.org/english/presentation/statute.pdf, Stand: März 2017.

445 Kronke, JZ 2001, 1149, 1154 und 1156.

446 Convention relating to a Uniform Law on the International Sale of Goods (The Hague 1964); Convention relating to a Uniform Law on the Formation of Contracts for the International Sale of Goods (The Hague, 1964); International Convention on Travel Contracts (Brussels, 1970); Convention providing a Uniform Law on the Form of an International Will (Washington, D.C., 1973); Convention on Agency in the International Sale of Goods (Geneva, 1983); Unidroit Convention on International Financial Leasing (Ottawa, 1988); Unidroit Convention on International Factoring (Ottawa, 1988); Unidroit Convention on Stolen or Illegally Exported Cultural Objects (Rome, 1995); Convention on International Interests in Mobile Equipment (Cape Town, 2001).

447 Z. B. Model Franchise Disclosure Law (2002); Unidroit Principles of International Commercial Contracts (2010); Guide to International Master Franchise Arrangements (Second edition, 2007).

448 Unidroit (Hrsg.), Acts and Proceedings, Conf. 8/9, S. 365.

449 Vgl. die Entwürfe der Unidroit-Konvention, Unidroit 1988, Study LXX, Doc. 3; Unidroit 1994, Study LXX, Doc. 49.

ner Rechtssysteme prägen die Konvention wesentlich; ihre Unvollkommenheit sollte daher stets im Lichte des politisch Durchsetzbaren gesehen werden.

b. Rechtsnatur der Unidroit-Konvention

Die Unidroit-Konvention ist ein Staatsvertrag, also eine zwischen zwei oder mehreren Staaten getroffene Vereinbarung, die dem Völkerrecht unterliegt und einer Ratifikation bedarf.[450] Sie weist einige Besonderheiten auf.

aa. Einheitsrechtlicher Vertrag

Die Konvention ist dem Einheitsrecht (*uniform law*) zuzuordnen.[451] Die tragenden Regelungen der Unidroit-Konvention – die der unbedingten Herausgabe gestohlener und der Rückführung illegal ausgeführter Kulturgüter – stellen abschließende Regelungen dar, die nur auf Rechtsfolgenseite (Lösungsrecht des Besitzers) variiert werden können. Es kommt, wie sich später zeigen wird, teilweise zur Anwendung des nationalen Rechts, sei es des autonomen Sachrechts (Art. 9 Abs. 1 Unidroit-Konvention), des Kollisionsrechts (teilweise IPR in Art. 3 Abs. 1 und IZR in Art. 8 Abs. 1 Unidroit-Konvention) oder sogar des Verwaltungsrechts (Art. 1 (b) Unidroit-Konvention bezüglich der Bestimmung der Rechtswidrigkeit der Ausfuhr). Die Unidroit-Konvention enthält jedoch schwerpunktmäßig abschließende Regelungen und überträgt überwiegend nur hilfsweise (z. B. bei Sachnähe, Verfahrensvorschriften oder zur Verbesserung des Kulturgüterschutzes) dem nationalen Recht die Regelungshoheit.[452]

Die Vorteile einer einheitsrechtlichen Regelung im Verhältnis zum Kollisionsrecht wurden bereits erörtert: Zunächst vereinfacht sie die Rechtsanwendung, wodurch die Rechtssicherheit erhöht wird. Zudem vermeidet das Einheitsrecht die Ungleichbehandlung gleicher Sachverhalte. Dieser Vorzug dient nicht bloß dem internationalen Entscheidungseinklang als allgemeinem Ideal des IPR[453] – vielmehr ist es dem Universalprinzip des Kulturgüterschutzes immanent, nach einer grenzüberschreitenden Gleichbehandlung der Kulturgüter zu suchen und dadurch auch die Legalisierung des Erwerbes von gestohlenen Kulturgütern zu verhindern.[454]

bb. *Self-executing*-Vertrag

Entscheidend für das spätere Umsetzungsprozedere der Unidroit-Konvention ist zunächst, inwieweit die Transformation der Konvention einer Konkretisierung

---

450 Vgl. zum Staatsvertrag: Ipsen, Völkerrecht, S. 116, 119.
451 S. bereits dazu Kapitel 3.II. „Eigentumsschutz nach Einheitsrecht".
452 S. dazu im Einzelnen sogleich.
453 Vgl. zum Entscheidungseinklang des Einheitsrechts Kropholler, Internationales Einheitsrecht, S. 35 f.
454 S. dazu bereits Kapitel 1.III.1. „Universalprinzip".

durch nationale Regelungen bedarf. Eine völkerrechtliche Norm ist dann unmittelbar anwendbar (*self-executing*), wenn sie nach Wortlaut, Zweck und Inhalt so bestimmt ist, dass sie Staatsorgane und Rechtsunterworfene bindet bzw. berechtigt, ohne dass es einer weiteren normativen Ausfüllung bedarf.[455] Die Frage stellt sich folglich, ob die Unidroit-Konvention so gestaltet ist, dass bei ihrer Umsetzung in innerstaatliches Recht die beabsichtigten Rechtswirkungen tatsächlich umgesetzt werden können.

Die in Art. 3 Abs. 1 und Art. 5 Abs. 1 Unidroit-Konvention enthaltenen Schlüsselbestimmungen regeln die Herausgabe gestohlener und die Rückführung illegal ausgeführter Kulturgüter. Sie berechtigen und verpflichten somit den Einzelnen, so dass sie bereits nach dem Wortlaut wie innerstaatliche Vorschriften rechtliche Wirkung entfalten.[456] Zumindest der materielle Regelungsinhalt wendet sich nicht lediglich an den Staat als völkerrechtlichen Vertragspartner der Konvention, sondern auch an Gerichte und Behörden (Artikel 5) sowie an den Einzelnen (Artikel 3).

Bei sonstigen, das materielle Recht berührenden Vorschriften ist eine Konkretisierung ebenfalls nicht erforderlich. Es gibt zwar Regelungen, die den Staaten einen Gestaltungspielraum einräumen,[457] jedoch betreffen sie nicht die tragenden Bestimmungen der Konvention und es liegt im Ermessen der einzelnen Staaten, in welchem Umfang davon Gebrauch gemacht wird. Es ist festzuhalten, dass die Unidroit-Konvention grundsätzlich als eine vollzugsfähige Norm konzipiert wurde.[458]

---

455 Vgl. BVerfG, Urteil vom 9. Dezember 1970, BVerfGE 29, 348, 360; BVerwG, Urteil vom 4. Juni 1991, NVwZ 1992, 180 f.; Schweitzer, Staatsrecht III, Rn. 438; ähnlich, allerdings mit der Bezeichnung „unmittelbar anwendungsfähig" Kropholler, Internationales Einheitsrecht, S. 101. Anwendbarkeit wird auch als Vollzugsfähigkeit bezeichnet, z. B. Schweitzer, Staatsrecht III, Rn. 805 ff. Dies ist von der Frage der innerstaatlichen Geltung zu unterscheiden, s. dazu sogleich unter Kapitel 4.II. „Verfahren bei der Umsetzung".

456 S. zu dem Herausgabeanspruch im Einzelnen sogleich unter Kapitel 4.I.2.a. „Herausgabeanspruch".

457 Z. B. bezüglich der Verjährungsfristen (Art. 3 Abs. 5), der sonstigen zwischenstaatlichen Abkommen (Art. 13 Abs. 1 und 3) oder des günstigeren nationalen Rechts (Art. 9), s. im Einzelnen sogleich.

458 So die h. M., vgl. BT-Drs. 16/1371; Linhart, Internationales Einheitsrecht und einheitliche Auslegung, S. 21; Raschèr, Kulturgütertransfer und Globalisierung, S. 70; Reichelt, Die Unidroit-Konvention, in: Reichelt (Hrsg.), Neues Recht zum Schutz von Kulturgut, S. 62; Rietschel, Internationale Vorgaben zum Kulturgüterschutz, S. 52; Siehr, Internationaler Handel mit archäologischen Kulturgütern, in: Flashar (Hrsg.), Schutz archäologischer Kulturgüter, S. 108; Spaun, Der Herausgabeanspruch bei Diebstahl oder illegalem Export von Kulturgütern, S. 218; Thorn, Bettina, Internationaler Kulturgüterschutz nach der Unidroit-Konvention, S. 102; Weber, Marc, Unveräußerliches Kulturgut, S. 399, Fn. 86; a. M. Müller-Katzenburg, Internationale Standards im Kulturgüterverkehr, S. 102.

c. *Autonome Auslegung*

Die Unidroit-Konvention enthält keine generelle Auslegungsklausel, so dass auf allgemeine Auslegungsmethoden zurückgegriffen werden muss.[459] Als internationales einheitsrechtliches Übereinkommen ist sie aus sich heraus zu verstehen, ohne Rückgriff auf national geprägte Auffassungen von Begriffen. Dieser autonome Ansatz stellt eine Ausprägung der teleologischen Auslegung dar.[460]

aa. Allgemeines

Wie bei jedem juristischen Text ist auch bei der Unidroit-Konvention zunächst der Kanon von grammatischer, systematischer, historischer und teleologischer Auslegung heranzuziehen.[461] Da die Konvention kein Bestandteil des deutschen Rechts ist, können die innerstaatlichen Auslegungskriterien allerdings nicht ohne Weiteres angewendet werden, vielmehr bedürfen sie eines völkerrechtlichen Betrachtungswinkels.

Die allgemeinen Auslegungsregeln haben für internationale Verträge in Art. 31 f. VertrRÜ[462] ihren Niederschlag gefunden.[463] So ergibt sich aus Art. 31 Abs. 1 VertrRÜ, dass ein völkerrechtlicher Vertrag „in Übereinstimmung mit der gewöhnlichen [...] Bedeutung" auszulegen ist, so dass zunächst auf den Wortlaut des Vertrages abzustellen ist. Die Ermittlung des Wortsinns ist des Weiteren „am Ziel und Zweck" des Vertrages auszurichten (Art. 31 Abs. 1 VertrRÜ). Hier kann insbesondere auf die Präambel der Konvention zurückgegriffen werden.[464] Gemäß Art. 32 VertrRÜ können auch ergänzende Auslegungsmittel wie z. B. die vorbereitenden Arbeiten herangezogen werden. Ein solches Material bildet die *Study LXX – International Protection of Cultural Property* zu der Unidroit-Konvention.[465]

---

459 Es gibt lediglich eine spezielle Auslegungsklausel in Art. 9 Abs. 2, die sich auf Abs. 1 bezieht, dazu sogleich.

460 S. allgemein zur vertragsautonomen Auslegung Linhart, Internationales Einheitsrecht und einheitsrechtliche Auslegung. S. 37.

461 Vgl. Larenz, Methodenlehre, S. 320 ff.; Ipsen, Völkerrecht, S. 139 ff.

462 Wiener Übereinkommen über das Recht der Verträge vom 23. Mai 1969, BGBl. 1985 II, S. 926 ff., zitiert als VertrRÜ (die im BGBl. vorgeschlagene Abkürzung VtrRKonvG hat sich nicht durgesetzt).

463 Für die Anwendbarkeit des VertrRÜ auf die einheitsrechtlichen Völkerverträge die h. M., s. nur Linhart, Internationales Einheitsrecht und einheitliche Auslegung, S. 34 ff.; Kropholler erklärt zwar das Einheitsrecht für ein (auch vom Völkerrecht) eigenständiges Rechtsgebiet, Kropholler, Internationales Einheitsrechts, S. 36 ff.; zieht jedoch zur Auslegung das VertRÜ an verschiedenen Stellen heran, S. 266 ff; a. M. Beck, Die Rückgabe gestohlener und rechtswidrig ausgeführten Kulturgüter, S. 125 f.

464 S. dazu später unter cc. „Präambel".

465 Abrufbar unter: http://www.unidroit.org/work-in-progress-studies/studies/cultural-property/1364-study-lxx-international-protection-of-cultural-property-2, Stand: März 2017.

Eine Besonderheit stellt die Auslegung der Unidroit-Konvention dahingehend dar, dass sie laut ihrer Sprachklausel nach Art. 21 a. E. Unidroit-Konvention in zwei Sprachen (Englisch und Französisch) abgefasst wurde, so dass sie als mehrsprachiger Vertrag zu bezeichnen ist.[466] Durch die unterschiedliche Belegung der Begriffe in der jeweiligen Sprache gestaltet sich die Ermittlung der Bedeutung im allgemeinen und/oder fachlichen Sprachgebrauch als schwierig.[467] In der Konvention werden beide Sprachen als gleichermaßen verbindlich festgesetzt, so dass beide Wortlaute „equally authentic" sind (Art. 21 a. E. Unidroit-Konvention). Vorliegender Untersuchung wird grundsätzlich die englische Sprachfassung zugrunde gelegt – es wird vom Vermutungstatbestand des Art. 33 Abs. 3 VertrRÜ ausgegangen, wonach die Ausdrücke eines völkerrechtlichen Vertrages in jedem authentischen Text dieselbe Bedeutung haben. Die französische Fassung soll nur hilfsweise herangezogen werden, wenn und soweit beim Vergleich beider Fassungen ein Bedeutungsunterschied festgestellt wird.

Darüber hinaus enthält die Unidroit-Konvention in ihrem Art. 9 Abs. 2 eine spezielle Auslegungsklausel, die den Abs. 1 betrifft. Demnach soll Art. 9 Abs. 1, der die Anwendung günstigerer Regelungen als diejenigen der Unidroit-Konvention zulässt, nicht so ausgelegt werden, dass daraus eine Verpflichtung anderer Vertragsstaaten resultiere, diejenigen Entscheidungen anzuerkennen, die aufgrund solcher Vorschriften getroffen wurden. Auf diese Bestimmung soll später eingegangen werden.[468]

Die Kompetenz zur Auslegung der Unidroit-Konvention wurde keinem internationalen Gericht übertragen.[469]

bb. Einheitsrechtliche Auslegung

Die Schlüsselbestimmungen der Unidroit-Konvention weisen Besonderheiten auf, sofern sie einheitsrechtlich gestaltet sind. Es sind dann die methodischen Grundsätze des Einheitsrechts heranzuziehen.

Entscheidend ist die Einheitlichkeit der Auslegung.[470] Sehr anschaulich wurde dieser Grundsatz als kategorischer Imperativ in Bezug auf das Gemeinschaftsrecht formuliert: „Lege so aus, dass deine Auslegung in allen Staaten der EG gebilligt werden kann".[471] Dieser *europäische Auslegungsimperativ* lässt sich auch auf sonstige ein-

---

466 Vgl. zum mehrsprachigen Vertrag Ipsen, Völkerrecht, Rn. 22.

467 Vgl. dazu grds. Hilf, Die Auslegung mehrsprachiger Verträge, S. 107.

468 S. dazu sogleich unter Kapitel 4.I.d.bb.(2) „Favor legis nationalis".

469 Anders z. B. Art. 32 Abs. 2 Unidroit-Reisevertragsübereinkommen vom 23. April 1970, wonach die Auslegungsstreitigkeiten dem IGH vorgelegt werden können, abrufbar in englischer Fassung unter http://www.unidroit.org/instruments/transport/ccv, Stand: März 2017.

470 Vgl. Kropholler, Internationales Einheitsrecht, S. 235 f.; auch Bleckmann, Europarecht, Rn. 248 f.; Gruber, Methoden des internationalen Einheitsrechts, S. 61 ff., 106.

471 Lorenz, RdA 1989, 220, 222; s. auch Junker, RabelsZ 55 (1991), 674, 679.

heitsrechtliche Verträge übertragen. Eine solche Auslegung einer Norm erfordert notwendigerweise eine rechtsvergleichende Betrachtung. Nach dem modernen Verständnis der Rechtsvergleichung ist die funktionale Methode anzuwenden.[472] Dabei werden nicht die einzelnen Regelungen miteinander verglichen, sondern die jeweiligen Lösungen des zu untersuchenden Problems. Für die hiesige Fragestellung geht es somit darum, ob der (ursprüngliche) Eigentümer bei grenzüberschreitenden Sachverhalten losgelöst von der nationalen Dogmatik sein Kulturgut zurückverlangen kann.

cc. Bedeutung der Präambel

Die Unidroit-Konvention wird von einer Präambel eingeleitet, die neun Punkte enthält. Darin werden v. a. die Ziele der Konvention festgelegt, ein Mindestmaß an Vorschriften zur Bekämpfung des illegalen Handels mit Kulturgütern aufzustellen (um die Bewahrung und den Schutz der Kulturgüter zu erleichtern) sowie einen Prozess zur Stärkung des internationalen Kulturaustausches in Gang zu setzen. Diese Bestimmungen dürfen nicht als bloße Absichtserklärungen verstanden werden. Angesichts der Tatsache, dass es sich vorliegend um einen Völkervertrag mit den sich daraus ergebenden Auslegungsbesonderheiten handelt, bildet die Präambel eine wichtige Auslegungsstütze. Sie wird im Art. 31 Abs. 2 VertrRÜ zusammen mit dem regelnden Vertragstext ausdrücklich erwähnt. Daher wird sie in der weiteren Untersuchung an verschiedenen Stellen herangezogen.

Die Unidroit-Konvention dient als Instrument des Internationalen Kulturgüterschutzes der Bekämpfung des illegalen Handels. Allerdings ist es ebenfalls ein erklärtes Ziel der Konvention, dabei stets das Gleichgewicht zwischen dem Schutz des Kulturerbes und der Förderung des Kulturaustausches zu bewahren.[473] Dies entspricht dem Schutzziel, die Allgemeinheit an Kulturgütern teilhaben zu lassen, das nach der hier vertretenen Ansicht gleichberechtigt neben dem anderen Ziel steht, die Kulturgüter zu erhalten.[474] Allerdings hat die Konvention zwei Regelungsbereiche, die unterschiedlich zu bewerten sind. Der zivilrechtliche Herausgabeanspruch dient dem Schutz des ursprünglichen Eigentümers eines Kulturgutes und somit dem universellen Kulturgüterschutz (Kapitel II); hingegen ist der staatliche Herausgabeanspruch als Mittel des Abwanderungsschutzes mit dem Universalprinzip des Kulturgüterschutzes nach der hier vertretenen Ansicht nicht vereinbar (Kapitel III).[475]

---

472 Zweigert/Kötz, Einführung in die Rechtsvergleichung, S. 33; Reichelt, Die Unidroit-Konvention, in: Reichelt (Hrsg.), Neues Recht zum Schutz von Kulturgut, S. 56, 60.

473 S. die Präambel „[...] convinced of the fundamental importance of the protection of cultural heritage and of cultural exchanges for promoting understanding between peoples, and the dissemination of culture for the well-being of humanity and the progress of civilisation".

474 Vgl. dazu Kapitel 1.III.3. „Teilhabe der Allgemeinheit an Kulturgütern".

475 Vgl. bereits zum Eigentumsschutz Kapitel 1.IV.2. „Privatrechtlicher Eigentumsschutz", zum Abwanderungsschutz Kapitel 1.III.4. „Das Problem des Abwanderungsschutzes".

dd. Grenzen der autonomen Auslegung

Bei der Analyse der Unidroit-Konvention ist zu berücksichtigen, dass sie sowohl einheitsrechtliche als auch nicht vereinheitlichte Regelungen enthält. Die autonome Auslegung findet naturgemäß ihre Grenzen dort, wo die Regelung nicht einheitsrechtlich verfasst ist. Bei nicht angeglichenen Bestimmungen oder sogar einzelnen Begriffen wird das nationale Kollisions- oder Sachrecht mit der Konsequenz eingreifen, dass nationale Methoden angewendet werden.[476]

d. Anwendungsbereich und Begriffsbestimmung

aa. Sachlicher Anwendungsbereich

Zunächst wird auf den allgemeinen sachlichen Anwendungsbereich der Unidroit-Konvention eingegangen, bevor einzelne Voraussetzungen des Herausgabeanspruchs untersucht werden.

(1) Bestimmung des Begriffes Kulturgut

Es besteht, wie bereits dargestellt, eine große Fülle von Definitionsansätzen für den Begriff *Kulturgut.*[477] In der Unidroit-Konvention wird dieser Problematik durch die Verwendung einer legalen Begriffsbestimmung Rechnung getragen. Demnach wird ein Kulturgut durch das kumulative Vorliegen zweier Merkmale gekennzeichnet: Der Gegenstand muss unter die Generaldefinition des Art. 2 Unidroit-Konvention fallen und einer der im Anhang bestimmten Kategorien angehören.

(a) Generaldefinition

Die Unidroit-Konvention definiert die Kulturgüter im Art. 2 wie folgt:

> For the purposes of this Convention, cultural objects are those which, on religious or secular grounds, of importance for archaeology, prehistory, history, literature, art or science [...].[478]

Der ausdrückliche Hinweis auf religiöse oder weltliche Gründe ist nur klarstellend zu verstehen, denn als Begriffspaar bilden sie eine abschließende Benennung von Gründen. Der Begriff *art* (Kunst) umfasst nicht die Gesamtheit der schönen Künste *(the arts),* sondern nur die bildende Kunst. Dies ergibt sich bereits daraus, dass es anderenfalls keiner ausdrücklichen Erwähnung der Literatur *(literature)* bedürfte. Außerdem sind zwar Musik und darstellende Kunst grundsätzlich ebenso schützenswert, sie müssen vor (physischem) Diebstahl oder illegalem Export

---

476 S. dazu sogleich unter Kapitel 4.I.1.f.bb. „Auslegung“.

477 Kapitel 1.II.2. „Begriff des Kulturguts – Konkretisierung der Wertigkeit“.

478 „Im Sinne dieser Konvention sind Kulturgüter solche Gegenstände, die aus religiösen oder weltlichen Gründen für Archäologie, Vorgeschichte, Geschichte, Literatur, Kunst oder Wissenschaft bedeutend sind [...]“.

jedoch nicht geschützt werden und können somit nicht in den Schutzbereich der Konvention fallen.

(b) Kategorien

Das Kulturgut muss einer der im Anhang der Unidroit-Konvention angeführten Kategorien angehören, die mit denen der UNESCO-Konvention übereinstimmen.[479] Diese enumerativ festgelegten Kategorien sind: seltene Sammlungen und Exemplare der Zoologie, Botanik, Mineralogie und Anatomie sowie Gegenstände von paläontologischem Interesse; Gut von geschichtlichem Wert, Ergebnisse archäologischer Ausgrabungen oder archäologischer Entdeckungen; Teile künstlerischer oder geschichtlicher Denkmäler oder archäologischer Lagerstätten, die zerstückelt sind; Antiquitäten, die mehr als hundert Jahre alt sind; Gegenstände von ethnologischem Interesse; Gut von künstlerischem Interesse; seltene Manuskripte und Inkunabeln, alte Bücher, Dokumente und Publikationen von besonderem Interesse; Brief- und Steuermarken; Archive; Möbelstücke, die mehr als hundert Jahre alt sind, und alte Musikinstrumente. Im Einzelnen werden diese Gegenstände teilweise genauer umschrieben.

(2) Keine zusätzlichen Qualifizierungsmerkmale

Es wird teilweise kritisiert, dass der Begriff des Kulturgutes in der Unidroit-Konvention zu breit gefasst sei.[480]

(a) Außergewöhnliche Bedeutung

Als erstes Beispiel für eine zu weite Fassung des Begriffs wird aufgeführt, dass das einschränkende Kriterium *outstanding*, also der außergewöhnlichen Bedeutung eines Kulturgutes, aus dem Konventionsentwurf gestrichen wurde.[481] Teilweise wird dabei vertreten, dass dieses Kriterium nach dem Sinn und Zweck der Unidroit-Konvention trotz der Streichung beachtet bleiben sollte.[482] Die Einschränkung ist

---

479 Allerdings lehnt Reichelt die Anwendung dieser Kategorien für nicht UNESCO-Mitgliedstaaten mit dem Verweis auf die Technik des Internationalen Einheitsrechts ab, Reichelt, Die Unidroit-Konvention, in: dies. (Hrsg.), Neues Recht zum Schutz von Kulturgut, S. 55, 61. Dies widerspricht jedoch bereits dem eindeutigen Wortlaut der Konvention und ist daher abzulehnen.

480 Thorn, Bettina, Internationaler Kulturgüterschutz nach der Unidroit-Konvention, S. 182; Wiederkehr Schuler, Kulturgüterschutz – freier Kunstmarkt, S. 20; von der Praktikerseite der ehemalige Direktor des Kunstmuseums Basel Franz Meyer, in: Meyer, Das Kunst-Bulletin 5/1995, S. 7; Henze, Unidroit: hehre Ziele, verfehlte Mittel, in: SAGW (Hrsg.), Unidroit, Recht und Ethik im Handel mit Kulturgut, S. 37, 38, der für eine Sonderstellung des Kunstwerkes plädiert.

481 Reichelt, Die Unidroit-Konvention, in: dies. (Hrsg.), Neues Recht zum Schutz von Kulturgut, S. 55, 61.

482 Reichelt, a. a. O. mit Verweis auf die internationale Rspr.

jedoch nicht erforderlich und im Übrigen mit dem Wortlaut der Konvention nicht vereinbar.

Dass nicht jedes unbedeutende Kunstwerk unter dem konventionsrechtlichen Begriff des Kulturgutes subsumiert werden kann, ergibt sich bereits aus der Konvention selbst. Durch die enumerative Aufzählung der geschützten Kulturgüter im Anhang wird eine Einschränkung des Anwendungsbereichs vorgenommen. Für die Rückführung rechtswidrig ausgeführter Kulturgüter wird zudem in Kapitel III Unidroit-Konvention zusätzlich eine Verletzung von wesentlichem Interesse des ersuchenden Staates gefordert, Art. 5 Abs. 3 Unidroit-Konvention,[483] so dass der Anwendungsbereich auf späterer Ebene eingeschränkt wird. Die weite Definition umfasst somit lediglich gestohlene Kulturgüter, Art. 3, Art. 4 Unidroit-Konvention. Der Diebstahl wird allerdings ohnehin in allen Rechtsordnungen geahndet.[484]

Auch das zeitgenössische Kunstschaffen ist aus dem sachlichen Anwendungsbereich des Rückführungsanspruches ausgeschlossen, Art. 7 Abs. 1 lit. b Unidroit-Konvention. Insofern besteht keine Gefahr, dass jedes Handwerk auf den Straßenmärkten in den Anwendungsbereich der Unidroit-Konvention fällt.

(b) Nationale Bedeutung

Die Definition der Unidroit-Konvention ist an Art. 1 UNESCO-Konvention angelehnt. Dort steht:

> „cultural property" means property which, on religious or secular grounds, is specifically designated by each State as being of importance for archaeology, prehistory, history, literature, art or science and which belongs to the following categories: [...].

Bei der Unidroit-Konvention wurde allerdings auf die Einschränkung verzichtet, dass das Kulturgut für den maßgeblichen Staat von Bedeutung sein muss. Dies ist darauf zurückzuführen, dass die UNESCO-Definition inzwischen empirisch untersucht wurde, so dass die Praktikabilität der Umsetzung durch die Lösung vom nationalen Bezug verbessert werden konnte.[485] Auch i. S. d. Universalprinzips des Kulturgüterschutzes ist diese Entwicklung zu begrüßen.[486] Nur den besonderen Interessen der Eingeborenen- und Stammesgemeinschaften wird durch deren er-

---

483 Als Auffangstatbestand wird genannt: „the object is of significant cultural importance for the requesting State", als abgeschwächte Form von ursprünglich angedachtem „outstanding".

484 Prott spricht von „substantial consensus on the importance of covering all stolen cultural objects", Prott, Commentary on the Unidroit Convention, S. 27. Allerdings ist in manchen Ländern ein gutgläubiger Erwerb von gestohlenen Sachen möglich, wodurch sich der Widerstand gegen die Konvention teilweise erklären lässt.

485 UNESCO (Hrsg.), Information note, II. 2), Fn. 19.

486 Vgl. dazu bereits Kapitel 1.III.1. „Universalprinzip des Kulturgüterschutzes".

forderliche Sonderbehandlung in Art. 3 Abs. 8 Unidroit-Konvention Rechnung getragen.[487]

(c) Wert des Kulturgutes

Anders als in den europäischen Regelungen[488] wurde in der Unidroit-Konvention auf das Kriterium des Wertes des Kulturgutes gänzlich verzichtet. Aufgrund der stärker als innerhalb der EU divergierenden wirtschaftlichen Gegebenheiten der Länder (Entwicklung der Volkswirtschaft, Vorhandensein des Kunstmarkts usw.) wäre der materielle Wert des Kulturgutes kaum ein geeignetes Kriterium für die Bestimmung seiner Bedeutung.

Die Unidroit-Konvention bildet grundsätzlich eine Kompromisslösung, die zwischen mehr als siebzig Staaten gefunden werden sollte, v. a. zwischen Kulturgüterexport- und Kulturgüterimportländern. Je nach Landesgegebenheiten standen zudem die Bereiche der Archäologie, Ethnologie oder der bildenden Kunst im Vordergrund.[489] Durch die Kumulation von Definition in Art. 2 Unidroit-Konvention und abschließender Aufzählung der Kategorien im Anhang wird die notwendige, aber auch hinreichende Bestimmung des Begriffs vorgenommen.

(3) Kein Ausschluss des Privatbesitzes

Es wurde vorgeschlagen, in Anlehnung an Art. 7 lit. b sublit. i UNESCO-Konvention Objekte im Privatbesitz aus dem Anwendungsbereich der Konvention auszunehmen.[490] Auch vorliegend muss zwischen den beiden Regelungsbereichen unterschieden werden. Nach der hier vertretenen Ansicht könnte es sinnvoll sein, den Privatbesitz aus den verwaltungsrechtlichen Rückführungsbestimmungen in Kapitel III Unidroit-Konvention auszuklammern.[491] Die Stärkung des privatrechtlichen Eigentumsschutzes dagegen in Kapitel II Unidroit-Konvention ist ein geeignetes und erforderliches Mittel zur Regelung des internationalen Kulturgüterschutzes.[492] Der uneingeschränkte Herausgabeanspruch des Eigentümers stärkt seine Stellung und entfaltet nicht nur wiedergutmachende, sondern auch präventive Wirkung. Die Unidroit-Konvention kann den rechtswidrigen Handel mit Kulturgütern nur durch die Miteinbeziehung des privaten Besitzes bekämpfen.

---

487 Vgl. dazu bereits Kapitel 1.III.4.c.bb.(2) „Ausnahme: schutzwürdiges Interesse einer Gruppe".

488 Vgl. verschiedene Wertgruppen in Art. 1 Nr. 1 und Anhang der 93/7/EWG EG-Richtlinie über die Rückgabe von unrechtmäßig aus dem Hoheitsgebiet eines Mitgliedstaats verbrachten Kulturgütern, sowie Art. 1 und Anhang der Verordnung (EG) Nr. 116/2009 des Rates über die Ausfuhr von Kulturgütern.

489 Raschèr, Kulturgütertransfer und Globalisierung, S. 71.

490 Wiederkehr Schuler, Kulturgüterschutz – freier Kunstmarkt, S. 20 f.

491 Vgl. zu der Immobilisierung der Kulturgüter Kapitel 1.III.4. „Problem des Abwanderungsschutzes".

492 Vgl. dazu Kapitel 1.IV.2. „Privatrechtlicher Eigentumsschutz".

(4) Keine nationale Bestimmung

Es wurde von mehreren Staaten vorgeschlagen, die Qualifizierung eines Gegenstandes als Kulturgut dem Herkunftsstaat zu überlassen.[493] Dadurch würde die Bedeutung der *legis originis* zunehmen;[494] denn es sind nach der gegenwärtigen Regelung Beispiele denkbar, bei denen ein Kulturgut nach den Regelungen der *legis originis*, nicht aber nach der Unidroit-Konvention vorliegt, auch wenn der Anwendungsbereich der Konvention relativ weit ausfällt. Es ist jedoch dem Sinn und Zweck der Konvention zu entnehmen, dass sie gerade nicht die nationalen Interessen in den Vordergrund stellt und somit nicht vom nationalen Verständnis eines Kulturgutes ausgehen kann. Es soll nicht auf die Bedeutung des Kulturgutes für den ersuchenden Staat abgestellt und somit nicht dem kulturnationalistischen Ansatz gefolgt werden.[495] Das entspricht auch dem Universalprinzip des Kulturgüterschutzes.[496]

Die Einheitsrechtlichkeit der Konvention wäre bei der Zuziehung der *legis originis* bereits im sachlichen Anwendungsbereich nicht mehr gewährleistet. Sie ist zwar kein Selbstzweck, die Probleme des Kulturgüterschutzes können allerdings nur mit einem einheitsrechtlichen Vertrag gelöst werden.[497] Nicht zuletzt aufgrund der Erfahrungen mit der UNESCO-Konvention wurde darauf verzichtet, die Qualifizierung dem Ausfuhrstaat zu überlassen.[498]

(5) Zusammenfassende Bewertung

Zusammenfassend lässt sich festhalten, dass der Anwendungsbereich der Unidroit-Konvention weit ausfällt. Dies kann freilich den Urhebern der Konvention nicht vorgeworfen werden, denn die Konvention erklärt gerade einen umfassenden Kulturgüterschutz zu ihrem Ziel. Die weite Definition ist diesem Ziel angemessen, so dass die allgemeine Kritik am Umfang des Anwendungs-

---

493 Ägypten, Unidroit 1992, Study LXX, Doc. 29, Misc. 27; Iran, Griechenland, die Türkei, Mexico und Nepal, a. a. O., Misc. 21.

494 S. dazu Vrellis, Unidroit-Konvention über gestohlene oder unerlaubt ausgeführte Kulturgüter – Bedeutung der lex originis, in: Reichelt (Hrsg.), Neues Recht zum Schutz von Kulturgut, S. 69 ff., insb. 76 ff.

495 Anders wohl Wiederkehr Schuler, Kulturgüterschutz – freier Kunstmarkt, S. 18.

496 Vgl. dazu bereits Kapitel 1.III.1. „Universalprinzip des Kulturgüterschutzes".

497 S. dazu Kapitel 3.II. „Eigentumsschutz nach dem Einheitsrecht".

498 Auch die Vorschläge, zwischen res commercium und rex extra commercium zu unterscheiden oder den Anwendungsbereich auf die von Menschenhand geschaffene Sache zu begrenzen, wurden nicht umgesetzt, s. dazu Reichelt, Die Vereinheitlichung des privatrechtlichen Kulturgüterschutzes nach dem Unidroit-Vertragsentwurf 1990, in: Dolzer/Jayme/Mußgnug (Hrsg.), Rechtsfragen des internationalen Kulturgüterschutzes, S. 67, 72 f.; zu res extra commercium im Allgemeinen s. Kapitel 2.I. „Verkehrsfähigkeit der Kulturgüter". Dies ist i. S. d. von der Konvention angestrebten umfassenden Schutzes und nach der geforderten Verkehrsfähigkeit der Kulturgüter auch zu begrüßen.

bereichs nur dahingehend verstanden werden kann, dass sie sich letztendlich nicht gegen das Mittel (weite Definition), sondern gegen das Ziel (umfassender Kulturgüterschutz) richtet.

Wünschenswert wäre, wenn die Unidroit-Konvention, v. a. weil sie in Abgrenzung zur UNESCO-Konvention nicht primär dem Abwanderungsschutz dient, nicht den (einschränkenden) Kategorienkatalog der UNESCO-Konvention im Anhang übernommen, sondern es bei der offenen Definition des Art. 2 Unidroit-Konvention belassen hätte, um eine hier geforderte Wertigkeitsbestimmung im Kontext zu ermöglichen.[499]

Trotz der Kategorien bleibt der Begriff des Kulturgutes ein dynamischer, so dass der interdisziplinäre Dialog zwischen Recht, Kunstgeschichte und Archäologie die Auslegung weiterentwickeln soll.[500] So vermag es das Recht nicht allein, die Qualifizierung eines Gutes zum Kulturgut aufgrund des geschichtlichen Wertes (Anhang, lit. b) oder künstlerischen Interesses (Anhang, lit. g) vorzunehmen. Weiterhin kann sich der kulturelle Stellenwert der Sache wandeln, z. B. wenn infolge bestimmter Ereignisse eine Gattung nahezu verschwindet oder wiederentdeckt wird.

bb. Räumlicher Anwendungsbereich

(1) Claims of an international character

Die Unidroit-Konvention regelt, dass sie auf Ansprüche *of an international character* Anwendung findet (Art. 1 Unidroit-Konvention), und bestimmt somit ihren Anwendungsbereich bei internationalen Fällen selbst ohne den Rückgriff auf das Kollisionsrecht. Somit schafft sie bezüglich der Herausgabe der Kulturgüter ein Sonderprivatrecht.

Der Begriff des „nationalen Charakters“ war in dem Vorentwurf noch nicht vorhanden: Ursprünglich sollten sowohl nationale als auch internationale Sachverhalte geregelt werden. Die Regierungskommission hat sich jedoch für einen engeren Anwendungsbereich entschieden.[501] Die Regelung ist ein Resultat der Nachgiebigkeit gegenüber bestimmten Ländern und als Kompromisslösung weist sie auch Schwächen bezüglich der Bestimmbarkeit ihres Regelungscharakters auf.

(a) Bestimmung des internationalen Charakters

Aus dem Wortlaut ergibt sich nicht eindeutig, welche Fälle in den Anwendungsbereich der Unidroit-Konvention fallen, denn „der internationale Charakter“ der

499 Vgl. dazu Kapitel 1.I.2. „Begriff des Kulturgutes“.

500 Reichelt, Die Unidroit-Konvention, in: dies. (Hrsg.), Neues Recht zum Schutz von Kulturgut, S. 55, 61.

501 Vgl. Regierungskommission, Unidroit 1992, Study LXX, Doc. 30, Nr. 23; kritisch dazu Siehr, RabelsZ 59 (1995), 454, 463.

Ansprüche wird nicht näher spezifiziert.[502] Auf die rein innerstaatlichen Ansprüche ist die Unidroit-Konvention schon dem Wortlaut nach nicht anwendbar. Die Frage ist, wo die Grenze zwischen internationalen und rein innerstaatlichen Ansprüchen zu ziehen ist. Unproblematisch liegt ein internationaler Charakter des Anspruches vor, wenn der Belegenheitsort des Kulturgutes ins Ausland tatsächlich wechselt. Befindet sich der Gegenstand dagegen zum Zeitpunkt der Geltendmachung des Anspruches (wieder) im Ursprungsland, ist die Beurteilung nicht eindeutig. So wurde die hypothetische Anwendbarkeit der Unidroit-Konvention auf den Fall *Winkworth vs. Christie, Manson & Woods Ltd.*, der die Arbeiten an der Konvention wesentlich mitbeeinflusst hat,[503] viel in der Literatur diskutiert[504] (zur Erinnerung: Das Kulturgut wurde in England gestohlen, in Italien gutgläubig erworben und dann zurück nach England verbracht)[505]. Fraglich ist, wie ein solcher Fall nach der Unidroit-Konvention zu beurteilen wäre. Das Kulturgut könnte nach dessen Rückführung in das Ursprungsland England zur innerstaatlichen Angelegenheit geworden sein. Allerdings war gerade dieser Fall entscheidend für die Arbeiten an der Unidroit-Konvention.[506] Ist der Herausgabeanspruch einmal entstanden, so soll er auch dann bestehen bleiben, wenn das Kulturgut in das Ursprungsland zurückkehrt. In der Konsequenz heißt das, wenn der Anspruch im Heimatland nicht entstanden ist und später das Kulturgut ins Ausland gebracht wird, kann ein solcher Anspruch nicht begründet werden.[507] Ist ein Kulturgut in einem Land gestohlen, dort – soweit zulässig – gutgläubig erworben und erst dann ins Ausland gebracht worden, so findet die Unidroit-Konvention keine Anwendung. Ist dagegen ein Kulturgut gestohlen, ins Ausland gebracht und dort gutgläubig erworben worden, so ist die Konvention grundsätzlich anwendbar. Es ist ganz offensichtlich, dass ein besserer Kulturgüterschutz erreicht worden wäre, wenn die Unidroit-Konvention auch auf die innerstaatlichen Fälle anwendbar sein würde. Dies war jedoch politisch nicht zu erreichen. Es ist zwar bedauernswert; letztendlich wurde die Konvention allerdings geschaffen, um gerade der Gefahr der bewussten Umgehung der nationalen Vorschriften durch das „Verschieben" der Kulturgüter über die Grenzen entgegenzuwirken. Dies ist ihr auch gelungen.

---

502 Kritisch dazu Siehr, RabelsZ 59 (1995), 454, 462; Reichelt, Die Unidroit-Konvention, in: dies. (Hrsg.), Neues Recht zum Schutz von Kulturgut, S. 55, 61, wo zu Recht der „grenzüberschreitende Sachverhalt" als bessere Terminologie bezeichnet wird.

503 Reichelt, Die Unidroit-Konvention, in: dies. (Hrsg.), Neues Recht zum Schutz von Kulturgut, S. 64.

504 Z. B. bei Thorn, Bettina, Internationaler Kulturgüterschutz nach der Unidroit-Konvention, S. 121; Spaun, Der Herausgabeanspruch bei Diebstahl oder illegalem Export von Kulturgütern, S. 219.

505 S. zu diesem Fall bereits Kapitel 3.I.4.a. „Verweisungstechnik".

506 Reichelt, Die Unidroit-Konvention, in: dies. (Hrsg.), Neues Recht zum Schutz von Kulturgut, S. 55, 64.

507 Siehr, RabelZ 59 (1995), 454, 462.

(b) Unterscheidung zwischen den Regelungsbereichen

Wurde dem Anspruch ein internationaler Charakter zugesprochen, so kommt es darauf an, ob es sich um einen Anspruch auf Herausgabe gestohlener oder auf Rückführung rechtswidrig ausgeführter Kulturgüter handelt.[508]

(aa) Grundsätzliche Regelung des Art. 10 Unidroit-Konvention

Die Unidroit-Konvention ist in Bezug auf gestohlene Kulturgüter grundsätzlich nur zwischen den Vertragsstaaten anwendbar:

> The provisions of Chapter II shall apply only in respect of a cultural object that is stolen after this Convention enters into force in respect of the State where the claim is brought, provided that: (a) the object was stolen from the territory of a Contracting State after the entry into force of this Convention for that State; or (b) the object is located in a Contracting State after the entry into force of the Convention for that State.

Es gibt somit zwei Varianten, wann diese Regelung greift: Die Konvention müsste sowohl gemäß Art. 10 Abs. 1 HS. 1 Unidroit-Konvention im ersuchten Staat (Staat, dessen Gerichte zur Entscheidung einer Rechtsstreitigkeit berufen sind) als auch gemäß Art. 10 Abs. 1 lit. a Unidroit-Konvention im Deliktsstaat (Staat, in dem das Kulturgut gestohlen wurde), zum Zeitpunkt des Diebstahls in Kraft sein – oder der ersuchte Staat müsste zum Zeitpunkt des Diebstahls und der Belegenheitsstaat zum Zeitpunkt der Klageerhebung Vertragsstaat sein, Art. 10 Abs. 1 lit. b Unidroit-Konvention. Dabei wird der Belegenheitsstaat des Kulturgutes regelmäßig auch der ersuchte Staat sein, allerdings können die nationalen Regelungen oder Parteivereinbarungen anderes bestimmen, Art. 8 Abs. 1 und Abs. 2 Unidroit-Konvention.

Im Fall von illegal ausgeführten Kulturgütern müssen sowohl der ersuchende als auch der ersuchte Staat zum Zeitpunkt der illegalen Ausfuhr bereits Vertragsstaaten sein, Art. 10 Abs. 2 Unidroit-Konvention:

> The provisions of chapter III shall apply only in respect of a cultural object that is illegally exported after this Convention enters into force for the requesting State as well as the State where the request is brought.

(bb) Besondere Konstellationen

Sind ersuchter Staat und der Belegenheitsstaat (wie im Regelfall) identisch, so führt dies zu dem befremdlichen Ergebnis, dass es nach Art. 10 Abs. 1 lit. b Unidroit-Konvention ausreichen könnte, wenn von drei zu unterscheidenden Staaten (ersuchter Staat, Deliktsstaat, Belegenheitsstaat) nur einer, also der ersuchte Staat, der identisch mit dem Belegenheitsstaat ist, der Unidroit-Konvention beigetreten ist.

---

508 Die pauschale Behauptung, die Bestimmungen der Konvention gelten ausschließlich im Verhältnis zwischen den Vertragsstaaten, ist insofern ungenau, so aber Raschèr, Kulturgütertransfer und Globalisierung, S. 73.

Man könnte dem entgegenhalten, dass Art. 10 Unidroit-Konvention grundsätzlich nur die zeitliche und nicht die räumliche Anwendbarkeit regele.[509] Mangels anderer Angaben in der Konvention müssen allerdings alle Vorschriften zur Bestimmung des räumlichen Anwendungsbereiches herangezogen werden, zumal das Ergebnis dem Art. 1 Unidroit-Konvention keineswegs widerspricht – der internationale Charakter der Konvention bliebe bestehen, solange das Kulturgut in einem anderen Land gestohlen wurde.

Im Wege der teleologischen Reduktion des Art. 10 Abs. 1 lit. b Unidroit-Konvention ergibt sich jedoch, dass die Regelung nur dann anzuwenden ist, wenn der ersuchte Staat und der Belegenheitsstaat auseinanderfallen. Wenn sie identisch sind, so ist die Konvention gemäß Art. 10 Abs. 1 HS. 1 Unidroit-Konvention bereits im Zeitpunkt des Diebstahls dort in Kraft gewesen, die Ergänzung durch lit. b wäre somit obsolet. Nur beim Verweis der nationalen Vorschriften des Belegenheitsstaates gemäß Art. 8 Abs. 1 Unidroit-Konvention auf einen anderen Staat ergibt diese Regelung einen Sinn. Somit ist es zwar möglich, dass der Deliktsstaat nicht zu den Vertragsstaaten gehört; es müssten dann aber die beiden sonstigen beteiligten Staaten der Unidroit-Konvention beigetreten sein. Diese Regelung ist nachvollziehbar, denn es soll jedem Vertragsstaat möglich sein, die auf seinem Territorium befindlichen Kulturgüter durch die Unidroit-Konvention zu schützen, auch wenn der Diebstahl in einem Drittstaat stattgefunden hatte.

Es ist aber auch eine Konstellation denkbar, in der alle drei beteiligten Staaten gemäß Art. 10 Abs. 1 lit. a Unidroit-Konvention identisch sind. Wenn das Kulturgut zwischenzeitlich im Ausland weiterveräußert oder das Eigentum/der Besitz in sonstiger Weise übertragen wurde (wie im Fall *Winkworth vs. Christie, Manson & Woods Ltd.*), so ist die Konvention anwendbar. Das mag auf den ersten Blick zu dem eigenartigen Ergebnis führen, dass die Eigentümerstellung durch die Verschleppung des Kulturgutes ins Ausland verbessert wird. Diese Problematik wurde schon oben angesprochen: Da ein allumfassender Kulturgüterschutz nicht möglich war, hat man sich auf den Bereich geeinigt, aus dem die größte Gefahr kam – den grenzüberschreitenden illegalen Handel.[510] Aus dem Sinn und Zweck der Unidroit-Konvention ergibt sich, dass sie gerade auf solche Fälle anwendbar sein soll, damit das Kulturgut im Ausland nicht „reingewaschen" werden kann. Es darf nicht darauf ankommen, ob das Kulturgut sich im Zeitpunkt der Anspruchsgeltung zufällig wieder im Deliktsstaat befindet oder nicht. Außerdem könnte sich die rechtliche Stellung des Eigentümers auch verschlechtern, wenn nach den nationalen Vorschriften z. B. der Erwerb von gestohlenen Kulturgütern – wie in Deutschland – grundsätzlich nicht möglich wäre und nach der Unidroit-Konvention dagegen zumindest ein Anspruch des Besitzers auf Entschädigung (Lösungsrecht) bestünde.[511]

---

509 Vgl. dazu sogleich unter Kapitel 4.I.1.d.cc. „Zeitlicher Anwendungsbereich".

510 S. dazu Kapitel 3.II.2. „Internationales Recht".

511 Allerdings bleibt es dem Staat vorbehalten, den nationalen strengeren Vorschriften Vorzug zu geben, Art. 9 Abs. 1 Unidroit-Konvention.

(2) Favor legis nationalis

Die Unidroit-Konvention setzt einen Mindeststandard an kulturgutschützenden Vorschriften, so dass die weiterreichenden nationalen Regelungen nach der Umsetzung der Konvention unverändert gelten sollen, Art. 9 Abs. 1 Unidroit-Konvention:

> Nothing in this Convention shall prevent a Contracting State from applying any rules more favourable to the restitution or the return of stolen or illegally exported cultural objects than provided for by this Convention.

Der Grundsatz *favor legis nationalis* (Vorzug der nationalen Regelungen) war schon in den ersten Entwürfen der Konvention vorgesehen.[512] Diese Regelung stellt eine Abkehr von der durch die Unidroit-Konvention angestrebten Vereinheitlichung des Kulturgüterschutzrechtes dar. Die Vereinheitlichung ist allerdings kein Selbstzweck, sondern soll ein geeignetes Mittel sein, den Kulturgüterschutz weltweit zu verbessern. Insofern ist es nur konsequent, dass dort, wo der Schutz über das von der Konvention beanspruchte Mindestmaß hinausgeht, dieser nicht im Wege der Vereinheitlichung beschnitten werden soll. Das ist gerade für Deutschland mit einem vergleichsweise starken innerstaatlichen Eigentumsschutz relevant.[513]

Da diese Regelung außerhalb des vereinheitlichten Bereichs liegt, verpflichtet sie einen anderen Vertragsstaat nicht, aufgrund abweichender Bestimmungen getroffene Entscheidungen anzuerkennen, Art. 9 Abs. 2 Unidroit-Konvention.

Neben dem bereits erwähnten Art. 9 finden die prozessualen nationalen Vorschriften durch einen Verweis in Art. 8 Abs. 1 Unidroit-Konvention Anwendung, so dass auch Gerichte anderer Staaten als des Belegenheitsstaates anzurufen sind, soweit es die nationalen Vorschriften bestimmen. Beim Herausgabeanspruch werden zudem die illegalen Ausgrabungen ausdrücklich dem Diebstahl gleichgestellt, wenn dies mit nationalem Recht vereinbar ist (Art. 3 Abs. 2 Unidroit-Konvention).[514] Die Verjährungsfrist bezüglich des Herausgabeanspruchs kann länger als fünfzig Jahre sein, soweit es den nationalen Vorschriften entspricht (Art. 3 Abs. 5 Unidroit-Konvention).[515]

(3) Favor legis rei sitae

Wie bereits oben erwähnt, werden die wichtigsten Bestimmungen der Herausgabe und Rückführung von Kulturgütern vereinheitlicht; gelegentlich kann aber auch das Recht des Belegenheitsortes Anwendung finden. Bei Hilfsmaßnahmen ist die *lex rei sitae* anwendbar, auch wenn der ersuchte Staat ein anderer ist, Art. 8 Abs. 3 Unidroit-Konvention.

---

512 Reichelt, Die Unidroit-Konvention, in: dies. (Hrsg.), Neues Recht zum Schutz von Kulturgut, S. 55, 66.

513 S. dazu bereits Kapitel 2. „Kulturgüterschutz bei innerdeutschen Sachverhalten“.

514 S. dazu sogleich unter Kapitel 4.I.2.b. „Sonderstellung der archäologischen Funde“.

515 S. dazu später unter Kapitel 4.I.2.d. „Verjährung“.

Zudem ist das Recht des Belegenheitsortes stets über den Grundsatz *favor legis nationalis* anwendbar, wenn Belegenheitsstaat und ersuchter Staat identisch sind.

(4) Trennungsklausel

Die Unidroit-Konvention enthält im Art. 13 Abs. 3 eine *Trennungsklausel:*

> In their relations with each other, Contracting States which are Members of organisations of economic integration or regional bodies may declare that they will apply the internal rules of these organisations or bodies and will not therefore apply as between these States the provisions of this Convention the scope of application of which coincides with that of those rules.

Diese Klausel bewirkt aus der europäischen Perspektive, dass im Verhältnis zwischen EU-Staaten, die zugleich Vertragsstaaten der Unidroit-Konvention sind, die EG-Richtlinie im gleichen Anwendungsbereich vorgeht, soweit vom EU-Staat gesetzlich vorgesehen. Er stimmt in Bezug auf die Rückführung der illegal ausgeführten Kulturgüter überein; für die Herausgabe der gestohlenen Kulturgüter sieht die EG-Richtlinie dagegen keine Regelung vor. Insbesondere deswegen kann aus dieser Klausel nicht der Schluss gezogen werden, dass die EU-Staaten der Unidroit-Konvention nicht beitreten müssten. Für die hiesige Fragestellung ist Art. 13 Abs. 3 Unidroit-Konvention somit unerheblich, da es neben der Unidroit-Konvention keine multilateralen Verträge gibt, die die privatrechtliche Herausgabe von gestohlenen Kulturgütern regeln.

Eine ausdrückliche Kollisionsregel enthält die Unidroit-Konvention (anders als Art. 12 der Richtlinie 93/7/EWG) dagegen nicht.[516] Weder der Vorschlag Irans bezüglich der *legis originis*[517] noch der später zurückgenommene Vorschlag der USA bezüglich der *legis fori*[518] wurden übernommen.

cc. Zeitlicher Anwendungsbereich

Der zeitliche Anwendungsbereich wird durch den bereits behandelten Art. 10 Unidroit-Konvention bestimmt.[519]

---

516 Unidroit (Hrsg.), Acts and Proceedings, Conf. 8/C. 1/S.R. 10, S. 237 f., 240; Conf. 8/C. 1/S.R. 12, S. 251, 252; Conf. 8/C. 1/S.R.14, S. 267; Conf. 8/C. 1/S.R. 15, S. 288 f.

517 Unidroit (Hrsg.), Acts and Proceedings, Conf. 8/C. 1/W.P. 42, S. 132.

518 Unidroit (Hrsg.), Acts and Proceedings, Conf. 8/C. 1/S.R. 12, S. 250; Conf. 8/C. 1/S.R. 13, S. 255.

519 Vgl. dazu oben Kapitel 4.I.d.bb.(1)(b) „Unterscheidung zwischen den Regelungsbereichen“. Auf den persönlichen Anwendungsbereich wird bei der Untersuchung der jeweiligen Ansprüche eingegangen.

(1) Grundsätzliches Rückwirkungsverbot

Gemäß Art. 10 Abs. 1 und 2 Unidroit-Konvention ist diese nicht auf die vor ihrem Inkrafttreten liegenden Fälle anwendbar. Somit werden alle bereits bekannten umstrittenen Herausgabefälle nicht berührt. Dabei wird jedoch ganz i. S. d. aufklärenden Nebenfunktion der Konvention ausdrücklich erwähnt, dass das Rückwirkungsverbot nicht als Legitimation für die von der Unidroit-Konvention nicht erfassten illegalen Altfälle missverstanden werden darf (Art. 10 Abs. 3 Unidroit-Konvention):

> This Convention does not in any way legitimise any illegal transaction of whatever which has taken place before the entry into force of this Convention or which is excluded under paragraphs (1) or (2) of this article, nor limit any right of a State or other person to make a claim under remedies available outside the framework of this Convention for the restitution or return of a cultural object stolen or illegally exported before the entry into force of this Convention.

Das Rückwirkungsverbot war eine der umstrittensten Regelungen der Unidroit-Konvention.[520] Auf der einen Seite standen die Exportstaaten, die von dem illegalen Kulturgütertransfer betroffen waren und auf eine Wiedergutmachung hofften. Auf der anderen Seite befanden sich die Importstaaten, die vom Kunstmarkt profitierten. Es wurden verschiedene Lösungsansätze angedacht, bevor ein Kompromiss zwischen umfassendem Schutz und politisch Durchsetzbarem gefunden wurde. Die Lösung in Form der jetzigen Regelung ist zu befürworten.

Insbesondere in Bezug auf die illegale Ausfuhr ist die Entscheidung der Urheber der Konvention gegen die Rückwirkung zu begrüßen, um die Beliebigkeit bei mehrfacher Grenzüberschreitung zu vermeiden.

Bei abhandengekommenen Kulturgütern wäre eine Rückwirkung ebenfalls äußerst problematisch. Zwar wird Diebstahl grundsätzlich grenzüberschreitend geahndet.[521] Im Laufe der Zeit könnten jedoch dieselben Kulturgüter mehrmals den Besitzer gewechselt haben. Würde die Rückwirkung auf den Zeitpunkt zwischen einem solchen Wechsel fallen, würde sie wohl kaum zu einem gerechten Ergebnis führen. Auch bei lange zurückliegenden Ereignissen wie im Fall der Nofretete-Büste ist eine abschließende Klärung des Sachverhaltes oft nicht möglich.[522]

Problematisch wäre ebenfalls die Rückwirkung bei Fällen der illegalen Ausgrabung. In der Archäologie ist das moderne Verständnis des Kulturgüterschutzes relativ neu. Legt man heute besonderen Wert auf Erhalt des Kontextes, war es noch

---

520 Raschèr, Kulturgütertransfer und Globalisierung, S. 74.

521 Vgl. das alttestamentarische „Du sollst nicht stehlen“.

522 Vgl. zu dieser Problematik bereits Kapitel 1.III.4.b. „Keine hinreichende Bestimmung des Zugehörigkeitsstaates“. Eine Insellösung gibt es nur in Bezug auf die Kulturgüter, die im Wege des Nationalsozialismus entwendet wurden, wobei es sich bei der Anwendung der Washingtoner Erklärung nicht um eine rein juristische Lösung der Wiedergutmachung handelt, s. dazu bereits Kapitel 2.II.4.c. „Sonderproblem: die NS-verfolgungsbedingte Wegnahme“.

vor dreißig Jahren gängige Praxis, die Funde zuerst auszugraben und dann in der Heimat separat zu erforschen. Die Nachhaltigkeit hat früher keine entscheidende Rolle gespielt. Die Empfindsamkeit gegenüber dem historischen Zusammenhang geht auch mit der technischen Entwicklung einher. Erst durch die Möglichkeit neuer Forschungen durch das Einsetzen von Dendrochronologie, Thermolumineszenzmethoden, Archäobotanik usw. hat sich der Schwerpunkt auf den Erhalt der Ursprünglichkeit verschoben. Zwar rechtfertigt dies nachträglich die illegalen Ausgrabungen nicht; es macht jedoch deutlich, dass diese bis vor kurzem gesellschaftlich anerkannt waren.[523]

(2) Unterscheidung nach Regelungsgehalt

Bei näherer Betrachtung stellt sich allerdings heraus, dass die gestohlenen und illegal ausgeführten Kulturgüter in Bezug auf die Rückwirkung ungleich behandelt werden. Die Bestimmungen über die Rückführung der rechtswidrig ausgeführten Kulturgüter können nur dann angewendet werden, wenn die Unidroit-Konvention bezüglich dieser Kulturgüter sowohl im ersuchenden als auch im ersuchten Staat in Kraft getreten ist (Art. 10 Abs. 2 Unidroit-Konvention). Grundsätzlich ist es in Bezug auf die gestohlenen Kulturgüter ähnlich: Der ersuchte Staat und der Staat, in dem das Kulturgut gestohlen wurde, müssen beide zum Zeitpunkt des Diebstahls bereits Vertragsstaaten sein, Art. 10 lit. a Unidroit-Konvention. Insofern ist die Konvention nicht rückwirkend anwendbar.[524] Teilweise ist aber der zeitliche Anwendungsbereich weiter gefasst: Wie bereits oben dargestellt, kann der Anspruch geltend gemacht werden, wenn die Unidroit-Konvention zum Zeitpunkt des Diebstahls im ersuchten Staat und zum Zeitpunkt der Geltendmachung des Anspruches im Belegenheitsstaat in Kraft ist (Art. 10 lit. b Unidroit-Konvention), soweit sie nach nationalen Regelungen auseinanderfallen können (Art. 8 Abs. 1 Unidroit-Konvention). Insofern ist eine Konstellation denkbar, bei der die Unidroit-Konvention eine gewisse Rückwirkung entfaltet. Das ist dann der Fall, wenn eine Klage in einem Staat erhoben wird, in dem die Konvention zum Zeitpunkt des Vorfalls in Kraft war, das Kulturgut sich aber in einem Vertragsstaat befindet, der erst später der Unidroit-Konvention beigetreten ist – also bei einem bestimmten Fall des Auseinanderfallens des ersuchten Staates und des Belegenheitsstaates.

Dies ist allerdings gemäß Art. 8 Abs. 1 und 2 Unidroit-Konvention nur dann möglich, wenn das Auseinanderfallen des Forum- und Belegenheitsstaates den gesetzlichen Vorschriften der Vertragsstaaten entspricht oder ausdrücklich ver-

---

523 S. auch Heilmeyer, ZVglRWiss 95 (1996), S. 117 ff.

524 Für die Nichtrückwirkung der Unidroit-Konvention v. a. der Konventionstext, dass sie nur auf solche Kulturgüter anwendbar ist, die nach dem Inkrafttreten der Konvention gestohlen oder illegal ausgeführt wurden, Art. 10 Abs. 1 und Abs. 2 „[...] after this convention enters into force [...]“, ganz h. M., statt alle Prott, Commentary on the Unidroit Convention, S. 78.

einbart worden ist. Die Unidroit-Konvention regelt somit lediglich, dass die Klage in dem Belegenheitsstaat erhoben werden soll. Verweist der Belegenheitsstaat auf einen anderen Staat, so finden lediglich die prozessualen nationalen Vorschriften des Belegenheitsstaates Anwendung. Daraus folgt, dass die Rückwirkung nicht in der Unidroit-Konvention verankert ist; diesbezüglich hat die Konvention lediglich einen verweisenden Charakter. Somit ist ausnahmsweise eine (teilweise) Wirkung für die Vergangenheit möglich, wenn nach nationalem Recht des ersuchten Staates dessen Zuständigkeit gegeben ist, obwohl im Belegenheitsstaat die Unidroit-Konvention später (nach dem Diebstahl) in Kraft getreten war.

Im Gegensatz zu der Anwendbarkeit des günstigeren nationalen materiellen Rechts, das für Vertragsstaaten gemäß Art. 9 Abs. 2 Unidroit-Konvention nicht bindend ist, sind die auf Art. 8 Unidroit-Konvention basierenden Entscheidungen verbindlich. Dies ergibt sich zum einen daraus, dass, anders als in Art. 9 Unidroit-Konvention, die Vertragsstaaten nicht ausdrücklich von der Verpflichtung zur Anerkennung der Entscheidungen befreit werden. Zum anderen unterliegt ein solcher eventueller Rückwirkungsfall dem Regelungsbereich des ersuchten Staates selbst – er kann die Zuständigkeit für andere als die belegenen Kulturgüter ausschließen, falls nicht erwünscht.

(3) Zusammenfassende Bewertung

Eine Rückwirkung der Unidroit-Konvention ist grundsätzlich ausgeschlossen. Bei einer generellen Rückwirkung wäre auch der Vertrauensschutz v. a. in Ländern mit Möglichkeit des Eigentumserwerbs an gestohlenen Sachen stark eingeschränkt worden, was letztendlich die Zustimmungswilligkeit der betroffenen Länder zu der Konvention erheblich gemindert hätte.

Eine minimale Rückwirkung könnte nur dann bestehen, wenn das Zivilverfahrensrecht des ersuchten Staates seine Zuständigkeit für im Ausland belegene Kulturgüter erklärt und/oder die Zuständigkeit für die im Inland belegenen Kulturgüter abgibt. Es liegt somit im Regelungs- (und Verantwortungs-)bereich der einzelnen Länder, diese Rückwirkung zuzulassen.

e. Gerichtsstand

Das Verfahren beider Ansprüche ist einheitlich geregelt:[525]

> A claim under Chapter II and a request under Chapter III may be brought before the courts or other competent authorities of the Contracting State where the cultural object is located, in addition to the courts or other competent authorities otherwise having jurisdiction under the rules in force in Contracting States.

---

525 S. dazu bereits oben Kapitel 4.I.1.d. „Anwendungsbereich und Begriffsbestimmung".

Es wird somit grundsätzlich vom *forum rei sitae* ausgegangen, das die Rechtsverfolgung unmittelbar vor Ort erleichtern soll.[526] Die Parteien können auch vereinbaren, ihren Streit einem Gericht, einer anderen zuständigen Behörde oder einem Schiedsgericht zu übertragen (Art. 8 Abs. 2 Unidroit-Konvention). Den Vertragsstaaten soll somit die Wahl der durchführenden Organe überlassen werden.[527] Diese Fassung weicht von der ursprünglichen ab, in der das Wahlrecht auf zwei Gerichtsstände beschränkt war: die des Belegenheitsortes einerseits sowie des gewöhnlichen Aufenthalts des Besitzers andererseits (Art. 9 Abs. 1 Unidroit-Entwurf 1993).[528] In der gültigen Fassung sind nun auch andere Gerichtsstände wählbar. Dies zieht als Konsequenz nach sich, dass der Fall je nach Regelung des maßgeblichen Internationalen Zivilprozessrechts vor dem Gericht des Belegenheitsorts (*forum rei sitae*), des Wohnsitzes des Anspruchsgegners (als Ausprägung des Grundsatzes *actor sequitur forum rei*) oder gar des Deliktsorts (*forum delicti commissi*) entschieden wird. Zudem können zur Bestimmung des Gerichtsstandes gemäß Art. 13 Abs. 1 Unidroit-Konvention internationale Abkommen herangezogen werden.

Die vereinheitlichen Vorschriften der Unidroit-Konvention sind in allen drei betroffenen Staaten anwendbar, jedoch können an unterschiedlichen Stellen das Prozess-, Kollisions- und auch das Sachrecht des Forumstaates eine Rolle spielen.[529] Wegen der einheitsrechtlichen Regelung des zentralen Herausgabeanspruchs ist hier *fraus legis* wohl nicht zu befürchten; trotzdem kann es im Einzelfall zu unterschiedlichen Ergebnissen führen. Wie bereits oben dargestellt, müssen auch solche Entscheidungen von anderen Vertragsstaaten anerkannt werden, soweit sie nicht auf Art. 9 Abs. 1 Unidroit-Konvention beruhen.[530]

Eine vollkommene Verwirklichung des Gleichheitsgedankens könnte nur dann erreicht werden, wenn auch das anzuwendende Prozessrecht vereinheitlicht würde. Dies geschieht hier nicht. Allerdings ist die grundsätzliche Vereinheitlichung der Regeln über die Zuständigkeit der Gerichte und Behörden sowie der Anerkennung und Vollstreckung ausländischer Entscheidungen ein Schritt zur Verbesserung des Kulturgüterschutzes.

f. Wechselwirkung mit deutschem Recht

Bei der innerstaatlichen Anwendbarkeit eines völkerrechtlichen Vertrages muss v. a. die Widerspruchsfreiheit der Rechtsordnung gewahrt werden.[531] Es ist somit

---

526 Entwurf der Unidroit-Konvention 1993, Unidroit 1994, Study LXX, Doc. 49, Nr. 116.

527 Entwurf der Unidroit-Konvention 1993, Unidroit 1994, Study LXX, Doc. 49, Nr. 75 f.

528 Entwurf der Unidroit-Konvention 1989, Unidroit 1989, Study LXX, Doc. 11.

529 S. dazu bereits oben Kapitel 4.I.1.b.aa. „Einheitsrechtliche Auslegung".

530 Anders Vrellis, Unidroit-Konvention über gestohlene oder unerlaubt ausgeführte Kulturgüter – Bedeutung der lex originis, in: Reichelt (Hrsg.), Neues Recht zum Schutz von Kulturgut, S. 69, 81.

531 Vgl. dazu grds. BVerfG, Urteil vom 7. Mai 1998, BVerfGE 98, 83, 97; Maunz/Düring (Grzeszick), Art. 20 GG, Rn. 56.

bei der Umsetzung der Unidroit-Konvention darauf zu achten, keinen systemfremden Eingriff in das deutsche Recht vorzunehmen und somit die Einheitlichkeit des Rechtssystems zu bewahren. Da es sich überwiegend um einen *self-executing*-Vertrag handelt, können die Bestimmungen der Konvention selber nur teilweise angepasst werden. Ansonsten bedarf es der Änderung des bereits geltenden nationalen Rechts.

aa. Rangverhältnis des nationalen Rechts

Die Bundesrepublik Deutschland wäre nach dem Beitritt völkerrechtlich verpflichtet, die Konvention in das nationale Recht umzusetzen, Art. 26 WVRK (*Pacta sunt servanda*). Insbesondere kann sich gemäß Art. 27 WVRK kein Staat bei der Erfüllungsverweigerung auf das nationale Recht berufen. Dem Völkervertragsrecht kommt jedoch gemäß Art. 3 EGBGB grundsätzlich kein höherer Rang zu als einem Bundesgesetz. Die Unidroit-Konvention stellt vorliegend *lex specialis* zum nationalen Recht dar, so dass sie vorrangig anzuwenden ist (*lex specialis derogat legi generali*), soweit von dem Grundsatz *favor legis nationalis* kein Gebrauch gemacht wurde. Im Verhältnis zum IPR ergibt sich dies bereits aus Art. 3 Ziff. 2 EGBGB, der den Anwendungsvorrang der Regelungen in völkerrechtlichen Verträgen gegenüber den Vorschriften des EGBGB bestimmt.

bb. Auslegung

Die Auslegungsbefugnis wurde in der Konvention nicht auf ein internationales Gericht übertragen – mit der Folge, dass sie bei der Zuständigkeit der nationalen (deutschen) Gerichte bleibt. Nach der Transformation der Unidroit-Konvention in deutsches Recht müssten somit grundsätzlich nationale Auslegungsmethoden herangezogen werden. Aufgrund der autonomen Auslegungsmethode der einheitsrechtlichen Verträge dürfen jedoch im vereinheitlichten Regelungsbereich keine nationalen Auffassungen herangezogen werden.[532] Aus dem Grundsatz der völkerrechtsfreundlichen Auslegung ergibt sich,[533] dass auch in sonstigen Bereichen diese Methode zumindest mitberücksichtigt werden muss.

Dazu kommt ein Sonderproblem der Auslegung bei mehrsprachigen Normen, wobei durch die nationale Umsetzung des jeweiligen Staates eine zusätzliche Unsicherheit geschaffen wird. Für die wissenschaftliche Auseinandersetzung mit der Unidroit-Konvention im deutschsprachigen Raum wird überwiegend die Übersetzung des Schweizer Bundesamtes für Kultur zugrunde gelegt.[534] Diese Version ist auch die einzige, die auf der offiziellen Internetseite der Unidroit-Organisation erscheint. Für die Stellungnahme der Bundesregierung wurde dagegen eine Überset-

---

532 S. dazu bereits unter Kapitel 4.I.1.c. „Autonome Auslegung".

533 Vgl. BVerfG, Urteil vom 14. Oktober 2004, BVerfGE 111, 307, 318.

534 Abgedruckt in ZVglRWiss 95 (1996), 214 ff., vgl. nur Reichelt, Die Unidroit-Konvention, in: dies. (Hrsg.), Neues Recht zum Schutz von Kulturgut.

zung durch den Sprachdienst des Bundesministeriums für Justiz verwendet.[535] Sollte eine amtliche deutsche Übersetzung der Unidroit-Konvention eines Tages vorliegen, so wird auch sie nur als Hilfsmittel der Auslegung heranzuziehen sein, da sie nicht den gleichen Stellenwert wie die authentische Übersetzung hat.[536] Vorliegend wird die englische Fassung der Auslegung zugrunde gelegt.[537]

cc. Anwendungsbereich

Die Vorschriften, die den Anwendungsbereich der Unidroit-Konvention bestimmen, verdrängen die nationalen Kollisions- und Sachnormen und sind somit selbst Kollisionsnormen[538]. Es ist folglich kein deutsches Recht zur Bestimmung der Anwendbarkeit voranzustellen.

In Bezug auf den sachlichen Anwendungsbereich ist der Kulturgüterbegriff der Unidroit-Konvention nahezu identisch mit dem der UNESCO-Konvention, die durch das Kulturgutschutzgesetz in Deutschland bereits umgesetzt wurde. Die einzige Unterscheidung zu § 1 UNESCO-Konvention bezieht sich auf die nationale Bedeutung des Kulturgutes, auf die in der Unidroit-Konvention verzichtet wurde.[539]

Der räumliche Anwendungsbereich betrifft alle Konventionsvertragsstaaten. Aus der europäischen Perspektive sollte die Bundesrepublik Deutschland von der Trennungsklausel nach Art. 13 Abs. 3 Unidroit-Konvention Gebrauch machen, um der Richtlinie 93/7/EWG den Vorzug zu geben. Das würde sich allerdings auf Kapitel III beziehen, dessen Anwendungsbereich sich mit dem der Richtlinie deckt. Die hier relevanten privatrechtlichen Regelungen des Kapitels II Unidroit-Konvention wären weiterhin anwendbar.

Der teilweisen Rückwirkung der Konvention könnte dadurch begegnet werden, dass die Möglichkeit der Verweisung auf einen anderen Forumstaat im Anwendungsbereich der Unidroit-Konvention *de lege ferenda* in Deutschland ausgeschlossen und eine solche Verweisung aus dem Ausland nicht angenommen wird.[540]

dd. Gerichtsstand und Vollstreckung

(1) ZPO

Im Rahmen der Anwendung der ZPO kann gemäß Art. 8 Abs. 1 HS. 2 Unidroit-Konvention auf einen anderen Gerichtsstand als im Belegenheitsstaat verwiesen werden, wie z. B. den allgemeinen Gerichtsstand am Wohnsitz des Beklagten gemäß §§ 12, 13 ZPO oder den Gerichtsstand der unerlaubten Handlung, § 32 ZPO. Es könn-

---

535 BMJ (Hrsg.), Unidroit-Konvention, Nichtamtliche Übersetzung aus dem Französischen.

536 Vgl. Linhart, Internationales Einheitsrecht und einheitliche Auslegung, S. 200 ff.

537 S. dazu bereits oben Kapitel 4.I.1.c.aa. „Allgemeines".

538 V. Bar/Mankowski, IPR, § 2 Rn. 57 ff.

539 S. dazu bereits Kapitel 4.I.1.d.aa.(2)(b) „Nationale Bedeutung".

540 S. dazu bereits unter Kapitel 4.I.1.d.cc. „Zeitlicher Anwendungsbereich".

te überlegt werden, im Anwendungsbereich der Konvention einen ausschließlichen (gesetzlichen) Gerichtsstand am Belegenheitsort *de lege ferenda* zu bestimmen, der nur gemäß Art. 8 Abs. 2 Unidroit-Konvention durch privatrechtliche Vereinbarungen geändert werden kann, soweit das EU-Recht nicht greift. Dies würde die Möglichkeit der teilweisen Rückwirkung der Unidroit-Konvention ausschließen.

(2) Internationale Abkommen

Zur Bestimmung des Gerichtsstandes können gemäß Art. 13 Abs. 1 Unidroit-Konvention internationale Abkommen herangezogen werden. Diesbezüglich kommen gerade für den hier relevanten privatrechtlichen Bereich die EuGVVO[541] und das Luganer Übereinkommen[542] in Frage.

(a) EuGVVO

Die EuGVVO kennt keine Koppelung des Gerichtsstandes nach dem Belegenheitsort der beweglichen Sache.[543] Die Regelungen der Art. 2 ff. EuGVVO bleiben im Verhältnis zu anderen Mitgliedsstaaten auch nach dem Beitritt zur Unidroit-Konvention anwendbar, weil es sich bei der Verordnung um vorrangiges Recht handelt.[544] Art. 67 EuGVVO, der den Vorrang des besonderen Gemeinschaftsrechts regelt, findet hier keine Anwendung, da die Unidroit-Konvention nicht zum europäischen Recht gehört. Die Bundesrepublik Deutschland sollte somit von der – speziell auf solche Fälle zugeschnittenen – Trennungsklausel gemäß Art. 13 Abs. 3 Unidroit-Konvention Gebrauch machen, um den Vertragsbruch zu vermeiden. Diese Abweichung schränkt die Wirkung der Unidroit-Konvention nur unwesentlich ein, denn Sinn und Zweck der Belegenheitsregelung ist es, die Rechtsanwendung zu vereinfachen, was auf EU-Ebene bereits durch andere Instrumente gewährleistet wird.

Der Differenzierung zwischen den EU- und Nicht-EU-Staaten bei der Bestimmung des Gerichtsstandes im Anwendungsbereich der Unidroit-Konvention könnte allerdings durch die Ergänzung des Art. 22 EuGVVO *de lege ferenda* entgegengetreten werden, so dass ohne Rücksicht auf den Wohnsitz das Gericht des Belegenheitsstaates zuständig wäre. Nach der hiesigen Meinung kommt *de lege lata* mangels anderer speziellerer Vorschriften Art. 2 EuGVVO für den zivilrecht-

---

541 Verordnung (EG) Nr. 44/2001 des Rates über die gerichtliche Zuständigkeit und die Anerkennung und Vollstreckung von Entscheidungen in Zivil- und Handelssachen vom 22. Dezember 2010, ABl. EG L 12/01, zuletzt geändert durch Art. 1 ÄndVO Nr. (EG) 1791/2006 vom 20. Dezember 2006, ABl. Nr. L 363 S. 1.

542 Luganer Übereinkommen über die gerichtliche Zuständigkeit und die Vollstreckung gerichtlicher Entscheidungen in Zivil- und Handelssachen vom 16. September 1988, ABl. EG Nr. L 319 vom 25. Dezember 1988; BGBl. 1994 II, S. 2658.

543 Für unbewegliche Sachen bei dinglichen Ansprüchen gilt Art. 22 Ziff. 1 EuGVVO.

544 St. Rspr. des EuGH, s. schon EuGH vom 15. Juli 1964, Rs. 6/64, Slg. 1964, 1251, 1269 – *Costa/E.N.E.L.*

lichen Herausgabeanspruch in Betracht, der den Gerichtsstand nach Wohnort des Beklagten bestimmt.[545]

(b) Luganer Übereinkommen

Im Verhältnis zu den EFTA-Staaten[546] kommt grundsätzlich das Luganer Übereinkommen zur Anwendung. Nach Art. 5 Abs. 3 Luganer Übereinkommen wäre es möglich, bei dem Gericht des Deliktsstaates zu klagen. Hier bestimmt der Art. 8 Abs. 1 Unidroit-Konvention den Gerichtsstand am Belegenheitsort des Kulturgutes und somit eine gerichtliche Zuständigkeit für den Kulturgüterschutz als besonderem Rechtsgebiet, so dass gemäß Art. 57 Abs. 1 Luganer Übereinkommen dessen Bestimmungen nachrangig sind.

(3) Vollstreckung

Wie bereits oben dargestellt, ergibt sich die wechselseitige Anerkennung und Vollstreckung der Entscheidungen aufgrund der Unidroit-Konvention bereits aus ihr selbst. Um jede Unklarheit zu vermeiden, könnten die von dieser Konvention erfassten Entscheidungen auf der europäischen Ebene § 1 Abs. 1 AVAG *de lege ferenda* ausdrücklich unterstellt werden.[547]

ee. Anwendbarkeit des deutschen Rechts

Wird in Deutschland geklagt, so findet die Unidroit-Konvention ohne Vorschaltung des Kollisionsrechts grundsätzlich unmittelbar Anwendung.[548] Wenn die Bestimmungen oder aber auch nur einzelne Begriffe durch die Konvention nicht vereinheitlicht wurden, muss im Rahmen des deutschen IPR das anwendbare autonome Sachrecht ermittelt werden. Für die Bestimmung des Diebstahls bspw. könnte nach Art. 41 EGBGB als Sonderanknüpfung[549] oder nach Art. 46 EGBGB als sachnäheres Recht für die Vorfrage das Recht des Delikts- bzw. Diebstahlortes (*lex loci delicti*) anzuwenden sein, so dass das deutsche Sachrecht dann zur Anwendung käme, wenn

---

545 S. zu der Rechtsnatur des Herausgabeanspruches sogleich unter Kapitel 4.I.2.a.aa.(1) „Rechtsnatur des Anspruches".

546 Die Europäische Freihandelsassoziation (*European Free Trade Association*).

547 Gesetz zur Ausführung zwischenstaatlicher Verträge und zur Durchführung von Verordnungen und Abkommen der Europäischen Gemeinschaft auf dem Gebiet der Anerkennung und Vollstreckung in Zivil- und Handelssachen (Anerkennungs- und Vollstreckungsausführungsgesetz – AVAG) vom 19. Februar 2001 (BGBl. I S. 288), zuletzt geändert durch Gesetz vom 17. April 2007 (BGBl. I S. 529).

548 Vgl. dazu bereits Kapitel 4.I.1.bb.(1) „Claims of international character". Im Übrigen wird aus Gründen der Sprachvereinfachung bei der Darstellung der Umsetzung der Unidroit-Konvention auf die Verwendung des Konjunktivs verzichtet.

549 S. dazu bereits Kapitel 3.I.5. „Sonderproblem: Berücksichtigung einzelner ausländischen Normen".

das Kulturgut in Deutschland gestohlen wurde.[550] Genauso kann die *lex loci* eines anderen Staates auf das deutsche Sachrecht verweisen.

2. Eigentums- und Besitzschutz

Art. 3 Unidroit-Konvention stellt die wichtigste Bestimmung der Konvention dar.[551] Darin wird zum ersten Mal auf internationaler Ebene eine generelle Herausgabepflicht für gestohlene Kulturgüter statuiert. Diese Regelung stellt einen tragenden Grundsatz der Konvention dar – den Grundsatz der generellen Herausgabe.[552]

a. Herausgabeanspruch

Art. 3 Abs. 1 Unidroit-Konvention verpflichtet den Besitzer eines gestohlenen Kulturgutes zu dessen Herausgabe:

> The possessor of a cultural object which has been stolen shall return it.

aa. Regelungsgehalt

(1) Rechtsnatur des Anspruches

Die Unidroit-Konvention lässt die Natur des Herausgabeanspruchs offen. Ganz i. S. d. funktionalen Methode der Rechtsvergleichung wird dadurch die unterschiedliche Behandlung verschiedener Rechtssysteme mit gestohlenen Sachen umgangen.[553] Art. 3 Unidroit-Konvention ermöglicht eine generelle Herausgabe der Sache, unabhängig von deren gegenwärtiger dinglicher Zuordnung. Somit handelt es sich um einen Anspruch *sui generis.*[554]

Durch die Herausgabe des Kulturgutes soll ein *status quo ante* wiederhergestellt werden. Allerdings wird das nationale Recht nicht tangiert, der Inhalt der dinglichen Berechtigung wird nur im internationalen Rechtsverkehr geändert.[555] Es ist also möglich, dass nach der Unidroit-Konvention auch derjenige zur Herausgabe verpflichtet ist, der nach maßgeblichem nationalen Recht Eigentum am Kulturgut erworben hat. Werden die Vorschriften der Unidroit-Konvention angewendet, so haben sie als *lex spezialis* Anwendungsvorrang, so dass die sachliche Zuordnung nach anderen Vorschriften im Anwendungsbereich der Unidroit-Konvention unbeachtlich bleibt. Ob der Anspruchsgegner das Eigentum ebenfalls rückübertragen

550 S. dazu sogleich unter Kapitel 4.I.2.a.bb. „Diebstahl".

551 Vgl. nur Prott, Commentary on the Unidroit Convention, S. 28.

552 Reichelt, Die Unidroit-Konvention, in: dies. (Hrsg.), Neues Recht zum Schutz von Kulturgut, S. 55, 62.

553 S. dazu oben unter Kapitel 4.I.1.c.bb. „Einheitsrechtliche Auslegung".

554 Vgl. Raschèr, Kulturgütertransfer und Globalisierung, S. 76; Schönenberger, Restitution von Kulturgut, S. 84; s. dazu gleich unter Kapitel 4.I.2.a.aa.(2) „Anspruchsberechtigter".

555 Siehr, RabelsZ 59 (1995), 454, 461.

muss, regelt die Konvention dagegen nicht. Gegebenenfalls steht ihm allerdings ein Lösungsrecht zu, Art. 4 Unidroit-Konvention.

Zweck dieser Regelung ist der Schutz des (ursprünglichen) Eigentümers vor Diebstahl, aus dem der allgemeine Kulturgüterschutz erwächst. Staatliche Interessen mögen bei dieser Regelung auch eine Rolle spielen, wenn die Rückgabe in einen Staat erfolgt, in dem das Kulturgut entwendet wurde. Das ist jedoch lediglich ein staatspolitisch positiver Nebeneffekt. Der Staat selber besitzt keine Prozessführungsbefugnis, den Herausgabeanspruch aus Art. 3 Unidroit-Konvention (in seinem Interesse) geltend zu machen.

Leider schützt die Konvention im Kapitel II nicht vor jeglichem unfreiwilligen Kulturgüterverlust. Die Begrenzung auf gestohlene Sachen ist auf die politische Nichtdurchsetzbarkeit einer weitergehenden Regelung zurückzuführen, da die Länder des Common Law und des Civil Law abhandengekommene Sachen unterschiedlich behandeln und einen zu starken Eingriff in das nationale Privatrecht nicht zugelassen haben.[556] Zudem geht vom Diebstahl die größte Gefahr für Kulturgüter aus, so dass dieser Bereich vorrangig zu regeln war.

(2) Anspruchsberechtigter

Der Anspruchsberechtigte wird beim Herausgabeanspruch nicht ausdrücklich benannt. In einer früheren Fassung war noch der Eigentümer als Empfänger bestimmt *(owner)*,[557] später wurde auf das Dativobjekt ausdrücklich verzichtet („Der Besitzer eines gestohlenen Kulturguts hat dies [wem?, *Anm. d. Verf.*] zurückzugeben"). Der neutrale Ausdruck ohne Benennung des Anspruchsstellers kann nur politisch, nicht juristisch erklärt werden: In den Ländern, in denen der gutgläubige Erwerb gestohlener Sachen ohne Weiteres möglich ist, wäre eine ungeschickte Formulierung – z. B. durch die Benennung als „Eigentümer" – schwieriger umzusetzen.[558] Der Berechtigte leitet seinen Anspruch weder aus seiner Eigentümer- (*rei vindicatio*) noch aus der Besitzerposition (*petitorium*) ab,[559] so dass es nicht darauf ankommt, ob er *im Zeitpunkt der Anspruchsstellung* noch Eigentümer ist. Für die Anspruchsberechtigung ist allein entscheidend, ob der Anspruchssteller *im Zeitpunkt der Entwendung* Eigentümer des Kulturgutes war.

---

556 S. dazu Prott, Commentary on the Unidroit Convention, S. 31 m. w. N.

557 Unidroit, Explanatory report, Unif. L. Rev. 2001, 476, 502.

558 Des Weiteren sind Konstellationen denkbar, bei denen das Kulturgut nicht an den Anspruchsteller, sondern an einen Dritten zurückgegeben wird (z. B. wenn das Kulturgut ausgeliehen war o. Ä.); dies hängt vom Einzelfall ab und ist selbstredend, so dass es nicht einer gesonderten Erwähnung bedarf (anders Unidroit, Explanatory report, Unif. L. Rev. 2001, 476, 502, wo es als eine Schwierigkeit der Norm dargestellt wird).

559 Vgl. Raschèr, Kulturgütertransfer und Globalisierung, S. 76; kritisch: Halsdorfer, IPRax 2009, 307, 309 ff.

Es könnte somit der Eigentümer (natürliche/juristische Person oder Vertragsstaat), der frühere Eigentümer oder frühere Besitzer mit einem besseren Recht zum Besitz berechtigt sein. Dadurch könnte es zu Konstellationen kommen, dass sowohl der Eigentümer im Rahmen der quasi Eigentumsklage als auch der Besitzer im Rahmen der quasi Besitzrechtsklage den Anspruch aus Art. 3 Unidroit-Konvention parallel geltend machen. Dies erscheint widersprüchlich, zumal die Konkurrenz der beiden Ansprüche in der Konvention nicht geregelt ist. Allerdings ist die Differenzierung nur auf verschiedene Handhabungen der maßgeblichen nationalen Rechtsordnungen mit dem Erwerb gestohlener Kulturgüter zurückzuführen, der Anspruchssteller wird personenidentisch sein – es ist der (ggf. ehemalige) Eigentümer des Kulturgutes, bei dem es entwendet wurde.

Ob der Anspruchssteller zum Zeitpunkt des Diebstahls Eigentümer war, kann dagegen anhand der Unidroit-Konvention allein nicht beantwortet werden. Da es sich nicht um eine einheitsrechtliche Regelung handelt, muss hier auf die *lex fori*, das maßgebliche nationale Kollisionsrecht des Forumstaates, zurückgegriffen werden. Regelmäßig wird zur Bestimmung der Eigentümerposition auf das Recht des Belegenheitsortes zum Zeitpunkt des Diebstahls verwiesen, beim Kettenerwerb wird der Anknüpfungsort entsprechend verlagert.[560] Zwar ist die Entwicklung weg vom Einheitsrecht nicht befriedigend; eine autonome Bestimmung des Eigentumsbegriffs durch die Unidroit-Konvention wäre aber weder juristisch noch politisch durchsetzbar, da das Eigentum als eine der grundlegenden Säulen des Wirtschaftssystems einen außerordentlichen Schutz in den meisten Ländern genießt.

(3) Anspruchsgegner

Der Anspruchsgegner ist beim Herausgabeanspruch der Besitzer des Kulturgutes (*possessor*), Art. 3 Abs. 1 Unidroit-Konvention.

Der Begriff wurde gewählt, weil sein breites Verständnis zu erwarten war (anders als z. B. bei *holder*).[561] Dies erklärt jedoch nicht, warum auf eine Legaldefinition verzichtet wurde. Die Rechtssysteme gehen unterschiedlich mit dem Begriff des Besitzers um. So wird im deutschen Recht zwischen unmittelbarem und mittelbarem sowie Eigen- und Fremdbesitz unterschieden. Im Schweizer Recht hingegen ist umstritten, ob der Besitzwille erforderlich ist.[562] Als Rechtsharmonisierungsinstrument sollen gerade die unterschiedlichen nationalen Definitionen bei Auslegung der Unidroit-Konvention nicht entscheidend sein. Wäre unter dem Begriff *Besitzer* jede Sachherrschaft zu verstehen, so wäre der Anwendungsbereich der Norm ganz i. S. d. umfassenden Kulturgüterschutzes weitergehend. Allerdings handelt es sich beim Herausgabeverlangen gerade um die Erlangung der unmittelbaren Sachherrschaft, die nur der unmittelbare Besitzer tatsächlich einräumen kann. Die unmittelbare Sachherrschaft ist wohl auch als kleinster gemein-

---

560 Vgl. im deutschen IPR Art. 43 EGBGB.
561 Unidroit, Explanatory report, Unif. L. Rev. 2001, 476, 502.
562 Vgl. BSK ZGB II/Ernst, Art. 919 Rn. 15 ff.

samer Nenner der verschiedenen nationalen Definitionen zu verstehen, was auch die Motivation der Verfasser bei der Normgestaltung gewesen war.[563] Somit ist der Besitzer i. S. d. Unidroit-Konvention jeder, der die tatsächliche unmittelbare Herrschaft über das Kulturgut hat.[564] Hier kann die Bedeutung autonom durch Auslegung ermittelt werden, so dass für einen Rückgriff auf das Kollisionsrecht kein Raum mehr bleibt.

bb. Diebstahl

Das herauszugebende Kulturgut müsste gestohlen worden sein. Unter welchen Voraussetzungen ein Diebstahl zu bejahen ist, wird in der Konvention nicht geregelt.

(1) Begriffsbestimmung

Der Diebstahl ist grundsätzlich ein universell geahndetes Eigentumsdelikt, das von allen Staaten verfolgt wird. Dessen genaue Tatbestandsvoraussetzungen bzw. Unterscheidungsmerkmale in Bezug auf andere Eigentumsdelikte (Unterschlagung, Raub usw.) sind allerdings landesspezifisch geregelt. Es muss also näher untersucht werden, was unter einem Diebstahl i. S. d. Unidroit-Konvention zu verstehen ist.[565]

Mit der autonomen Auslegung des Begriffes „Diebstahl" innerhalb der Unidroit-Konvention wird seine Bedeutung nicht eindeutig geklärt. Als normativer Rechtsbegriff kann sich dessen Inhalt erst im Rahmen einer normativen Ordnung erschließen. Die Bestimmung des Begriffs *Diebstahl* ist Sache des Gerichts des ersuchten Staates (*lex fori*), der das maßgebliche Kollisionsrecht anzuwenden hat.[566] Da es sich um einen im Ausland gestohlenen Gegenstand handelt, wird das maßgebliche IPR bei der Bestimmung des Diebstahls regelmäßig vom Grundsatz *lex rei sitae* zugunsten des Grundsatzes *lex furti* wegen der größeren Sachnähe abweichen und somit an den Ort der ungleichmäßigen Entziehungshandlung anknüpfen.[567] Zum selben Ergebnis gelangt man, wenn im Rahmen der Sonderanknüpfung direkt das Recht des Deliktortes (*lex loci delicti*) anzuwenden sein wird.[568] Es wird wohl grundsätzlich (bei der Anwendung des IPR) das nationale Recht des Diebstahllandes bei der Bestimmung des Diebstahls anzuwenden sein,[569] es sei denn, der Grundsatz *favor legis nationalis* oder eine sonstige Ausnahme im Anwendungsbereich der Unidroit-Konvention kommt zur Anwendung.

---

563 Prott, Commentary on the Unidroit Convention, S. 31.

564 Vergleichbar mit dem unmittelbaren Besitzer i. S. d. BGB.

565 S. dazu bereits unter aa.(1) „Rechtsnatur des Anspruches".

566 H. M. Raschèr, Kulturgütertransfer und Globalisierung, S. 77; Prott, Commentary on the Unidroit Convention, S. 31; a. M. Beck, die für autonome Auslegung plädiert, Rückgabe gestohlener und rechtswidrig ausgeführter Kulturgüter, S. 166 f.

567 Vgl. Art. 46 EGBGB.

568 Vgl. Art. 40 EGBGB.

569 Vgl. zu diesem Grundsatz bereits Kapitel 3.I.3.b.cc. „Anknüpfung an das Recht des Diebstahlortes".

Dem Diebstahl werden gem. Art. 3 Abs. 2 Unidroit-Konvention die Fälle der illegal ausgegrabenen oder legal ausgegrabenen, aber illegal zurückbehaltenen Kulturgüter gleichgestellt, wenn dies mit dem nationalen Recht des Staates, in dem die Ausgrabungen stattgefunden haben, vereinbar ist. Dies wird der allgemein im Kulturgüterschutz eingeräumten Sonderstellung der archäologischen Funde gerecht.[570]

(2) Keine Einschränkung

Teilweise wird angesichts des Schutzzwecks der Regelung ein weiter Begriff des Diebstahls angenommen.[571] Die Anwendung von maßgeblichen Nationalvorschriften lässt jedoch keinen Raum für die Ansätze der völkerrechtlichen Auslegung. Ebenso kann die einheitsrechtliche Auslegung des Begriffes i. S. d. funktionalen Rechtsvergleichung nicht herangezogen werden, da sie naturgemäß nur den vereinheitlichten Bereich der Konvention umfasst. Leider wurde es hier versäumt, den Begriff Diebstahl einheitsrechtlich zu regeln, dogmatisch sauber bleibt daher nur der Raum für die Anwendung der nationalen Vorschriften unter Heranziehung der nationalen Auslegungsmethoden.[572]

Die kollisionsrechtliche Regelung der Bestimmung des Sachrechts nach dem Diebstahlsort ist international zwar weit verbreitet. Es kann allerdings nicht von einer allgemeinen Anwendung dieses Prinzips ausgegangen werden. Leider wurde die Chance verpasst, zumindest eine einheitsrechtliche Kollisionsregel einzuführen, um eine einheitliche Rechtsanwendung zu ermöglichen. Zwar würde es ebenfalls in gleich gelagerten Fällen durch die Anwendung des maßgeblichen autonomen Sachrechts zu unterschiedlichen Ergebnissen gekommen sein, die Gefahr des *fraus legis* in Bezug auf den Einzelfall wäre aber definitiv gebannt. Letztendlich ergibt sich bei der Anwendung des IPR stets eine Entwicklung weg vom Einheitsrecht, was zu bedauern ist. Dem könnte *de lege ferenda* dadurch entgegengewirkt werden, dass der Anknüpfungspunkt der Belegenheitsort bleibt, indem bspw. die nationalen Vorschriften des IPR ausdrücklich *lex rei sitae* im Anwendungsbereich der Unidroit-Konvention bestimmen.

Sicher würde der Diebstahl in Bezug auf solche Kulturgüter zu bejahen sein, die, wie ursprünglich angedacht, in einer einheitlichen Datenbank gestohlener Kulturgüter gemeldet wären. Eine zentrale Stelle für die Qualifikation eines Diebstahlfalls zum Zwecke einer einheitlichen Behandlung von gleich gelagerten Fällen, z. B. nach dem Vorbild oder in Zusammenarbeit mit dem *Art Loss Register*, erscheint sinnvoll. Auch die nachträgliche Schaffung einer Datenbank wäre ganz i. S. d. Unidroit-Konvention, die die Aufstellung und Verwendung von Registern für

570 S. dazu ausführlich sogleich unter Kapitel 4.I.2.b. „Sonderstellung der archäologischen Funde“.

571 Vrellis, Unidroit-Konvention über gestohlene oder unerlaubt ausgeführte Kulturgüter – Bedeutung der legis originis, in: Reichelt (Hrsg.), Neues Recht zum Schutz von Kulturgut, S. 69, 82 f.

572 Vgl. Kapitel 4.I.1.c.bb. „Einheitsrechtliche Auslegung“.

eine weitere notwendige Maßnahme erklärt.[573] Allerdings kann aufgrund der unterschiedlichen technischen Standards weltweit nicht von allen Ländern eine konsequente Umsetzung erwartet werden. Als nutzvolles Mittel auf der europäischen Ebene kann die Aufnahme in eine solche Datenbank im Rahmen der weltweiten Unidroit-Konvention nur als ein Hilfsmittel verwendet werden.

cc. Keine Möglichkeit des gutgläubigen Erwerbs

Art. 3 Unidroit-Konvention schreibt eine generelle Herausgabepflicht der gestohlenen Kulturgüter vor. Dieses Prinzip der uneingeschränkten Herausgabe stammt aus dem angloamerikanischen Rechtssystem und ist den meisten kontinentaleuropäischen Rechtsordnungen fremd.[574] Nach der ursprünglich römisch-rechtlichen Nemo dat-Regel *(Nemo plus iuris transferre potest, quam ipse habet)* kann niemand einem anderen mehr Rechte übertragen, als er selber hat.[575] Das schützt den ursprünglichen Eigentümer stärker als den Erwerber. Die Herausgabepflicht erstreckt sich auf alle Fälle des Diebstahls; ein gutgläubiger Erwerb ist nicht vorgesehen. Allerdings wurde, im Gegensatz zum angloamerikanischen Rechtsraum, eine Lösung auf der Rechtsfolgenebene gefunden, so dass dem Besitzer des Kulturgutes beim Vorliegen bestimmter Voraussetzungen eine Entschädigung zusteht (Lösungsrecht).[576]

Die Ablehnung des Gutglaubenserwerbs – i. V. m. dem Lösungsrecht – kann man als gelungene Wahl aus dem weiten Spektrum möglicher rechtlicher Handhabungen des Erwerbs von gestohlenen Kulturgütern ansehen. Der eventuell nach nationalem Recht stattgefundene Erwerb bleibt für den Anspruch irrelevant. Das Problem des Auseinanderfallens von Eigentum und Besitz wird dem nationalen Recht überlassen.

Eine generelle Herausgabepflicht von gestohlenen Sachen ist zu begrüßen. Fehlt die Absatzmöglichkeit von Kunstgegenständen mit zweifelhafter Herkunft, so sinkt als Folge davon auch die Diebstahlsrate. Die Regelung trägt so zum verbesserten Kulturgüterschutz bei.

dd. Wechselwirkung mit deutschem Recht

Die Vorschriften des Kapitel II der Unidroit-Konvention sind innerstaatlich unmittelbar anwendbar,[577] so dass diesbezüglich grundsätzlich kein Spielraum für den deutschen Gesetzgeber besteht.

(1) Die Bestimmung des Eigentümers

Die Bestimmung des Eigentümers zum Zeitpunkt des Diebstahls wird nach deutschem Kollisionsrecht vorgenommen. Nach deutschem Internationalen Sachenrecht

---

573 Vgl. die Präambel der Unidroit-Konvention.
574 Raschèr, Kulturgütertransfer und Globalisierung, S. 76.
575 Vgl. MüKo/Oechsler BGB, § 932 Rn. 1.
576 S. dazu sogleich unter Kapitel 4.I.2.e. „Lösungsrecht".
577 S. dazu Kapitel 4.1.b.bb. „*Self-executing*-Vertrag".

ist gemäß Art. 43 EGBGB die *lex rei sitae* maßgeblich, so dass der Eigentümer nach dem Recht des Belegenheitsortes zum Zeitpunkt des Diebstahls zu bestimmen ist.[578]

(2) Grundsatz der unbedingten Herausgabe

Der Anspruch aus Art. 3 Unidroit-Konvention postuliert den Grundsatz der unbedingten Herausgabe der gestohlenen Kulturgüter. Der unbedingte Herausgabeanspruch nach Art. 3 Unidroit-Konvention ist zwar ein Anspruch *sui generis*, deckt sich aber vom Regelungsgehalt her weitestgehend mit dem sachenrechtlichen Herausgabeanspruch aus § 985 BGB. Ganz i. S. d. funktionalen Rechtsvergleichung geht es dabei nicht um bestimmte Rechtsfiguren, sondern um Mittel, wie ein Konflikt in verschiedenen Rechtsordnungen gelöst wird. Der Herausgabeanspruch aus § 985 BGB stellt wegen des grundsätzlichen Ausschlusses des gutgläubigen rechtsgeschäftlichen Erwerbs an abhandengekommenen Sachen gemäß §§ 932 ff. BGB einen starken Schutz des Eigentümers dar.

Allerdings gibt es im deutschen Recht Ausnahmen, bei denen der Gutglaubenserwerb abhandengekommener Sachen möglich ist mit der Folge, dass der Anspruch aus § 985 BGB nicht greift. Das ist sowohl bei derivativem als auch originärem Eigentumserwerb möglich.

(a) Spannungsfeld zum derivativen Eigentumserwerb

Beim rechtsgeschäftlichen Eigentumserwerb ist der Erwerb von abhandengekommenen Sachen im Rahmen einer Versteigerung und somit auch im hier relevanten Fall einer Kunstauktion nach deutschem Recht möglich.[579] Es ist somit eine Konstellation denkbar, in der der neue Eigentümer nach der Unidroit-Konvention das Kulturgut herausgeben muss, obwohl er die Sache nach nationalem Recht gemäß §§ 929, 932 BGB gutgläubig erworben hat. Das erscheint auf den ersten Blick als starker Eingriff in das Eigentumsrecht problematisch, bei näherer Betrachtung löst sich jedoch dieses Spannungsfeld auf.

Es sind auch der deutschen Rechtsordnung Fallkonstellationen bekannt, nach denen der neue Eigentümer verpflichtet ist, die erworbene Sache herauszugeben. Fehlt einem Rechtsgeschäft der Rechtsgrund, so ist der Eigentümer nach § 812 Abs. 1 S. 1 BGB verpflichtet, die Sache herauszugeben und das Eigentum zu übertragen. Der BGH hat – wenn auch in anderem Kontext – bereits festgestellt, dass ein Verstoß gegen Ausfuhrbestimmungen eines anderen Staates ein Verstoß gegen die guten Sitten i. S. d. § 138 BGB sein kann,[580] der das Verfügungsgeschäft rechtsgrundlos macht. Die Unidroit-Konvention könnte zudem als Verbotsgesetz i. S. d. § 134 BGB qualifiziert werden, mit der Folge, dass der Erwerb nicht wirksam wäre. Letztendlich bleibt es den Gerichten überlassen, ob der Verstoß gegen die Unidroit-Konvention als

578 Vgl. dazu bereits Kapitel 3.I.1. „Grundsatz der legis rei sitae“.
579 S. dazu bereits Kapitel 2.II.4. „Abhandengekommene Kulturgüter“.
580 Nigeria-Fall, BGH, Urteil vom 22. Juni 1972, BGHZ 59, 82 ff.

sittenwidrig eingestuft oder ob die Konvention als Verbotsgesetz i. S. d. § 134 BGB gewertet wird – fest steht jedenfalls, dass die Herausgabe des (inzwischen fremden) Eigentums mit der deutschen Rechtsordnung grundsätzlich vereinbar ist, wenn der Wille des Verlierenden für den Verlust nicht ursächlich war.[581]

Zudem sollte nach der hiesigen Meinung der gutgläubige Erwerb abhandengekommener Kulturgüter im Rahmen einer Versteigerung ohnehin *de lege ferenda* ausgeschlossen werden.

(b) Spannungsverhältnis zum originären Eigentumserwerb

Gerade bei der Ersitzung nach § 937 BGB mit ihrer vergleichsweise kurzen Ersitzungszeit von zehn Jahren könnte ein Wertungswiderspruch zu der Regelung des Art. 3 Unidroit-Konvention entstehen. Auch in diesem Fall ist es jedoch dem deutschen Recht nicht fremd, dass eine Sache grundsätzlich nicht ersessen wird (z. B. wenn der Besitzer bösgläubig ist).[582] Außerdem wird nach der hier vertretenen Ansicht die kurze Ersitzungszeit dem Kulturgüterschutz nicht gerecht, so dass sie ohnehin angepasst werden muss;[583] denn vorliegend muss der Bedarf nach Beruhigung und Befriedigung der Rechtsbeziehung hinter dem Kulturgüterschutz zurücktreten.

(c) Vereinbarkeit mit Eigentumsgarantie

Der unbedingte Herausgabeanspruch an gestohlenen Kulturgütern ist auch mit der Eigentumsgarantie des Art. 14 GG vereinbar, denn Abs. 1 S. 1 GG garantiert den Bestand des Eigentums, der allerdings wegen der Sozialpflichtigkeit des Eigentums (Art. 14 Abs. 2 GG) näher bestimmt und gegebenenfalls auch beschränkt werden kann, Art. 14 Abs. 1 S. 2 GG. Diese Vorgaben stehen für den eigentumsbeschränkenden Gesetzgeber in einem unlösbaren Zusammenhang,[584] dem hiermit auch Rechnung getragen wird.

(aa) Inhalts- und Schrankenbestimmung

Unmittelbar durch die Unidroit-Konvention wird in das Eigentumsrecht nicht eingegriffen, da der zivilrechtliche Herausgabeanspruch nicht mit einer staatlichen Enteignung gleichzusetzen ist.

Die Regelung der Unidroit-Konvention über die Herausgabe der Kulturgüter stellt eine zulässige Inhalts- und Schrankenbestimmung gemäß Art. 14 Abs. 1 S. 2 GG dar. Eine Regelung ist den Inhalts- und Schrankenbestimmungen dann zuzuordnen, wenn sie als Vorschrift des bürgerlichen oder des öffentlichen Rechts

---

581 Vgl. Mot II 851, zit. nach Staudinger/Lorenz, Vorbem zu §§ 812 ff., Rn. 1.

582 S. dazu bereits Kapitel 2.III. „Eigentumsschutz beim originären Eigentumserwerb: Ersitzung".

583 Vgl. dazu bereits Kapitel 2.IV. „Verjährung des Herausgabeanspruches".

584 BVerfG, Urteil vom 1. März 1979, BVerfGE 50, 290, 340.

generell und abstrakt Rechte und Pflichten hinsichtlich des Eigentums festlegt.[585] Das kann auch dann der Fall sein, wenn der Eingriff in seinen Auswirkungen einer Enteignung nahe- oder gleichkommt.[586] Das Eigentum an Kulturgütern entfaltet gerade wegen dessen universalem Stellenwert eine stärkere Sozialpflichtigkeit, die eine starke Einschränkung des Rechts rechtfertigt.

Beim Erwerb eines gestohlenen Kulturgutes haftet der Sache aufgrund ihrer illegalen Herkunft ein Makel an, auch wenn der Eigentumserwerb nach BGB ausnahmsweise möglich ist. Um gegebenenfalls eine starke Abweichung vom nationalen Recht zu mildern, wird die Pflicht zur Herausgabe in der Unidroit-Konvention von einer Ausgleichsregelung begleitet.

Es besteht zudem ein öffentliches Interesse an der Umsetzung der Unidroit-Konvention, da die Vereinheitlichung der internationalen privatrechtlichen Regelung des Umgangs mit gestohlenen Kulturgütern den einzigen Weg bildet, den internationalen Handel mit ihnen einzudämmen und somit den Kulturgüterschutz zu stärken.

(bb) Vertrauensschutzprinzip

Das in Art. 14 GG verankerte Vertrauensschutzprinzip des Bürgers wird bewahrt. Die Funktion der Eigentumsgarantie besteht u. a. darin, dem Bürger Rechtssicherheit zu gewährleisten und das Vertrauen auf das durch die verfassungsmäßigen Gesetze ausgeformte Eigentum zu schützen.[587]

Die Konvention tangiert nicht die im Grundgesetz verankerte Bestandsgarantie.[588] Sie entfaltet ihre Wirkung nur in Bezug auf diejenigen Erwerbsvorgänge, die nach ihrem Inkrafttreten stattfinden. Durch den Ausschluss der Rückwirkung der Unidroit-Konvention wird das bereits erworbene Eigentum grundsätzlich nicht berührt und die seltenen Ausnahmefälle könnten durch die entsprechende Regelung des Zivilverfahrensrechts ausgeschlossen werden.[589]

Da der Gesetzgeber gehalten ist, die Gesetzesänderung schonend zu gestalten,[590] könnten gegebenenfalls Überleitungsvorschriften für den Übergang in das neue Recht eingeführt werden. Es besteht dazu jedoch keine Verpflichtung, da es sich bei einer Rückwirkung um absolute Ausnahmefälle handelt und auch Ausgleichsregelungen vorgesehen sind.[591]

---

585 St. Rspr., vgl. BVerfG, Urteil vom 14. Januar 2004, BVerfGE 110, 1, 24 f.

586 BVerfG, Urteil vom 9. Januar 1991, BVerfGE 83, 201, 211 ff; BVerfG, Urteil vom 2. März 1999, BVerfGE 100, 226, 240.

587 BVerfG, Urteil vom 15. Januar 1974, BVerfGE 36, 281, 293.

588 Sprecher, Beschränkungen des Handels mit Kulturgut und die Eigentumsgarantie, S. 14 ff., 190 f.

589 S. dazu Kapitel 4.I.1.d.cc. „Zeitlicher Anwendungsbereich".

590 BVerfG, Urteil vom 12. März 1980, BVerfGE 53, 336, 351.

591 Eine gesetzliche Übergangsregelung muss nicht alle denkbaren Sonderfälle erfassen, vgl. BVerwG Urteil vom 30. April 2009, NVwZ 2009, 1441, 1443.

(3) Vorschlag zur Erweiterung des Anwendungsbereichs

Die Auslegung des Begriffs *Diebstahl* ist Sache des angerufenen Gerichts, so dass nach dem deutschen IPR für die Bestimmung die Sachnormen des Deliktstaates heranzuziehen sind und nicht die nationalen Vorschriften.[592] Allerdings könnten sie über den in Art. 9 Unidroit-Konvention verankerten Grundsatz *favor legis nationalis* eingreifen, der die Anwendung nationaler Normen ermöglicht, falls sie kulturgüterschützender sind.[593] Ursprünglich war die Erweiterung des kulturgüterschützenden Bereichs ausdrücklich in der Konvention den Vertragsstaaten vorbehalten,[594] der Gedanke bleibt trotz Streichung der Konvention erhalten, denn die Streichung ist eher auf sprachliche Vereinfachung als auf inhaltliche Korrektur zurückzuführen.[595]

Das deutsche Recht unterscheidet beim gutgläubigen Erwerb nicht zwischen gestohlenen und sonst abhandengekommenen Sachen und bietet somit bereits vom Wortlaut her einen weiteren Schutz des Eigentümers eines Kulturgutes. Es ist somit empfehlenswert, bei der Umsetzung der Unidroit-Konvention vom Grundsatz *favor legis nationalis* Gebrauch zu machen, um den Anwendungsbereich der Unidroit-Konvention auf alle abhandengekommenen Kulturgüter zu erweitern, um dadurch einen besseren Schutz zu ermöglichen und Rechtsklarheit und Sicherheit in der Anwendung durch Verwendung desselben Begriffs für innerstaatliche sowie grenzüberschreitende Sachverhalte zu schaffen. Die Aufhebung der unterschiedlichen Behandlung gestohlener und sonstiger abhandengekommener Sachen würde auch der Systematik des deutschen Sachenrechts entsprechen.

(4) Zusammenfassende Bewertung

Der Grundsatz der unbedingten Herausgabe der gestohlenen Kulturgüter steht in keinem Wertungswiderspruch zur deutschen Rechtsordnung. Es sollte jedoch vom Grundsatz *favor legis nationalis* gemäß Art. 9 Abs. 1 Unidroit-Konvention Gebrauch gemacht werden, um den Regelungsbereich des Kapitels II auf alle abhandengekommenen Kulturgüter auszuweiten. Das würde auch der Systematik des deutschen Rechts eher entsprechen.

De lege ferenda sollte nach der hier vertretenen Ansicht auch §§ 932 ff. BGB dahingehend geändert werden, dass die Möglichkeit eines gutgläubigen rechtsgeschäftlichen Erwerbs abhandengekommener Sachen auf Kulturgüter überhaupt keine Anwendung mehr findet.[596] Diese Anpassung hätte zur Folge, dass der Grundsatz der unbedingten Herausgabe sowohl für Art. 3 Unidroit-Konvention für den grenzüberschreitenden Verkehr als auch für § 985 BGB für die innerstaatlichen

592 S. dazu bereits unter Kapitel 4.I.2.a.bb. „Diebstahl".
593 S. dazu Kapitel 4.I.1.d.bb.(3) „Favor legis nationalis".
594 Art. 11 lit. a sublit. i Entwurf der Unidroit-Konvention 1990, Unidroit 1990, Study LXX, Doc. 19.
595 Prott, Commentary on the Unidroit Convention, S. 76.
596 S. dazu Kapitel 2.II. „Eigentumsschutz beim derivativen Eigentumserwerb".

Sachverhalte gilt. Dieses Konzept ist auch mit der im Art. 14 GG verankerten Eigentumsgarantie vereinbar.

Die Anwendung des fremden Sachrechts führt jedoch zum allgemeinen Problem des IPR: Die Gerichte müssen das Recht eines anderen Staates anwenden, ohne dass dies nach dem Stand der Ausbildung der Richter oder der Ausstattung der Gerichtsbibliotheken schnell und einwandfrei möglich ist.

b. Sonderstellung archäologischer Funde

aa. Regelung der Unidroit-Konvention

Der Schutz von archäologischen Funden nimmt innerhalb der Unidroit-Konvention eine Sonderstellung ein, so dass er einer speziellen Betrachtung bedarf. Beim Herausgabeanspruch werden die illegalen Ausgrabungen ausdrücklich dem Diebstahl gleichgestellt, wenn dies mit nationalem Recht vereinbar ist, Art. 3 Abs. 2 Unidroit-Konvention:

> For the purposes of this Convention, a cultural object which has been unlawfully excavated or lawfully excavated but unlawfully retained shall be considered stolen, when consistent with the law of the State where the excavation took place.

Durch die Sonderstellung der archäologischen Funde wurde der von Antonio Canova eingeführten Idee des *Ensembleschutzes* gefolgt.[597] Dadurch wird einem wichtigen Prinzip des Kulturgüterschutzes Rechnung getragen – dem Kontextschutz.[598] Zudem wird durch unsachgemäße Ausgrabungen die Substanz der Kulturgüter gefährdet, deren Erhaltung zu einem der wichtigsten Schutzziele gehört.[599]

Diese herausragende Stellung der archäologischen Funde ist besonders zu befürworten.[600] Nach der vorangegangenen Zerstörung des Kontextes wird zwar bei der Rückführung der illegal ausgegrabenen Schätze ihre ursprüngliche Bedeutung kaum wieder hergestellt. Eine effektive Einschränkung des Handels mit illegal ausgegrabenen Kulturgütern würde jedoch das Interesse mindern und damit die Anzahl der Plünderungen reduzieren, da sich mit wachsenden Absatzschwierigkeiten die Raubgrabungen mit der Zeit weniger lohnen würden.[601]

---

597 S. dazu bereits Kapitel 1.III.4.a. „Immobilisierung der Kulturgüter".

598 Zum Schutz von archäologischem Kulturgut im Allgemeinen, Krinzinger, Schutz von archäologischem Kulturgut, in: Reichelt (Hrsg.), Neues Recht zum Schutz von Kulturgut, S. 45 ff., s. dazu bereits Kapitel 1.III.2.b. „Kontextschutz".

599 Vgl. dazu Kapitel 1.III.2.a. „Substanzschutz".

600 V. a. in archäologischen Kreisen ist die Zustimmung für die Unidroit-Konvention groß: Heilmeyer, ZVglRWiss 95 (1996), S. 117 ff., vgl. dazu grds. Flashar (Hrsg.), Schutz archäologischer Kulturgüter.

601 A. M. Henze, Unidroit: hehre Ziele, verfehlte Mittel, in: SAGW (Hrsg.), Unidroit, Recht und Ethik im Handel mit Kulturgut, S. 37, 41, der nicht überzeugend von der Steigerung der Fälle der illegalen Grabungen wegen der Senkung des Marktpreises ausgeht.

Rechtssysteme gehen unterschiedlich mit archäologischen Grabungsfunden um, was zu langen Debatten bezüglich deren Behandlung in der Unidroit-Konvention geführt hat. Für Common Law-Staaten sind die ausländischen Gesetze zu Bodenfunden das nicht zu beachtende ausländische öffentliche Recht, so dass sie diesbezügliche Bestimmungen ausschließlich in Kapitel III und somit im öffentlich-rechtlichen Regelungsbereich unterbringen wollten.[602] In vielen Ländern dagegen werden archäologische Bodenfunde zu Staatseigentum erklärt,[603] so dass bei einem unrechtmäßigen Aneignen durch den Finder ein Abhandenkommen vorliegt. Eine solche Behandlung der Fundunterschlagung hat sich auch in der Unidroit-Konvention durchgesetzt.

Manchen geht allerdings der Schutz nicht weit genug. So wird z. B. kritisiert, dass die Unidroit-Konvention lediglich die Symptome, nicht jedoch die Ursachen des illegalen Antikenhandels bekämpfe.[604] Die Erarbeitung der weiteren Mechanismen wie z. B. Lösungen für die Anschaffung der finanziellen Mittel zum Erhalt oder zur Wiederherstellung von antikem Fundmaterial werde vermisst.[605] Der Bestrebung nach umfassenderem Schutz der archäologischen Befunde kann nur zugestimmt werden; dies schmälert die Bedeutung der Unidroit-Konvention jedoch nicht. Sie erhebt keinen Anspruch darauf, den abschließenden Schutz für Kulturgüter zu bieten. Vielmehr stellt sie ein Mindestmaß an Schutzvorschriften auf und betont die Erforderlichkeit weiterer Maßnahmen sowie des internationalen Austausches (Präambel Punkte 7, 8 Unidroit-Konvention).[606] Auch dem letzteren Ziel ist man durch die fachlichen und politischen Diskussionen zum Thema Kulturgüterschutz nähergekommen, die durch die Unidroit-Konvention angestoßen wurden.[607]

bb. Vorschlag zur Anpassung des deutschen Rechts

Die Umsetzung des besonderen archäologischen Schutzes wird aufgrund der föderalen Struktur der Bundesrepublik Deutschland verschieden umgesetzt. Grundsätzlich ist beim Schatzfund die Norm § 984 BGB anwendbar, wonach das Miteigentum des Finders der Sache und des Grundstückseigentümers je zur Hälfte begründet

602 Vgl. dazu Kritik aus den USA, Prott, Commentary on the Unidroit Convention, S. 32.

603 Ägypten (Art. 6, Art. 35 des Gesetzes Nr. 117 von 1983 über den Schutz der Antiken), Griechenland (Art. 1 des Gesetzes Nr. 5351 vom 9. August 1932 über die Antiken), Italien (Art. 88 Decreto Legislativo 29 ottobre 1999, n. 490; Art. 826 Abs. 2 Cc), die Schweiz (Art. 724 ZGB), Spanien (Art. 40 Ley 16/1985 del Patrimonio histórico español), zit. nach: Raschèr, Kulturgütertransfer und Globalisierung, S. 15 f.

604 Wiederkehr Schuler, Kulturgüterschutz – freier Kunstmarkt, S. 18.

605 Henze, Unidroit: hehre Ziele, verfehlte Mittel, in: SAGW (Hrsg.), Unidroit, Recht und Ethik im Handel mit Kulturgut, S. 37, 42 f.

606 S. dazu ausführlich Kapitel 4.I.1.c.cc. „Bedeutung der Präambel“.

607 S. den Überblick zu den in The Uniform Law Review veröffentlichten Artikeln sowie zwischen 2000 und 2012 stattgefundenen Konferenzen in: Unidroit (Hrsg.), Information document, Appendix II und IV.

wird. Diese Regelung wird jedoch von landesrechtlichen Bestimmungen über Schatzregale verdrängt, soweit vorhanden. Solche Regelungen in verschiedenen Konstellationen weisen alle Bundesländer auf, mit Ausnahme von Bayern und Nordrhein-Westfalen.[608] Illegal ausgegrabene Kulturgüter gelangen in den meisten Bundesländern automatisch in das Staatseigentum, so dass bereits durch die Mitnahme ein Diebstahl vorliegt. Die Regelung der Unidroit-Konvention hätte hier somit nur eine klarstellende Funktion.

Bleibt es dagegen bei der Anwendung von § 984 BGB, so besitzen betreffende Bundesländer keinen sachenrechtlichen Schutz gegen die illegalen Ausgrabungen. Gerade diesen Bundesländern kommt die Umsetzung des Art. 3 Abs. 2 Unidroit-Konvention zu Gute, denn sie haben außerhalb der Unidroit-Konvention kaum Möglichkeiten, sich international gegen Raubgrabungen zu wehren. Sonstige Schutzbestimmungen wie z. B. die Ausfuhrbestimmungen werden dem öffentlichen Recht zugeordnet, das im Ausland keine Anerkennung genießt. Es wäre daher empfehlenswert, bei der Umsetzung der Konvention in der Abstimmung mit den Bundesländern die Anwendbarkeit des Art. 3 Abs. 2 Unidroit-Konvention auf alle ausgegrabenen Kulturgüter bundesweit ausdrücklich zu bestimmen.

c. Darlegungs- und Beweislast

Die Darlegungs- und Beweislast ist in der Unidroit-Konvention nicht ausdrücklich geregelt. Insofern ist der allgemeine Grundsatz *actori incumbit probatio* heranzuziehen, wonach dem Kläger die Beweislast obliegt.[609] Der Anspruchsteller soll somit beweisen, dass er Eigentümer des Kulturgutes zum Zeitpunkt des Diebstahls war. Auf den eventuell nach sonstigen Rechtsvorschriften stattgefundenen, späteren Eigentumsverlust kommt es gerade nicht an.

Bezüglich des Schutzes der archäologischen Kulturgüter aus den Raubgrabungen wird vorgetragen, dass der Beweis nur schwer zu erbringen sei.[610] Und tatsächlich, anders als beim Diebstahl, erscheint es v. a. bei illegalen Ausgrabungen, aber auch bei legal ausgegrabenen, aber illegal einbehaltenen Gegenständen nahezu unmöglich, die Rechtswidrigkeit nachzuweisen. Im ersten Fall werden die Sachen kaum vermisst, im zweiten Fall ist die Inventarisierung vor Ort oft nur unzureichend möglich. Die Unidroit-Konvention wirkt dem entgegen, indem sie archäologischen Kulturgütern den doppelten Schutz gewährt: Sie werden sowohl durch die Regelung des Art. 3 (Herausgabe beim Diebstahl) als auch durch die Regelung des Art. 5 Unidroit-Konvention (Herausgabe bei illegaler Ausgrabung) abgedeckt.

Entscheidend ist, dass es – als Konsequenz aus der generellen Herausgabepflicht – auf die Gutgläubigkeit des Erwerbers für die Begründung des Anspruches gegen ihn gerade nicht ankommt. Dies wird erst beim Lösungsrecht relevant.

608 Vgl. die Übersicht MüKo/Oechsler BGB, § 984, Rn. 12.
609 Coester-Waltjen, Internationales Beweisrecht, Rn. 368 m. w. N.
610 Fechner, Schutz archäologischer Zusammenhänge, in: Flashar (Hrsg.), Schutz archäologischer Kulturgüter, S. 116.

Die Verteilung der Darlegungs- und Beweislast für den Herausgabeanspruch entspricht auch dem Grundsatz der Beweislastverteilung nach deutschem Recht: der Anspruchssteller hat alle anspruchsbegründenden Tatsachen darzulegen.

d. Verjährung

Die Unidroit-Konvention unterscheidet zwischen relativen und absoluten Verjährungsfristen. Die Verjährung des Herausgabeanspruchs ist umfassend in Art. 3 Abs. 3 bis Abs. 9 Unidroit-Konvention geregelt.

aa. Regelungsinhalt

Die relative Verjährungsfrist für den Anspruch auf Herausgabe der gestohlenen Kulturgüter beträgt drei Jahre ab dem Zeitpunkt, in welchem dem Anspruchssteller die Belegenheit des Kulturgutes und die Identität des Besitzers bekannt wurde (Art. 3 Abs. 3 Unidroit-Konvention a. A.):

> Any claim for restitution shall be brought within a period of three years from the time when the claimant knew the location of the cultural object and the identity of possessor [...].

Bei der absoluten Verjährungsfrist wird je nach Schutzbedürftigkeit des Kulturgutes unterschieden, wobei die Frist mit dem Diebstahl zu laufen beginnt, Art. 3 Abs. 3 Unidroit-Konvention a. E.:

> [...] and in any case within a period of fifty years from the time of the left.

Die absolute Verjährungsfrist bei Kulturgütern wird grundsätzlich auf fünfzig Jahre angesetzt; den Staaten wird die Möglichkeit einer Verlängerung der Verjährungsfrist auf 75 Jahre bis zur Unverjährbarkeit eingeräumt (Art. 3 Abs. 5 Unidroit-Konvention). Bei besonders schutzbedürftigen Kulturgütern (Denkmälern, archäologischen Stätten, öffentlichen Sammlungen, Kulturgütern der Eingeborenen- und Stammesgemeinschaften, Art. 3 Abs. 4, 7, 8 Unidroit-Konvention) wird die absolute Verjährungsfrist nicht bestimmt; der Anspruch ist grundsätzlich unverjährbar. Auch hierauf ist Art. 3 Abs. 5 Unidroit-Konvention anwendbar, so dass die Frist auf bis zu 75 Jahre beschränkt werden kann, mit der Folge allerdings, dass bei den Ansprüchen, die in einem anderen Vertragsstaat geltend gemacht werden, ebenfalls die verkürzte Verjährungsfrist gilt.

bb. Grundlage des Kompromisses

Die Verjährungsfristen waren bei der Entwicklung der Konvention äußerst umstritten.[611] V. a. der Zeitpunkt, zu dem die Fristen zu laufen beginnen, wurde in der

611 Vgl. Raschèr, Grundlagen, Entstehung und Inhalt der Unidroit-Konvention, in: SAGW (Hrsg.), Unidroit, Recht und Ethik im Handel mit Kulturgut, S. 15; Prott,

Entwurfsfassung noch in Anlehnung an die in den US-Staaten verbreitete *discovery rule* bestimmt, derzufolge die Verjährungsfrist läuft, sobald der Anspruchssteller die Sache tatsächlich aufgefunden hat oder bei Anwendung der erforderlichen Sorgfalt hätte auffinden können.[612] In der Endfassung wird die Position des Anspruchsstellers mit dem Abstellen auf die positive Kenntnisnahme zum Beginn der relativen Verjährungsfrist gestärkt.

Auch die Dauer der Verjährungsfristen war umstritten.[613] Die absoluten Verjährungsfristen im Interesse des Eigentümers wurden v. a. von den Civil Law-Ländern als zu lang empfunden, da schon im römischen Recht die längste Verjährungsfrist regelmäßig auf dreißig Jahre beschränkt war.[614] Allerdings ist zu beachten, dass die Interessen des Besitzers durch kurze relative Verjährungsfristen ausgeglichen werden. Zudem ist für den Besitzer eine Entschädigung in Form eines Lösungsrechts vorgesehen – anders als in den meisten Rechtsordnungen, die den gutgläubigen Erwerb von gestohlenen Sachen ausschließen. Auch im Übrigen erscheint eine lange absolute Verjährungsfrist angesichts des Alters und der Bedeutung vieler Kulturgüter geboten, da erfahrungsgemäß der Großteil der gestohlenen Kulturgüter erst nach zwei Generationen wieder in den Handel gebracht wird.[615]

Teilweise wird befürwortet, die strengen Vorschriften hinsichtlich der Verjährung auf gestohlene Objekte aus öffentlichen Sammlungen und Gebäuden zu beschränken.[616] An dieser Stelle kann nur noch einmal betont werden, dass eine Ungleichbehandlung zwischen privaten und öffentlichen Sammlungen aufgrund der vergleichbaren fachmännischen Betreuung und finanziellen Kapazitäten unberechtigt erscheint.[617] Längst spielen die privaten Sammlungen in der Museumslandschaft eine vergleichbare Rolle. Im amerikanischen Kulturkreis dominieren die privaten Museen sogar die Kulturlandschaft. Aber auch in Europa werden die Übergänge zwischen den öffentlichen und privaten Sammlungen fließender. So werden in Deutschland private Sammlungsstücke als Dauerleihgaben oft in den öffentlichen Sammlungen ausgestellt. Zudem ist es grundsätzlich nicht verständlich, warum ähnliche Kulturgüter in privater Hand weniger schützenswert sein sollten als diejenigen in öffentlicher Hand.

Commentary on the Unidroit Convention, S. 34; Unidroit, Explanatory report, Unif. L. Rev. 2001, 476, 506.

612 Vgl. Art. 3 Abs. 3 Entwurf der Unidroit-Konvention, Unidroit 1994, Study LXX, Doc. 49.

613 Prott, Commentary on the Unidroit Convention, S. 34 ff.

614 Differenziert Kaser, Das römische Privatrecht II, S. 71, der im klassischen Recht die Gesetzgebung unterschiedlicher Kaiser aufzeigt.

615 Vgl. dazu bereits Kapitel 2.IV. „Verjährung des Herausgabeanspruches".

616 Wiederkehr Schuler, Kulturgüterschutz – freier Kunstmarkt, S. 30; so ähnlich Blome, Die Kunstmuseen und Unidroit, in: SAGW (Hrsg.), Unidroit, Recht und Ethik im Handel mit Kulturgut), S. 83.

617 S. dazu bereits Kapitel 2.II.3.a.cc. „Privatsammler".

cc. *Wechselwirkung mit deutschem Recht*

In der Unidroit-Konvention wird zwischen absoluten und relativen Verjährungsfristen unterschieden, was der nationalen Rechtsdogmatik, insbesondere den §§ 194 ff. BGB, entspricht.

(1) Relative Verjährungsfrist

(a) Unterscheidung

Gemäß Art. 3 Abs. 3 Unidroit-Konvention beginnt die relative Verjährungsfrist ab dem Zeitpunkt, zu welchem dem Anspruchssteller die Belegenheit des Kulturgutes und die Identität des Besitzers bekannt wurde. Bei der regelmäßigen Verjährung nach § 199 Abs. 1 BGB beginnt die Frist mit dem Ablauf des Jahres, in dem der Anspruch entstanden ist und der Gläubiger von den den Anspruch begründenden Umständen sowie der Person des Schuldners Kenntnis erlangt oder ohne grobe Fahrlässigkeit erlangen müsste. Beide Regelungen unterscheiden sich in mehrerer Hinsicht.

Zunächst verzichtet die Unidroit-Konvention gänzlich auf den objektiven Maßstab für den Verjährungsbeginn. Des Weiteren ist das subjektive Verjährungselement auf positive Kenntnisnahme beschränkt und somit enger. Schließlich ist der Fristbeginn vorgelagert, indem die *ultimo*-Verjährung, nach der die Frist mit dem Ablauf des Jahres der Anspruchsentstehung beginnt,[618] nicht greift. Es ergibt sich jedoch aus § 200 S. 1, HS. 2 BGB, dass der Beginn der Verjährungsfrist anders geregelt werden kann („soweit nicht ein anderer Verjährungsbeginn bestimmt ist“), wobei sich dies sowohl auf die zeitliche Komponente als auch auf den Anknüpfungspunkt der Verjährung bezieht.

(b) Vereinbarkeit mit den Grundgedanken der Verjährungsvorschriften

Das gänzliche Fehlen des objektiven Elementes bei der Verjährungsbestimmung der Unidroit-Konvention ist unproblematisch, da es offensichtlich ist, dass die Frist erst mit dem Diebstahl beginnen kann und die Kenntnisnahme immer frühestens zeitgleich mit dem Diebstahl erfolgen wird. Solche Abweichungen von der Grundregel, dass die Verjährung mit der Entstehung des Anspruches beginnt, sind auch dem BGB bekannt.[619]

Auch das enge subjektive Verjährungselement ist systemkonform. Noch nach § 852 Abs. 1 BGB a. F.[620], der die Verjährung des deliktischen Anspruchs regelte, hing der Verjährungsbeginn von der positiven Kenntnis des Gläubigers ab, so dass der subjektive Maßstab ähnlich wie bei der Unidroit-Konvention kodifiziert war. Auch ist die Formulierung der der Richtlinie 93/7/EWG vom 15. März 1993 ähnlich, die

---

618 MüKo/Grothe BGB, § 199, Rn. 43.

619 § 201 BGB (Beginn der Verjährungsfrist für titulierte Ansprüche), § 438 Abs. 2 BGB (Verjährungsbeginn bei Mängelansprüchen im Kaufrecht) usw.

620 In der Fassung vor der Schuldrechtsreform 2002.

sich am Vorentwurf der Unidroit-Konvention orientiert hat.[621] Zwar mag es im Allgemeinen überzeugen, dass sich der Gläubiger um seinen Anspruch zu kümmern habe und die maßgebliche Kenntnis des Gläubigers als innere Tatsache nur schwer zu beweisen sei,[622] doch greifen diese Argumente gerade beim Herausgabeanspruch der Kulturgüter nicht. Aufgrund des besonderen Stellenwertes eines Kulturgutes und der regelmäßigen Verbindung des Eigentümers zu seinem Kulturgut wird es wohl kaum vorkommen, dass der bestohlene Eigentümer die naheliegenden Überlegungen nicht anstellt oder sich bewusst dem Aufenthalt seines Kulturgutes verschließt.

Der Gesetzgeber hat grundsätzlich mit der weitgehenden Einführung der *ultimo*-Verjährung versucht, die Verjährungsvorschriften zu vereinheitlichen;[623] des Weiteren sollte durch die Einführung der *ultimo*-Verjährungsfrist der Rechtsverkehr erleichtert werden, indem die Notwendigkeit der taggenauen Bestimmung entfällt.[624] Die Bestimmung der Unidroit-Konvention sticht nicht heraus, da zum einen nach wie vor der Beginn der Frist unterschiedlich geregelt ist und somit keine einheitliche Regelung besteht[625] und zum anderen wegen des gebotenen Kulturgüterschutzes das Prinzip der Verkehrserleichterung nur eingeschränkt gilt.

(2) Absolute Verjährungsfrist: Vorschlag zur Anpassung des deutschen Rechts

Bei den absoluten Verjährungsvorschriften unterscheidet die Unidroit-Konvention je nach Schutzbedürftigkeit des Kulturgutes, so dass die Frist zwischen fünfzig Jahren und Unverjährbarkeit liegen kann, wobei im zweiten Fall eine Begrenzung der Verjährungsfrist auf 75 Jahre möglich ist.[626]

Die Unverjährbarkeit eines Anspruches stellt grundsätzlich keinen Verstoß gegen *ordre public* dar. Bereits im Jahr 1922 differenzierte das Reichsgericht diesbezüglich zwischen der generellen Unverjährbarkeit und Unverjährbarkeit in Ausnahmefällen.[627] Auch das BGB kennt solche Vorschriften: § 194 Abs. 2 BGB erklärt bestimmte Ansprüche aus einem familienrechtlichen Verhältnis für unverjährbar; im Immobiliarsachenrecht verjähren die Ansprüche auf Grundbuchberichtigung oder Ähnliches nicht, §§ 894 ff. BGB. Nach hiesiger Meinung ist jedoch vorliegend die Unverjährbarkeit aus den Gründen der Rechtssicherheit und des Rechtsfriedens abzulehnen; eine Frist von 75 Jahren erscheint dagegen gerade wegen des Generationswechsels angemessen, zumal die absolute Verjährungsfrist beim Anspruch auf Herausgabe eines Kulturgutes nach § 985 BGB ohnehin auf 75 Jahre ausgeweitet werden sollte.[628]

---

621 Schneider, KUR 2010, 159, 161.
622 Staudinger/Peters/Jacoby, § 199 BGB, Rn. 73 f.
623 MüKo/Grothe BGB, § 199, Rn. 43.
624 Staudinger/Peters/Jacoby, § 199 BGB, Rn. 1.
625 Vgl. die Regelungen des BGB: §§ 200 f., 428, 634 a usw.
626 S. dazu unter Kapitel 4.I.2.d.aa. „Regelungsgehalt“.
627 RG, Urteil vom 19. Dezember 1922, RGZ 106, 82, 84.
628 Vgl. zur Unverjährbarkeit bereits Kapitel 2.IV. „Verjährung des Herausgabeanspruches“.

Eine entsprechende Anpassung der Verjährungsfrist nach der Unidroit-Konvention wäre nach Art. 3 Abs. 5 Unidroit-Konvention für besonders schützenswerte und nach dem Grundsatz *favor legis nationalis* (Art. 9 Abs. 1 Unidroit-Konvention) für sonstige Kulturgüter möglich.

dd. Zusammenfassende Bewertung

Die differenzierende Verjährungsregelung der Unidroit-Konvention kann man als gelungen bezeichnen. Die langen absoluten Verjährungsfristen werden durch die kurze relative Frist ausgeglichen. Die nationalen Unterschiede bei der Festlegung der Verjährungsfristen, verbunden mit einer unterschiedlichen Handhabung der gestohlenen Kulturgüter, begründen eine Umgehungsgefahr, so dass eine Mindestvereinheitlichung für die Missbrauchsbekämpfung notwendig war.[629] Das Ziel einer sachgerechten Interessenabwägung zwischen Eigentümer- und Verkehrsschutz ist hier erreicht worden. Die Unverjährbarkeit ist wegen der Rechtssicherheit und des Rechtsfriedens abzulehnen. Den Staaten steht es jedoch offen, eine abweichende sinnvolle Regelung zu treffen.

Die Regelung der Verjährungsfrist ist auch mit den Grundprinzipien des deutschen Rechts vereinbar. *De lege ferenda* sollten allerdings sowohl die Verjährungsfrist des Herausgabeanspruchs nach § 985 BGB[630] als auch die Frist des Herausgabeanspruchs nach Art. 3 Unidroit-Konvention auf 75 Jahre ausgeweitet werden.

e. Lösungsrecht

Die Erfahrungen aus den Forschungsarbeiten der Unidroit-Organisation haben gezeigt, dass der gutgläubige Erwerb vom Nichteigentümer nicht zu vereinheitlichen war.[631] Das war darauf zurückzuführen, dass der nationale Umgang mit dem Thema von der vorbehaltslosen Anerkennung des gutgläubigen Erwerbs in Italien bis zum Fehlen einer entsprechenden Rechtsfigur in den USA reicht. Die Vereinbarung eines Kompromisses löste den Konflikt zwischen Ländern des Common Law und solchen des Civil Law: die Einführung von einem *Lösungsrecht*.[632] Dem gutgläubigen Erwerber steht demnach eine Entschädigung zu, wenn er das Kulturgut herausgibt.

---

629 Vgl. auch Thorn, Bettina, Internationaler Kulturgüterschutz nach der Unidroit-Konvention, S. 160 ff., insb. 163; Raschèr, Kulturgütertransfer und Globalisierung, S. 80.

630 S. dazu bereits Kapitel 2.IV. „Verjährung des Herausgabeanspruches".

631 Vgl. Reichelt, Die Unidroit-Konvention, in: dies. (Hrsg.), Neues Recht zum Schutz von Kulturgut, S. 55, 63; Reichelt, Die Vereinheitlichung des privatrechtlichen Kulturgüterschutzes nach dem Unidroit-Vertragsentwurf 1990, in: Dolzer/Jayme/Mußgnug (Hrsg.), Rechtsfragen des internationalen Kulturgüterschutzes, S. 67, 73.

632 Diese Rechtsfigur gibt es z. B. im französischen (Art. 2280 Code civil) und Schweizer (Art. 934 Abs. 2 ZGB) Recht.

aa. Regelungsgehalt

Art. 4 Abs. 1 Unidroit-Konvention regelt das Lösungsrecht des Besitzers. Danach hat der Besitzer eines gestohlenen Kulturgutes einen Anspruch auf Zahlung einer angemessenen Entschädigung, wenn er sorgfältig gehandelt hat:

> The possessor of a stolen cultural object required to return it shall be entitled, at the time of its restitution, to payment of fair and reasonable compensation provided that the possessor neither knew nor ought reasonably to have known that the object was stolen and can prove that it exercised due diligence when acquiring the object.

(1) Kompromisslösung

Die Rechtsfigur des Lösungsrechts war sehr umstritten. Zum einen wurde befürchtet, dass die wirtschaftlich schwachen Länder (bzw. deren wirtschaftlich schwache Bevölkerung) nicht in der Lage sein würden, eine Entschädigung zu zahlen, so dass faktisch der Herausgabeanspruch nur selten durchzusetzen wäre.[633] Diesem Vorbehalt wurde dadurch entgegengewirkt, dass – soweit mit dem nationalen Recht vereinbar – Bemühungen unternommen werden sollen, den Vorbesitzer haften zu lassen oder in Regress zu nehmen (Art. 4 Abs. 2 und Abs. 3 Unidroit-Konvention). Außerdem kann das Lösungsrecht nicht als Zurückbehaltungsrecht ausgelegt werden. Eine Möglichkeit der Durchsetzbarkeit Zug-um-Zug widerspräche dem Sinn und Zweck der Konvention.[634]

V. a. wurde vorgebracht, dass ein Lösungsrecht vielen Rechtsordnungen fremd sei.[635] Sowohl für die Länder, bei denen der gutgläubige Erwerber vorrangig zu schützen ist, als auch für diejenigen, die einen Gutglaubenserwerb ablehnen, sei es schwierig, ein derartiges System anzunehmen. Gerade zwischen solchen unterschiedlichen Rechtsordnungen kann aber das Institut des Lösungsrechts eine Verbindung herstellen. Die Weichen für den illegalen Kunsthandel werden gerade durch den Kunsttransfer über die Länder des vorbehaltslosen Gutglaubenserwerbes gestellt, in denen die Kunstwerke „reingewaschen" werden.[636] Der Gutglaubenserwerb wird im Rahmen der Unidroit-Konvention insoweit anerkannt, als der Erwerber entschädigungsberechtigt ist (Grundsatz der indirekten *bona fide*-Prüfung[637]). Das Prinzip der angemessenen Entschädigung ist ein rechtstechnischer Kompromiss, der als eine kulturgüterschützende Ausnahme auch tragbar erscheint.

---

633 Unidroit 1991, Study LXX, Doc. 23, Nr. 67.

634 So auch Unidroit, Explanatory report, Unif. L. Rev. 2001, 476, 518; Schw. Bundesamt für Kultur (Hrsg.), Internationaler Kulturgütertransfer, S. 18.

635 Vgl. Thorn, Bettina, Internationaler Kulturgüterschutz nach der Unidroit-Konvention, S. 120 f.

636 Z. B. die „Italian connection" wegen der Gutglaubensvorschrift des Art. 1153 codice civile (Italien), inzwischen aber aufgrund der Umsetzung der Unidroit-Konvention stark nachgelassen.

637 Reichelt, Die Unidroit-Konvention, in: dies. (Hrsg.), Neues Recht zum Schutz von Kulturgut, S. 55, 63.

(2) Umgang mit nationalem Recht

Den Ländern, deren Vorschriften strenger als diejenigen der Konvention sind, bleibt immer noch die Möglichkeit, von der Regelung nach Art. 9 Abs. 1 Unidroit-Konvention abzuweichen und das Lösungsrecht ganz auszuschließen. Eine solche Abweichung wäre aber gemäß Abs. 2 für andere Vertragsstaaten nicht bindend.

Es könnte überlegt werden, dass ein Lösungsrecht überhaupt nicht bestehen soll, wenn bereits nach nationalem Sachrecht der Besitzer zur Herausgabe des Kulturgutes ohne Entschädigung verpflichtet wäre (z. B. wenn – wie grundsätzlich nach deutschem Recht – kein Eigentum erworben wurde).[638] Denn sonst würde der (ursprüngliche) Eigentümer schlechter gestellt als ohne Anwendung der Unidroit-Konvention. Allerdings steht es dem ursprünglichen Eigentümer ohnehin frei, nach solchen Vorschriften vorzugehen, die eine Verbesserung seiner Rechtsstellung bringen. Auch wenn das Sachrecht die Position des Anspruchsstellers verbessert, könnten gleichzeitig bspw. die prozessualen Normen den Anspruchsteller an der Durchsetzung seines Rechts hindern. Es ist empfehlenswert, dass ein Staat bei strengeren nationalen Regelungen vom *favor legis nationalis* gemäß Art. 9 Unidroit-Konvention Gebrauch macht; es sprengt jedoch die Grenzen der möglichen Auslegung, den Besitzer grundsätzlich nach dem für ihn ungünstigeren Sachrecht zu behandeln. Die Regelungen der Herausgabe inklusive des Lösungsrechts sind autonom und weisen gerade keine Rückkopplung an das jeweilige nationale Recht auf.

Um die Rechtsunsicherheit zu vermeiden, sollte allerdings eine Erklärung beim Beitritt abgegeben werden, auf welche Weise vom Grundsatz *favor legis nationalis* Gebrauch gemacht wird.

bb. Sorgfaltspflicht und Beweislast beim Lösungsrecht

Die Unidroit-Konvention statuiert eine hohe Sorgfaltspflicht für die Begründung des Lösungsrechts, deren Einhaltung der Besitzer nachzuweisen hat.

(1) Gebührende Sorgfalt

Die Sorgfaltsanforderungen werden in Art. 4 Abs. 1 Unidroit-Konvention gleich zweimal erwähnt: Dem Besitzer steht ein Lösungsrecht zu, wenn er weder wusste noch vernünftigerweise hätte wissen müssen („neither knew nor ought reasonably to have known"), dass das Kulturgut gestohlen war. Bei der Beweislast werden die Sorgfaltsanforderungen *due diligence* genannt. Die Entscheidung, auf die Verwendung des Begriffs *bona fide* (guter Glaube) zu verzichten, wurde bewusst getroffen, um die unterschiedliche Handhabung des Begriffs durch unterschiedliche Rechtssysteme zu vermeiden.[639] Auch soll der Begriff *due diligence* zeigen, dass es

638 In diese Richtung geht auch die Annahme, dass die Entschädigungspflicht zumindest dann bestehen soll, wenn der Eigentümer nach dem maßgebenden Recht ein Lösungsrecht besitzt, Siehr, RabelZ 59 (1995), Fn. 39.

639 Prott, Commentary on the Unidroit-Convention, S. 41.

einer höheren Sorgfalt bedarf als normalerweise im Rechtsverkehr zu erwarten ist. Zudem ist der Begriff autonom, also ohne Rückgriff auf das maßgebliche Recht, auszulegen.[640]

Für die Prüfung der Sorgfalt sind alle Umstände des Erwerbs heranzuziehen, Art. 4 Abs. 4 Unidroit-Konvention. Eine Indizwirkung kommt dabei den Eigenschaften der Parteien, dem bezahlten Entgelt sowie etwaigen unternommenen Auskünften zu.[641] Beim Erb- oder unentgeltlichen Besitzer wird in Art. 4 Abs. 5 Unidroit-Konvention auf den Vorbesitzer abgestellt, da hier der allgemeine Grundsatz gilt, dass ein solcher Besitzer wegen der fehlenden Aufwendungen weniger schutzbedürftig ist.

(2) Beweislast

Der Besitzer muss nachweisen, dass er beim Erwerb des Kulturgutes mit der erforderlichen Sorgfalt gehandelt hat.

(a) Umkehr der Beweislast

Der Besitzer des Kulturgutes hat seine Gutgläubigkeit zu beweisen. Der Grundsatz der Umkehr der Beweislast entspricht dem Sinn und Zweck der Regelung.[642] Dadurch wird das in der Unidroit-Konvention verankerte Schutzprinzip des Bestohlenen gestärkt. Der Erwerber wird auch nicht unangemessen belastet: Gerade zur jetzigen Zeit ist es jedem möglich, die Provenienzprüfung ohne großen Aufwand vorzunehmen. Es gibt bspw. unterschiedliche Online-Register, in denen gestohlene Kulturgüter gemeldet sind.[643] V. a. im professionellen Kunsthandel sind solche Sorgfaltsanforderungen nicht neu, es gibt *Freiwillige Verhaltenskodizes* unterschiedlicher Verbände, die ähnliche Regelungen treffen.[644] Für den seriösen Handel mit Kulturgütern gehört eine fundierte Provenienzforschung längst zur Verkehrssitte, u. a. weil sie auch Rückschlüsse auf die Echtheit eines Kunstwerks ermöglicht. Zumindest im westlichen Kulturkreis wurden auch die nicht-professionellen Käufer dahingehend sensibilisiert, dass sie gewisse Nach-

---

640 Unidroit, Explanatory report, Unif. L. Rev. 2001, 476, 516.

641 „(...) the character of the parties, the price paid (...) or took any other step that a reasonable person would have taken in the circumstances“.

642 Reichelt, Die Unidroit-Konvention, in: dies. (Hrsg.), Neues Recht zum Schutz von Kulturgut, S. 55, 64; kritisch wohl Wiederkehr Schuler, Kulturgüterschutz – freier Kunstmarkt, S. 19 f. (z. B. keine Pflicht zur Meldung der gestohlenen Sachen); Stumpf, Kulturgüterschutz, S. 70.

643 S. dazu bereits Kapitel 2.II.2.b.bb.(1)(a) „Änderung im Umgang mit Kulturgütern“.

644 Z. B. ICOM-Code of Ethics for Museums, 2006 (*International Counzil of Museums*); Verhaltensrichtlinien der CINOA (*Confédération Internationale des Negociants en OEvres d'Art*); Verhaltenskodex für den internationalen Handel mit Kunstwerken von 1986 (Deutschland) sowie sonstige landesspezifische Kodizes, vgl. zur ähnlichen Problematik des gutgläubigen Erwerbs der Kulturgüter in Deutschland bereits unter Kapitel 3.I.6. „Bindungswirkung der Selbstverpflichtungen“.

forschungen vor dem Kauf eines Kulturgutes anstellen. Diese Bestimmung der Unidroit-Konvention vereinheitlicht lediglich die Anforderungen an die Gutgläubigkeit und macht sie durchsetzbar.

(b) Keine Einschränkungen

Die strenge Vorschrift wird jedoch dahingehend kritisiert, dass keine Differenzierung in Bezug auf die Anforderungen zwischen dem Sammler hochkarätiger Antiken und dem „zufälligen" Käufer gemacht werde.[645] Dem kann gerade wegen Art. 4 Abs. 4 Unidroit-Konvention nicht zugestimmt werden, wonach die Umstände des Erwerbs zu berücksichtigen sind. Zwar wird durch die Auferlegung der Beweislast der Erwerber belastet; allerdings ist diese Belastung sehr differenziert gestaltet, so dass die Sorgfaltsanforderungen an einen durchschnittlichen Bürger, der auf einem Flohmarkt eine antike Vase kauft, im Vergleich zu einem Privatsammler, der durch Mittelsmänner einen plötzlich aufgetauchten *Klimt* erwirbt, durchaus unterschiedlich sind. Aus diesem Grund kann auch den jeweiligen kulturellen Besonderheiten Rechnung getragen werden. Z. B. ist eine Internetrecherche nicht in den Ländern zu erwarten, in denen die Verbreitung dieses Netzwerkes nicht flächendeckend besteht.

Noch weiter geht der Vorschlag, die privaten Sammler zumindest bei den Gutglaubensanforderungen anders zu behandeln.[646] Dafür sind jedoch keine Gründe ersichtlich: Zu den bereits erwähnten Ausführungen zur Gleichbehandlung der privaten und öffentlichen Sammlungen[647] kann hinzugefügt werden, dass die Sammler auch über finanzielle Mittel verfügen, die erforderlichen Erkundungen einzuholen. Zudem können in Privatmuseen und durch Privatleihen die Kulturgüter mit zweifelhafter Provenienz der Öffentlichkeit zugänglich gemacht werden. Dies kann aber nicht i. S. d. Kulturschutzes und der aufklärenden Funktion der Unidroit-Konvention sein. So erscheint es nur folgerichtig, dass an die privaten Sammler in Bezug auf den Handel mit gestohlenen Kulturgütern die gleichen Anforderungen gestellt werden wie an die öffentlichen Sammlungen.

cc. Umfang des Anspruchs

Art. 4 Abs. 1 Unidroit-Konvention räumt dem Anspruchssteller eine angemessene Entschädigung ein („fair and reasonable compensation"). Durch das Institut des Lösungsrechts soll ein Kompromiss zwischen den Bestandsinteressen des Eigentümers und dem Verkehrsschutz des gutgläubigen Erwerbers geschaffen werden, der – auch bezogen auf die Entschädigungshöhe – Zugeständnisse voraussetzt. Dabei ist die Entschädigungshöhe nicht einheitsrechtlich geregelt, so dass der Umfang des Schadensersatzes von nationalen Gerichten unter Berücksichtigung aller Umstände des Einzelfalls zu bestimmen sein wird. Hier wird es regelmäßig zu der Anwendung

---

645 Wiederkehr Schuler, Kulturgüterschutz – freier Kunstmarkt, S. 19.

646 Wiederkehr Schuler, Kulturgüterschutz – freier Kunstmarkt, S. 30.

647 S. dazu bereits Kapitel 2.II.3.a.cc. „Privatsammler".

des nationalen Sachrechts des Belegenheitsstaates kommen.[648] Bei der Bestimmung der Entschädigung werden alle Umstände des Einzelfalls zu berücksichtigen sein wie z. B. der Kaufpreis des Kunstgegenstandes, ein eventuell davon abweichender eigentlicher Wert, aber auch die wirtschaftliche Situation der Beteiligten. Um die wirtschaftlich schwache Partei nicht zu beeinträchtigen, wurde angedacht, einen Fond zu schaffen, aus dem die Bezahlung der Entschädigung unterstützt wird.[649] Bisher existiert allerdings ein solcher Fond nicht.

dd. Wechselwirkung mit deutschem Recht

Die Unidroit-Konvention sieht für den gutgläubigen Erwerber eines gestohlenen Kulturgutes eine Entschädigung vor. Eine solche Regelung scheint auf den ersten Blick dem Wertungssystem des BGB zu widersprechen. Der Gesetzgeber hat sich für die jetzige Regelung entschieden, die auf das deutschrechtliche Prinzip *Hand wahre Hand* zurückgeht. In den ersten Entwürfen zum BGB dagegen wurde noch das Lösungsrecht vorgesehen, wonach der gutgläubige Eigentümer die Sache nur gegen Erstattung des Kaufpreises herausgeben musste.[650]

Liegt ein Regelfall vor, wonach der gutgläubige Erwerber nach dem deutschen Recht grundsätzlich kein Eigentum am gestohlenen Kulturgut erwirbt, so ergibt sich bereits aus der Präambel der Unidroit-Konvention und dem Grundsatz *favor legis nationalis*, dass eine vom Nationalrecht abweichende Belastung des Anspruchstellers nicht zwingend ist. Die Bundesrepublik Deutschland müsste somit für solche Fälle das Lösungsrecht bei der Umsetzung der Unidroit-Konvention nicht einführen.

Für die Fälle, in denen das Eigentum an gestohlenen Kulturgütern nach nationalem Recht erworben wurde, müsste auch in der Bundesrepublik Deutschland das Lösungsrecht greifen. Der gutgläubige Erwerb abhandengekommener Sachen wäre allerdings nach den hier geforderten Änderungen des BGB nur in ganz wenigen Ausnahmefällen möglich.

Bei den Anforderungen an die gebührende Sorgfalt ist v. a. auf die einheitsrechtliche Umsetzung der Vorschrift zu achten. Eine Abweichung von den Gutglaubenserfordernissen nach § 932 BGB ist unschädlich, da zwar beide Regelungsbereiche aus der Sicht der funktionalen Rechtsvergleichung den Umgang mit gestohlenen Kulturgüter behandeln, es jedoch vorliegend konkret um die Anspruchsvoraussetzungen des Lösungsrechts geht, welches die sachenrechtliche Zuordnung eines Kulturgutes nicht tangiert.

Was den Umfang des Anspruches betrifft, so ist die Bestimmung einer angemessenen Entschädigung auch der deutschen Rechtsordnung nicht fremd. Gerade im Zusammenhang mit Enteignung und enteignungsgleichen Eingriffen wird dieser Begriff häufig verwendet, z. B. § 18 Abs. 1 BauGB, § 20 Abs. 2 WHG. So erklärt

---

648 Unidroit, Explanatory report, Unif. L. Rev. 2001, 476, 518.

649 Vgl. Prott, Commentary on the Unidroit Convention, S. 42.

650 MüKo/Oechsler BGB, § 932, Rn. 1, vgl. auch Kapitel 2.II.2.b.bb.(2) „Kein überwiegendes Verkehrsinteresse“.

der BGH eine Entschädigung für angemessen, die unter gerechter Abwägung der Interessen der Allgemeinheit und der Beteiligten festgelegt wird.[651] Dieser Grundgedanke liegt auch der Entschädigungsregelung der Unidroit-Konvention zugrunde.

f. Zusammenfassende Bewertung

Die zentralen Normen des Art. 3 und Art. 4 der Unidroit-Konvention befassen sich als einzige internationale Regelung mit der grenzüberschreitenden Herausgabe von gestohlenen Kulturgütern. Grundsätzlich entspricht der Ausschluss des gutgläubigen Erwerbs gestohlener Sachen den Grundprinzipien des deutschen Sachenrechts; teilweise geht die deutsche Rechtsordnung sogar weiter, indem sie alle abhandengekommenen Sachen umfasst. Die Ausnahmen davon sollen nach der hier vertretenen Ansicht *de lege ferenda* auf Kulturgüter nicht anwendbar sein. Bis dahin könnte den Interessen des Erwerbers durch das Lösungsrecht Rechnung getragen werden.

II. Verfahren in der Bundesrepublik Deutschland

Die Unidroit-Konvention kann grundsätzlich als *self-executing*-Vertrag direkt in das nationale Recht umgesetzt werden.[652] Dabei wäre gegebenenfalls das nationale Recht anzupassen, um einerseits die Einheitlichkeit der Rechtsordnung zu gewährleisten und andererseits der völkerrechtlichen Verpflichtung aus der Konvention nachzukommen.

1. Beitritt

Zunächst müsste die Bundesrepublik Deutschland sich völkerrechtlich an die Unidroit-Konvention binden, damit sie zur innerstaatlichen Geltung kommt. Art. 32 GG weist grundsätzlich dem Bund die auswärtige Vertragsschlusskompetenz zu. Im Einzelnen kommt es auf die Verteilung der Gesetzgebungskompetenzen an. Vorliegend ergibt sich die Zuständigkeit des Bundes in Bezug auf den Abwanderungsschutz aus Art. 73 Nr. 5a GG, in Bezug auf das bürgerliche Recht und das gerichtliche Verfahren aus Art. 74 Abs. 1 Nr. 1 GG und in Bezug auf die Einfuhr und Rückgabe ausländischen Kulturgutes aus Art. 73 Nr. 5 GG.[653]

Gemäß Art. 59 Abs. 1 GG ist der Bundespräsident ermächtigt, für den Bund internationale Verträge zu schließen, so dass seine völkerrechtliche Vertretungsbefugnis sich auch auf die Unidroit-Konvention bezieht.

Die Bundesrepublik Deutschland hat von der Möglichkeit der Unterzeichnung gemäß Art. 11 Abs. 1 Unidroit-Konvention bis zum 30. Juni 1996 jedoch keinen Gebrauch gemacht. Jetzt steht ihr die Möglichkeit eines Beitritts offen, Art. 11 Abs. 3 Unidroit-Konvention.

---

651 BGH, Urteil vom 28. September 1972, BGHZ 59, 256.
652 S. dazu bereits Kapitel 4.I.1.b.bb. „*Self-executing*-Vertrag".
653 Vgl. zu der alten Gesetzeslage: Schweizer, KUR 2003, 25, 36 f.

2. Innerstaatliche Geltung

a. Formelles Gesetz

In Deutschland wird ein gemäßigter dualistischer Ansatz verfolgt, wonach das innerstaatliche Recht und das Völkerrecht zwei von einander getrennte Rechtssysteme sind, die teilweise ineinandergreifen.[654] Es bedarf somit eines Hoheitsaktes, der die völkerrechtlichen Normen in das nationale Recht umsetzt.

Die Unidroit-Konvention bezieht sich auf Gegenstände der Bundesgesetzgebung und bedarf somit wegen des Gesetzesvorbehalts gemäß Art. 59 Abs. 2 S. 1 GG eines formellen Bundesgesetzes, das anschließend im Bundesgesetzblatt verkündet wird. Die Regelungen der Konvention würden als spätere (*lex posterior derogat legi priori*) und speziellere (*lex spezialis degorat legi generali*) Normen Anwendungsvorrang genießen.

b. Form

Auf der nächsten Ebene ist zu entscheiden, wie die Unidroit-Konvention in das deutsche Recht umgesetzt werden kann. Überwiegend sind die Bestimmungen *self-executing*, so dass sie unmittelbar eine innerstaatliche Wirkung entfalten.[655] Allerdings – wie bereits aufgezeigt – bietet die Konvention den Vertragsstaaten an manchen Stellen auch die Möglichkeit, gestalterisch tätig zu werden.[656]

Wegen der Besonderheit des Stoffes ist es vorliegend empfehlenswert, die Unidroit-Konvention in die bestehenden Gesetze einzugliedern. Dabei sollte auf die Sachnähe der Materie geachtet werden: Der öffentlich-rechtliche Teil kann in das KultgRückG integriert werden, das auch sonstige abwanderungsschützende Vorschriften enthält. Der hier relevante privatrechtliche Teil sollte in das BGB nach dessen erforderlicher Reformierung integriert werden.[657] Durch die Anpassung des geltenden nationalen Rechts würde einerseits die Widerspruchsfreiheit der Rechtsordnung gewahrt und andererseits der völkerrechtlichen Verpflichtung aus der Konvention nachgekommen werden.

3. Vorschlag für völkerrechtliche Erklärungen

Die Unidroit-Konvention erlaubt einem Staat, durch völkerrechtliche Erklärungen gewisse Bestimmungen des Vertrages mitzugestalten. Ausgehend von den untersuchten Anpassungserfordernissen sind – teilweise zum Zwecke der Verbesserung

---

654 H. M. BVerfG, Urteil vom 14. Oktober 2010, BVerfGE 111, 307, 318; für Monismus dagegen Verdross/Simma, Universelles Völkerrecht, §§ 73 f.

655 S. dazu bereits unter Kapitel 4.I.1.b.bb. „*Self-executing*-Vertrag".

656 Z. B. bei den Verjährungsfristen, bei der Anwendung der günstigeren nationalen Regeln und bei Gerichtsstandregelungen.

657 Zu den Reformvorschlägen s. die jeweiligen Anpassungserfordernisse unter Kapitel 4.I.2. „Eigentums- und Besitzschutz".

des universellen Kulturgüterschutzes, teilweise zur Vermeidung von Widersprüchen in der Rechtsordnung – einige Erklärungen abzugeben.

Für besonders schützenswerte Kulturgüter sollte von Art. 3 Abs. 5 Unidroit-Konvention Gebrauch gemacht werden, um die Unverjährbarkeit des Anspruches zu vermeiden und auf 75 Jahre zu begrenzen.[658] Diese Erklärung ist bei dem Beitritt gemäß Art. 3 Abs. 6 Unidroit-Konvention abzugeben.

Des Weiteren sollte gemäß Art. 13 Abs. 3 Unidroit-Konvention ausdrücklich der Vorrang der Anwendbarkeit der Gerichtsstandregelungen aus der EuGVVO in dem übereinstimmenden Anwendungsbereich erklärt werden.[659] Gemäß Art. 8 i. V. m. Art. 16 Abs. 1 a) Unidroit-Konvention sollten die Gerichte des Belegenheitsortes in Deutschland in allen übrigen Fällen für ausschließlich zuständig erklärt werden (ohne Möglichkeit der Weiterverweisung zu einem ausländischen Gericht). Diese Erklärung ist bei dem Beitritt abzugeben (Art. 16 Abs. 1 Unidroit-Konvention).

Es sollte eine auslegende Erklärung zur Anwendung der Unidroit-Konvention auf alle abhandengekommenen Sachen sowie zum Ausschluss des Lösungsrechts beim gescheiterten Eigentumserwerb abgegeben werden. Eine solche Erklärung ändert nicht die Bestimmung der Konvention, sondern macht die Ausführung der Konvention entsprechend ihrem Sinn und Zweck sicherer, vgl. Art. 31 VertrRÜ.

III. Die Bewertung der Unidroit-Konvention für den Kulturgüterschutz in Deutschland

1. Stand der Umsetzung

Gegenwärtig gilt die Unidroit-Konvention in 38 Staaten.[660] Diese Zurückhaltung verwundert, da sowohl die UNESCO als auch das Europäische Parlament sowie der Rat eine Ratifikation der Unidroit-Konvention empfohlen haben.[661]

Die niedrige Beteiligung der EU-Staaten ist teilweise auf die Richtlinie 2014/60/EU vom 15. Mai 2014[662] zurückzuführen, die einen ähnlichen Regelungsgehalt hat und die Rückgabe der illegal ausgeführten Kulturgüter bestimmt. Allerdings gilt diese Richtlinie zum einen naturgemäß nur für die die EU-Staaten betreffenden Sachverhalte, so dass beim Einbeziehen eines Drittstaates die Regelung keine Anwendung findet. Zum anderen werden durch die Richtlinie nur

658 S. dazu bereits unter Kapitel 4.I.2.d. „Verjährung“.

659 Eine entsprechende Erklärung ist auch in Bezug auf die Richtlinie 93/7/EWG abzugeben. Darauf wird hier jedoch nicht näher eingegangen, da sie nur öffentlich-rechtliche Ansprüche betrifft.

660 www.unidroit.org/status-cp, Stand: März 2017.

661 UNESCO (Hrsg.), Information note, S. 1, 2; Präambel, Punkt 16 der Richtlinie 2014/60/EU.

662 Als Neufassung der Richtlinie 93/7/EWG vom 15. März 1993.

die rechtswidrig ausgeführten und nicht die gestohlenen Kulturgüter geschützt. Es wäre somit auch für die EU-Staaten erforderlich, der Unidroit-Konvention beizutreten.

Auch die Staaten, welche die UNESCO-Konvention ratifiziert haben, sind der Aufforderung der UNESCO nach dem Beitritt beider Konventionen kaum gefolgt. Die UNESCO-Konvention ist inzwischen in 131 Staaten in Kraft getreten.[663] Vergleicht man die Beitrittsdaten, so wird deutlich, dass die unterschiedliche Verbreitung der Konventionen nur bedingt auf die 25 Jahre spätere Verabschiedung der Unidroit-Konvention zurückzuführen ist. Das anschaulichste Beispiel ist die Bundesrepublik Deutschland, die über 35 Jahre benötigte, um die UNESCO-Konvention zu ratifizieren,[664] sich aber nicht dazu durchrang, der zu jenem Zeitpunkt schon lange existierenden Unidroit-Konvention beizutreten. Es bleibt abzuwarten, ob die durch die Ratifizierung der UNESCO-Konvention sowie durch den Gurlitt-Fall angestoßene und noch anhaltende Debatte um den illegalen Handel mit Kulturgütern sowohl in Fachkreisen als auch im Feuilleton einen Impuls in dieser Sache bringt. Die Hindernisse bei der Umsetzung sind ausschließlich politischer und nicht – wie die vorliegende Untersuchung gezeigt hat – juristischer Natur.

2. Förderung der Schutzziele durch Neuregelung

Die Unidroit-Konvention ist die einzige einheitsrechtliche Regelung im internationalen Kulturgüterschutz, die einen privatrechtlichen Herausgabeanspruch bestimmt. Dabei wird der Anspruch des (ursprünglichen) Eigentümers im Fall des Diebstahls erfasst, ohne dass die darauffolgende dingliche Zuordnung festgelegt wird. Dies ist den unterschiedlichen Rechtssystemen geschuldet, die durch die Konvention auf einen gemeinsamen Nenner gebracht werden sollten. Der Herausgabeanspruch aus Art. 3 Unidroit-Konvention kann als ein geeignetes Mittel zur Vereinheitlichung der Bekämpfung des illegalen Handels mit Kulturgütern auf der zivilrechtlichen Ebene bezeichnet werden, was wiederum die Gefährdung von Kulturgütern dämpft und die Teilhabe an ihnen gewährleistet.

Die Vorzüge einer grenzüberschreitenden einheitsrechtlichen Lösung gegenüber den rein nationalen Regelungen liegen auf der Hand: Eine an den staatlichen Grenzen endende Regelung des Rechtsraumes entspricht nicht mehr den tatsächlichen Gegebenheiten der zunehmenden Internationalisierung der Lebensverhältnisse, der wirtschaftlichen Beziehungen und somit auch des Kulturgüterhandels. Allein der exklusive Kreis der Marktteilnehmer bedingt schon einen grenzüberschreitenden Handel. Die so entstandenen Regelungslücken werden im Rahmen

663 www.unesco.org/eri/la/convention.asp?KO=13039&language=E, Stand: März 2017.

664 In einer früheren Position der Bundesregierung hieß es, dass die UNESCO-Konvention in allen Staaten mit liberalem Rechtssystem nicht durchführbar sei, BT-Drs. 8/4418 vom 10. Juli 1980, S. 3.

der *fraus legis* ausgenutzt. Durch die Unidroit-Konvention wird diesem Problem angemessen entgegengetreten. Zwar sind immer noch – wenn auch in beschränktem Umfang – Konstellationen möglich, bei denen mehrere Gerichtsstände mit entsprechend unterschiedlich anwendbarem Recht in Betracht kommen. Allerdings kann es wegen der in der Unidroit-Konvention autonom festgelegten uneingeschränkten Herausgabe des gestohlenen Kulturgutes nur ausnahmsweise zu Divergenzen im Ergebnis führen (so in Bezug auf das Lösungsrecht oder die Verjährungsfristen).

3. Einzelne Vorschläge zur Umsetzung der Unidroit-Konvention in Deutschland

Die Umsetzung der Unidroit-Konvention ist zu empfehlen. Sie enthält Regelungen, die weitgehend mit der deutschen Rechtsordnung übereinstimmen, aber auch solche, die ihr völlig fremd sind. Gerade Letzteres stellt aber keinen Nachteil dar. Im Interesse des Kulturgüterschutzes ist solchen Normen der Unidroit-Konvention der Vorzug zu geben, die einen besseren Schutz gewähren. Soll dagegen die nationale Rechtsordnung im Einzelfall einen stärkeren Schutz bieten, können jene Regelungen nach dem Grundsatz *favor legis nationalis* beibehalten werden, Art. 9 Abs. 1 Unidroit-Konvention.

Die Regelung der ausschließlichen Gerichtsbarkeit sollte in die ZPO integriert werden:

> § 23a ZPO alt. F: „Für Ansprüche auf Herausgabe eines Kulturguts *(i. S. d. Art. 3 Unidroit-Konvention)*[665] ist das Gericht ausschließlich zuständig, in dessen Bezirk die Sache belegen ist, soweit das EuGVVO keine Anwendung findet."[666]

Zudem könnten bei der Umsetzung klarstellende Bestimmungen getroffen werden. Um eine für das deutsche Privatrecht atypische Ungleichbehandlung der gestohlenen und sonst abhandengekommenen Sachen zu vermeiden, könnte eine entsprechende auslegende Erklärung bezüglich der Anwendbarkeit des Kapitels II auf alle abhandengekommenen Kulturgüter abgegeben werden. Sie wäre vom Grundsatz *favor legis nationalis* (Art. 9 Abs. 1 Unidroit-Konvention) erfasst. Dies könnte bereits bei der Umsetzung der Konvention geschehen:

> § 985 a BGB alt. F.: „Der Besitzer eines abhandengekommenen Kulturguts hat es herauszugeben, soweit ein grenzüberschreitender Sachverhalt vorliegt."

---

665 Bei der Umsetzung: die entsprechende Norm des BGB (§ 985a BGB alt. F.).

666 Strenggenommen ist der Zusatz rein deklaratorisch, da die Regelungen EuGVVO stets, also auch beim zeitlich späteren oder spezielleren Gesetz, Anwendung finden.

Auch sonstige zivilrechtliche Bestimmungen der Unidroit-Konvention sind auch unmittelbar in die nachfolgenden Paragraphen einzugliedern.[667] Zwar handelt es sich bei diesem Anspruch streng genommen nicht um einen rein sachenrechtlichen, doch ist er systematisch i. S. d. funktionalen Rechtsvergleichung dem Herausgabeanspruch nach § 985 BGB am nächsten.

Sollte die Verjährungsfrist des Herausgabeanspruchs nach § 985 BGB für Kulturgüter wie gefordert auf 75 Jahre verlängert werden[668], so würde diese Frist völkerrechtlich nach dem Grundsatz *favor legis nationalis* der Unidroit-Konvention und innerstaatlich unmittelbar nach BGB gelten.

4. Verbleibende Schutzdefizite

Mit der Umsetzung der Unidroit-Konvention bleiben jedoch weiterhin Schutzlücken im internationalen Kulturgüterschutz.

a. Fehlende Regelungen

Bedauernswert ist v. a., dass keine Innensachverhalte mitgeregelt wurden. Zwar ist in Deutschland durch den grundsätzlichen Ausschluss des gutgläubigen Erwerbs abhandengekommener Sachen der Schutz vergleichsweise hoch, doch kann ein umfassender Kulturgüterschutz nur durch die Gleichbehandlung ähnlicher Sachverhalte in unterschiedlichen Ländern erreicht werden. Zudem kommt das nationale Recht auch bei der Regelung der grenzüberschreitenden Materie an vielen Stellen zur Anwendung.

Wünschenswert wäre es auch, dass die Unidroit-Konvention alle schützenswerten Kulturgüter erfasst hätte – wegen der abschließenden Aufzählung der Kategorien der Kulturgüter im Anhang der Unidroit-Konvention bleiben viele Kulturgüter leider außerhalb des Anwendungsbereichs. Die anvertrauten Kulturgüter, die ebenfalls – wenn auch in geringerem Maße – gefährdet sind, wurden im Rahmen der Unidroit-Konvention leider nicht berücksichtigt.

b. Verzichtbare Regelung

Die Rückführungsregelung des Kapitels III, die einen öffentlich-rechtlichen Rückgabeanspruch begründet, ist für die Entwicklung des legalen Kunsthandels und des internationalen Austauschs kontraproduktiv.

Kapitel II und Kapitel III enthalten eigenständige Regelungen, die sich in der Rechtsnatur des Anspruches und dem Anwendungsbereich unterscheiden. Nach

667 Die Bestimmungen über den öffentlich-rechtlichen Herausgabeanspruch, Kapitel 3 Unidroit-Konvention, sollten dagegen in das sachnähere KultgRückG integriert werden.

668 S. dazu Kapitel 2.VI. „Zusammenfassende Bewertung". § 197 Abs. 3 BGB alt. F.: „§ 197 Abs. 1 Ziff. 1 findet keine Anwendung auf die Herausgabe von Kulturgütern. Solche Ansprüche verjähren in 75 Jahren."

der hier vertretenen Ansicht ist nur Kapitel II mit seinem zivilrechtlichen Herausgabeanspruch als Mittel zur Stärkung des Eigentümers kulturgutschützend; die Regelungen des Kapitels III dienen dagegen lediglich dem Abwanderungsschutz. Dieser Rückgabeanspruch schützt grundsätzlich staatliche Interessen und widerspricht nach hiesiger Meinung dem Universalprinzip des Kulturgüterschutzes. Eine Einschränkung wird lediglich für zeitgenössische Kunst nach Art. 17 Abs. 1 lit. b Unidroit-Konvention vorgenommen, so dass die Werke zeitgenössischer Künstler bis fünfzig Jahre nach deren Tod nicht der Rückführung unterliegen.

Allerdings kann nicht bloß ein Teil der Konvention umgesetzt werden. Da in der Bundesrepublik Deutschland bereits ein starker Abwanderungsschutz besteht und dessen Abschaffung auch nicht zu erwarten ist, könnte das Kapitel III als notwendiges, aber nicht zusätzliches „Übel" umgesetzt werden.

Gesamtergebnis in Thesen

1. Der Kulturgüterschutz wird vom *Universalprinzip* bestimmt. Ausgehend vom Universalprinzip des Kulturgüterschutzes rücken zwei *Schutzziele* in den Vordergrund: die Erhaltung der Kulturgüter für die nachfolgenden Generationen und die Gewährleistung der Teilhabe der Allgemeinheit daran.
2. Von den Gefährdungen, die mit rechtlichen Mitteln gelöst werden können, stellt die Abdrängung der Kulturgüter auf den illegalen Markt die größte Gefahr dar. Eine *Stärkung des Eigentümerschutzes* würde den legalen deutlicher vom illegalen Markt abgrenzen und die Möglichkeit der Legalisierung eines mit einem Makel behafteten Kulturgutes einschränken.
3. Eine allgemeine Marktbeschränkung bis hin zu der Erklärung der Kulturgüter zu *res extra commercium* ist dagegen nicht erstrebenswert. Der Markt ist ein unabdingbarer Bestandteil der gesellschaftlichen Kunstvermittlung, der nicht nur dem interessierten Publikum den Erwerb von Kunstwerken ermöglicht, sondern auch im musealen Leben neben Schenkungen und Auftragsarbeiten eine zentrale Rolle spielt. Im Übrigen ist eine absolute Einschränkung der Verkehrsfähigkeit der Kulturgüter mit den Grundsätzen des deutschen Rechts nicht vereinbar.
4. Es ist allgemein ein *Funktionsverlust des Besitzes* bei beweglichen Sachen festzustellen. Bei Kulturgütern reicht das bloße Besitzen *de lege lata* nicht mehr aus, um ein Vertrauen in die Eigentümerstellung des Veräußerers zu begründen. Beim gutgläubigen Erwerb *anvertrauter Kulturgüter* ist bei konsequenter Auslegung des BGB *nach der Besitzlage* zu unterscheiden. Diese Unterscheidung ist auch bei der Veräußerung eines Kunsthändlers nach HGB vorzunehmen, was den Handelsbräuchen entspricht.
5. Aufgrund der *schwachen Rechtsscheinwirkung* des Besitzes an einem Kulturgut unterliegt der gutgläubige Erwerber bei einer *einfachen Besitzlage* nach Verkehrssitte einer umfassenden Erkundigungs- und Nachforschungsobliegenheit. Bei einer *qualifizierten Besitzlage*, die durch ein *zusätzliches Anscheinsmerkmal* begründet wird, besteht diese Obliegenheit nicht.
6. Ein effektiver Schutz ist nur dann möglich, wenn der Ausschluss eines gutgläubigen Erwerbs *abhandengekommener Kulturgüter* im innerdeutschen Rechtsverkehr ausgeweitet wird. Wegen der besonderen Bedeutung des *Versteigerungsgewerbes* für den Kunstmarkt soll auf diesem Weg der gutgläubige Erwerb der Kulturgüter *de lege ferenda* nicht mehr möglich sein. Die Sonderregelung des HGB, wonach für einen Erwerb der gute Glaube *an die Verfügungsbefugnis* ausreicht, sollte ebenfalls in Bezug auf Kulturgüter nicht anwendbar sein.
7. Sowohl die *Ersitzungsfrist* als auch die *Verjährungsfrist* des Herausgabeanspruches sind wegen der Praktiken im Kunsthandel sowie der wirtschaftlichen Nichtabnutzung der Kunstgegenstände zu kurz bemessen, so dass sie in beiden Fällen *de lege ferenda* verlängert werden sollten.

8. Die Globalisierung des Marktes erfordert eine *internationale Lösung* für den Kulturgüterschutz. I. S. d. *funktionalen Rechtsvergleichung* wird allerdings nicht nach derselben Rechtsfigur, sondern ergebnisorientiert nach einer vergleichbaren Lösung durch *unterschiedliche Rechtsinstrumente* gesucht.
9. Im grenzüberschreitenden Rechtsverkehr ist die *Unidroit-Konvention* die einzige Regelung, die auf zivilrechtlicher Ebene die Bekämpfung des illegalen Handels *vereinheitlicht.* Die Umsetzung der Unidroit-Konvention ist aus juristischer Sicht nicht problematisch, da ihre Regelungen keinem tragenden *Grundprinzip der deutschen Rechtsordnung* widersprechen und die gegebenenfalls erforderliche *Anpassung der Normen* im Interesse des Kulturgüterschutzes hinzunehmen ist.
10. Der *Abwanderungsschutz* dient primär den nationalen Interessen und widerspricht dadurch dem Universalprinzip des Kulturgüterschutzes. Da in der Bundesrepublik Deutschland bereits ein starker Abwanderungsschutz vorhanden ist, wird der öffentlich-rechtliche Herausgabeanspruch der Unidroit-Konvention das Universalprinzip kaum zusätzlich einschränken.

Anhang

UNIDROIT CONVENTION ON STOLEN OR ILLEGALLY EXPORTED CULTURAL OBJECTS

(Rome, 24 June 1995)

THE STATES PARTIES TO THIS CONVENTION,

ASSEMBLED in Rome at the invitation of the Government of the Italian Republic from 7 to 24 June 1995 for a Diplomatic Conference for the adoption of the draft UNIDROIT Convention on the International Return of Stolen or Illegally Exported Cultural Objects,

CONVINCED of the fundamental importance of the protection of cultural heritage and of cultural exchanges for promoting understanding between peoples, and the dissemination of culture for the well-being of humanity and the progress of civilisation,

DEEPLY CONCERNED by the illicit trade in cultural objects and the irreparable damage frequently caused by it, both to these objects themselves and to the cultural heritage of national, tribal, indigenous or other communities, and also to the heritage of all peoples, and in particular by the pillage of archaeological sites and the resulting loss of irreplaceable archaeological, historical and scientific information,

DETERMINED to contribute effectively to the fight against illicit trade in cultural objects by taking the important step of establishing common, minimal legal rules for the restitution and return of cultural objects between Contracting States, with the objective of improving the preservation and protection of the cultural heritage in the interest of all,

EMPHASISING that this Convention is intended to facilitate the restitution and return of cultural objects, and that the provision of any remedies, such as compensation, needed to effect restitution and return in some States, does not imply that such remedies should be adopted in other States,

AFFIRMING that the adoption of the provisions of this Convention for the future in no way confers any approval or legitimacy upon illegal transactions of whatever kind which may have taken place before the entry into force of the Convention,

CONSCIOUS that this Convention will not by itself provide a solution to the problems raised by illicit trade, but that it initiates a process that will enhance international cultural co-operation and maintain a proper role for legal trading and inter-State agreements for cultural exchanges,

ACKNOWLEDGING that implementation of this Convention should be accompanied by other effective measures for protecting cultural objects, such as the development and use of registers, the physical protection of archaeological sites and technical co-operation,

RECOGNISING the work of various bodies to protect cultural property, particularly the 1970 UNESCO Convention on illicit traffic and the development of codes of conduct in the private sector,

HAVE AGREED as follows:

CHAPTER I – SCOPE OF APPLICATION AND DEFINITION

Article 1

This Convention applies to claims of an international character for:

(a) the restitution of stolen cultural objects;
(b) the return of cultural objects removed from the territory of a Contracting State contrary to its law regulating the export of cultural objects for the purpose of protecting its cultural heritage (hereinafter "illegally exported cultural objects").

Article 2

For the purposes of this Convention, cultural objects are those which, on religious or secular grounds, are of importance for archaeology, prehistory, history, literature, art or science and belong to one of the categories listed in the Annex to this Convention.

CHAPTER II – RESTITUTION OF STOLEN CULTURAL OBJECTS

Article 3

(1) The possessor of a cultural object which has been stolen shall return it.
(2) For the purposes of this Convention, a cultural object which has been unlawfully excavated or lawfully excavated but unlawfully retained shall be considered stolen, when consistent with the law of the State where the excavation took place.
(3) Any claim for restitution shall be brought within a period of three years from the time when the claimant knew the location of the cultural object and the identity of its possessor, and in any case within a period of fifty years from the time of the theft.
(4) However, a claim for restitution of a cultural object forming an integral part of an identified monument or archaeological site, or belonging to a public collection, shall not be subject to time limitations other than a period of three years from the time when the claimant knew the location of the cultural object and the identity of its possessor.
(5) Notwithstanding the provisions of the preceding paragraph, any Contracting State may declare that a claim is subject to a time limitation of 75 years or such

longer period as is provided in its law. A claim made in another Contracting State for restitution of a cultural object displaced from a monument, archaeological site or public collection in a Contracting State making such a declaration shall also be subject to that time limitation.
(6) A declaration referred to in the preceding paragraph shall be made at the time of signature, ratification, acceptance, approval or accession.
(7) For the purposes of this Convention, a "public collection" consists of a group of inventoried or otherwise identified cultural objects owned by:

(a) a Contracting State
(b) a regional or local authority of a Contracting State;
(c) a religious institution in a Contracting State; or
(d) an institution that is established for an essentially cultural, educational or scientific purpose in a Contracting State and is recognised in that State as serving the public interest.

(8) In addition, a claim for restitution of a sacred or communally important cultural object belonging to and used by a tribal or indigenous community in a Contracting State as part of that community's traditional or ritual use, shall be subject to the time limitation applicable to public collections.

Article 4

(1) The possessor of a stolen cultural object required to return it shall be entitled, at the time of its restitution, to payment of fair and reasonable compensation provided that the possessor neither knew nor ought reasonably to have known that the object was stolen and can prove that it exercised due diligence when acquiring the object.
(2) Without prejudice to the right of the possessor to compensation referred to in the preceding paragraph, reasonable efforts shall be made to have the person who transferred the cultural object to the possessor, or any prior transferor, pay the compensation where to do so would be consistent with the law of the State in which the claim is brought.
(3) Payment of compensation to the possessor by the claimant, when this is required, shall be without prejudice to the right of the claimant to recover it from any other person.
(4) In determining whether the possessor exercised due diligence, regard shall be had to all the circumstances of the acquisition, including the character of the parties, the price paid, whether the possessor consulted any reasonably accessible register of stolen cultural objects, and any other relevant information and documentation which it could reasonably have obtained, and whether the possessor consulted accessible agencies or took any other step that a reasonable person would have taken in the circumstances.
(5) The possessor shall not be in a more favourable position than the person from whom it acquired the cultural object by inheritance or otherwise gratuitously.

CHAPTER III – RETURN OF ILLEGALLY EXPORTED CULTURAL OBJECTS

Article 5

(1) A Contracting State may request the court or other competent authority of another Contracting State to order the return of a cultural object illegally exported from the territory of the requesting State.
(2) A cultural object which has been temporarily exported from the territory of the requesting State, for purposes such as exhibition, research or restoration, under a permit issued according to its law regulating its export for the purpose of protecting its cultural heritage and not returned in accordance with the terms of that permit shall be deemed to have been illegally exported.
(3) The court or other competent authority of the State addressed shall order the return of an illegally exported cultural object if the requesting State establishes that the removal of the object from its territory significantly impairs one or more of the following interests:

(a) the physical preservation of the object or of its context;
(b) the integrity of a complex object;
(c) the preservation of information of, for example, a scientific or historical character;
(d) the traditional or ritual use of the object by a tribal or indigenous community, or establishes that the object is of significant cultural importance for the requesting State.

(4) Any request made under paragraph 1 of this article shall contain or be accompanied by such information of a factual or legal nature as may assist the court or other competent authority of the State addressed in determining whether the requirements of paragraphs 1 to 3 have been met.
(5) Any request for return shall be brought within a period of three years from the time when the requesting State knew the location of the cultural object and the identity of its possessor, and in any case within a period of fifty years from the date of the export or from the date on which the object should have been returned under a permit referred to in paragraph 2 of this article.

Article 6

(1) The possessor of a cultural object who acquired the object after it was illegally exported shall be entitled, at the time of its return, to payment by the requesting State of fair and reasonable compensation, provided that the possessor neither knew nor ought reasonably to have known at the time of acquisition that the object had been illegally exported.
(2) In determining whether the possessor knew or ought reasonably to have known that the cultural object had been illegally exported, regard shall be had to the circumstances of the acquisition, including the absence of an export certificate required under the law of the requesting State.

(3) Instead of compensation, and in agreement with the requesting State, the possessor required to return the cultural object to that State, may decide:

(a) to retain ownership of the object; or
(b) to transfer ownership against payment or gratuitously to a person of its choice residing in the requesting State who provides the necessary guarantees.

(4) The cost of returning the cultural object in accordance with this article shall be borne by the requesting State, without prejudice to the right of that State to recover costs from any other person.
(5) The possessor shall not be in a more favourable position than the person from whom it acquired the cultural object by inheritance or otherwise gratuitously.

Article 7

(1) The provisions of this Chapter shall not apply where:

(a) the export of a cultural object is no longer illegal at the time at which the return is requested; or
(b) the object was exported during the lifetime of the person who created it or within a period of fifty years following the death of that person.

(2) Notwithstanding the provisions of sub-paragraph (b) of the preceding paragraph, the provisions of this Chapter shall apply where a cultural object was made by a member or members of a tribal or indigenous community for traditional or ritual use by that community and the object will be returned to that community.

CHAPTER IV – GENERAL PROVISIONS

Article 8

(1) A claim under Chapter II and a request under Chapter III may be brought before the courts or other competent authorities of the Contracting State where the cultural object is located, in addition to the courts or other competent authorities otherwise having jurisdiction under the rules in force in Contracting States.
(2) The parties may agree to submit the dispute to any court or other competent authority or to arbitration.
(3) Resort may be had to the provisional, including protective, measures available under the law of the Contracting State where the object is located even when the claim for restitution or request for return of the object is brought before the courts or other competent authorities of another Contracting State.

Article 9

(1) Nothing in this Convention shall prevent a Contracting State from applying any rules more favourable to the restitution or the return of stolen or illegally exported cultural objects than provided for by this Convention.

(2) This article shall not be interpreted as creating an obligation to recognise or enforce a decision of a court or other competent authority of another Contracting State that departs from the provisions of this Convention.

Article 10

(1) The provisions of Chapter II shall apply only in respect of a cultural object that is stolen after this Convention enters into force in respect of the State where the claim is brought, provided that:

(a) the object was stolen from the territory of a Contracting State after the entry into force of this Convention for that State; or
(b) the object is located in a Contracting State after the entry into force of the Convention for that State.

(2) The provisions of Chapter III shall apply only in respect of a cultural object that is illegally exported after this Convention enters into force for the requesting State as well as the State where the request is brought.
(3) This Convention does not in any way legitimise any illegal transaction of whatever nature which has taken place before the entry into force of this Convention or which is excluded under paragraphs (1) or (2) of this article, nor limit any right of a State or other person to make a claim under remedies available outside the framework of this Convention for the restitution or return of a cultural object stolen or illegally exported before the entry into force of this Convention.

CHAPTER V – FINAL PROVISIONS

Article 11

(1) This Convention is open for signature at the concluding meeting of the Diplomatic Conference for the adoption of the draft UNIDROIT Convention on the International Return of Stolen or Illegally Exported Cultural Objects and will remain open for signature by all States at Rome until 30 June 1996.
(2) This Convention is subject to ratification, acceptance or approval by States which have signed it.
(3) This Convention is open for accession by all States which are not signatory States as from the date it is open for signature.
(4) Ratification, acceptance, approval or accession is subject to the deposit of a formal instrument to that effect with the depositary.

Article 12

(1) This Convention shall enter into force on the first day of the sixth month following the date of deposit of the fifth instrument of ratification, acceptance, approval or accession.
(2) For each State that ratifies, accepts, approves or accedes to this Convention after the deposit of the fifth instrument of ratification, acceptance, approval or accession,

this Convention shall enter into force in respect of that State on the first day of the sixth month following the date of deposit of its instrument of ratification, acceptance, approval or accession.

Article 13

(1) This Convention does not affect any international instrument by which any Contracting State is legally bound and which contains provisions on matters governed by this Convention, unless a contrary declaration is made by the States bound by such instrument.
(2) Any Contracting State may enter into agreements with one or more Contracting States, with a view to improving the application of this Convention in their mutual relations. The States which have concluded such an agreement shall transmit a copy to the depositary.
(3) In their relations with each other, Contracting States which are Members of organisations of economic integration or regional bodies may declare that they will apply the internal rules of these organisations or bodies and will not therefore apply as between these States the provisions of this Convention the scope of application of which coincides with that of those rules.

Article 14

(1) If a Contracting State has two or more territorial units, whether or not possessing different systems of law applicable in relation to the matters dealt with in this Convention, it may, at the time of signature or of the deposit of its instrument of ratification, acceptance, approval or accession, declare that this Convention is to extend to all its territorial units or only to one or more of them, and may substitute for its declaration another declaration at any time.
(2) These declarations are to be notified to the depositary and are to state expressly the territorial units to which the Convention extends.
(3) If, by virtue of a declaration under this article, this Convention extends to one or more but not all of the territorial units of a Contracting State, the reference to:

(a) the territory of a Contracting State in Article 1 shall be construed as referring to the territory of a territorial unit of that State;
(b) a court or other competent authority of the Contracting State or of the State addressed shall be construed as referring to the court or other competent authority of a territorial unit of that State;
(c) the Contracting State where the cultural object is located in Article 8 (1) shall be construed as referring to the territorial unit of that State where the object is located;
(d) the law of the Contracting State where the object is located in Article 8 (3) shall be construed as referring to the law of the territorial unit of that State where the object is located; and
(e) a Contracting State in Article 9 shall be construed as referring to a territorial unit of that State.

(4) If a Contracting State makes no declaration under paragraph 1 of this article, this Convention is to extend to all territorial units of that State.

Article 15

(1) Declarations made under this Convention at the time of signature are subject to confirmation upon ratification, acceptance or approval.
(2) Declarations and confirmations of declarations are to be in writing and to be formally notified to the depositary.
(3) A declaration shall take effect simultaneously with the entry into force of this Convention in respect of the State concerned. However, a declaration of which the depositary receives formal notification after such entry into force shall take effect on the first day of the sixth month following the date of its deposit with the depositary.
(4) Any State which makes a declaration under this Convention may withdraw it at any time by a formal notification in writing addressed to the depositary. Such withdrawal shall take effect on the first day of the sixth month following the date of the deposit of the notification.

Article 16

(1) Each Contracting State shall at the time of signature, ratification, acceptance, approval or accession, declare that claims for the restitution, or requests for the return, of cultural objects brought by a State under Article 8 may be submitted to it under one or more of the following procedures:

- (a) directly to the courts or other competent authorities of the declaring State;
- (b) through an authority or authorities designated by that State to receive such claims or requests and to forward them to the courts or other competent authorities of that State;
- (c) through diplomatic or consular channels.

(2) Each Contracting State may also designate the courts or other authorities competent to order the restitution or return of cultural objects under the provisions of Chapters II and III.
(3) Declarations made under paragraphs 1 and 2 of this article may be modified at any time by a new declaration.
(4) The provisions of paragraphs 1 to 3 of this article do not affect bilateral or multilateral agreements on judicial assistance in respect of civil and commercial matters that may exist between Contracting States.

Article 17

Each Contracting State shall, no later than six months following the date of deposit of its instrument of ratification, acceptance, approval or accession, provide the depositary with written information in one of the official languages of the Convention concerning the legislation regulating the export of its cultural objects. This information shall be updated from time to time as appropriate.

Article 18

No reservations are permitted except those expressly authorised in this Convention.

Article 19

(1) This Convention may be denounced by any State Party, at any time after the date on which it enters into force for that State, by the deposit of an instrument to that effect with the depositary.
(2) A denunciation shall take effect on the first day of the sixth month following the deposit of the instrument of denunciation with the depositary. Where a longer period for the denunciation to take effect is specified in the instrument of denunciation it shall take effect upon the expiration of such longer period after its deposit with the depositary.
(3) Notwithstanding such a denunciation, this Convention shall nevertheless apply to a claim for restitution or a request for return of a cultural object submitted prior to the date on which the denunciation takes effect.

Article 20

The President of the International Institute for the Unification of Private Law (UNIDROIT) may at regular intervals, or at any time at the request of five Contracting States, convene a special committee in order to review the practical operation of this Convention.

Article 21

(1) This Convention shall be deposited with the Government of the Italian Republic.
(2) The Government of the Italian Republic shall:

- (a) inform all States which have signed or acceded to this Convention and the President of the International Institute for the Unification of Private Law (UNIDROIT) of:
  - (i) each new signature or deposit of an instrument of ratification, acceptance, approval or accession, together with the date thereof;
  - (ii) each declaration made in accordance with this Convention;
  - (iii) the withdrawal of any declaration;
  - (iv) the date of entry into force of this Convention;
  - (v) the agreements referred to in Article 13;
  - (vi) the deposit of an instrument of denunciation of this Convention together with the date of its deposit and the date on which it takes effect;
- (b) transmit certified true copies of this Convention to all signatory States, to all States acceding to the Convention and to the President of the International Institute for the Unification of Private Law (UNIDROIT);
- (c) perform such other functions customary for depositaries.

IN WITNESS WHEREOF the undersigned plenipotentiaries, being duly authorised, have signed this Convention.

DONE at Rome, this twenty-fourth day of June, one thousand nine hundred and ninety-five, in a single original, in the English and French languages, both texts being equally authentic.

Annex

(a) Rare collections and specimens of fauna, flora, minerals and anatomy, and objects of palaeontological interest;
(b) property relating to history, including the history of science and technology and military and social history, to the life of national leaders, thinkers, scientists and artists and to events of national importance;
(c) products of archaeological excavations (including regular and clandestine) or of archaeological discoveries;
(d) elements of artistic or historical monuments or archaeological sites which have been dismembered;
(e) antiquities more than one hundred years old, such as inscriptions, coins and engraved seals;
(f) objects of ethnological interest;
(g) property of artistic interest, such as:

- (i) pictures, paintings and drawings produced entirely by hand on any support and in any material (excluding industrial designs and manufactured articles decorated by hand);
- (ii) original works of statuary art and sculpture in any material;
- (iii) original engravings, prints and lithographs;
- (iv) original artistic assemblages and montages in any material;

(h) rare manuscripts and incunabula, old books, documents and publications of special interest (historical, artistic, scientific, literary, etc.) singly or in collections;
(i) postage, revenue and similar stamps, singly or in collections;
(j) archives, including sound, photographic and cinematographic archives;
(k) articles of furniture more than one hundred years old and old musical instruments.

www.ingramcontent.com/pod-product-compliance
Ingram Content Group UK Ltd.
Pitfield, Milton Keynes, MK11 3LW, UK
UKHW021901290926
8980IPUK00015B/991

9 783631 677087